U0109683

高等教育政策与管理研究丛书

主编：陈学飞 副主编：李春萍

二 编
第 1 册

知识制度化
——以学科身份建构为中心的多个案研究

蔺亚琼 著

花木兰文化事业有限公司

国家图书馆出版品预行编目资料

知识制度化——以学科身份建构为中心的多个案研究／蔺亚琼
著－－初版－－新北市：花木兰文化事业有限公司，2017〔民
106〕
目 4+266 面；19×26 公分
（高等教育政策与管理研究丛书　二编　第 1 册）
ISBN 978-986-485-133-1（精装）
1. 知识管理　2. 个案研究　3. 高等教育
526.08　　　　　　　　　　　　　　　　　106013528

ISBN-978-986-485-133-1

9 789864 851331

高等教育政策与管理研究丛书
二编　第一册　　　　　　　ISBN：978-986-485-133-1

知识制度化
——以学科身份建构为中心的多个案研究

作　　者 蔺亚琼
主　　编 陈学飞
副 主 编 李春萍
总 编 辑 杜洁祥
副总编辑 杨嘉乐
编　　辑 许郁翎、王筑　美术编辑 陈逸婷
出　　版 花木兰文化事业有限公司
社　　长 高小娟
联络地址 台湾 235 新北市中和区中安街七二号十三楼
　　　　　电话：02-2923-1455 ／传真：02-2923-1452
网　　址 http://www.huamulan.tw 信箱 hml810518@gmail.com
印　　刷 普罗文化出版广告事业
初　　版 2017 年 9 月
全书字数 259920 字
定　　价 二编 5 册（精装）台币 9,000 元　　版权所有 请勿翻印

知识制度化
——以学科身份建构为中心的多个案研究

蔺亚琼 著

作者简介

蔺亚琼，女，华中科技大学教育科学研究院讲师。北京大学教育学博士 (2008-2014，硕博连读)，历史学学士 (2002-2006)，芝加哥大学社会学系访问学生 (2013)。研究方向为高等教育基本理论、教育社会学、学术体制与学术职业。在《高等教育研究》、《北京大学教育评论》等期刊发表多篇论文。

提　要

本书认为在学科形成的过程中，学科边界的建构异常重要，它直接关系到本学科与相邻领域间的资本获得，因而学科边界的重构常常引起学科之间的竞争。学科间竞争的强度以及边界重构受到政治权力、市场权力、行政权力和认知权力的影响与调节。在此基础上，研究识别出影响知识制度化的三重逻辑：效用逻辑、学术认知逻辑以及制度化学术资本逻辑，这三种逻辑不同方式、不同强度的组合可以解释知识学科化建构呈现出的差异，例如为何有些领域能够成为国家合法的学科，并且学科规模大、地位高，而一些领域的学科建构则陷入困境。根据学科建构过程的差异，本研究将知识制度化划分为"强动员型"、"弱动员型"、"资源动员型"和"知识动员型"四种类型，每种类型在学科建构过程中的速度、规模、使用的策略及面临的问题都会有所不同。研究最后探讨了中国学科建构的本土性特征，并指出学科不仅仅是单纯出于学术逻辑的知识分类，而是相关行动者在多种资源、权力和观念下采取策略性行动的产物，学科建构受到具体社会条件和历史情境的影响。

序　言

　　这是一套比较特殊的丛书，主要选择在高等教育领域年轻作者的著作。这不仅是因为青年是我们的未来，也是因为未来的大师可能会从他们之中生成。丛书的主题所以确定为高等教育政策与管理，是因为政策与管理对高等教育的正向或负向发展具有重要、甚至是决定性的意义。公共政策是执政党、政府系统有目的的产出，是对教育领域社会价值的权威性分配。中国不仅是高等教育大国，更是独特的教育政策大国和强国，执政党和政府年复一年，持续不断的以条列、规章、通知、意见、讲话、决议等等形式来规范高等院校的行为。高等教育管理很大程度上则是政治系统产出政策的执行。包括宏观的管理系统，如党的教育工作委员会及各级政府的教育行政部门；微观管理系统，如高等学校内部的各党政管理机构及其作为。

　　这些政策和管理行为，不仅影响到公众对高等教育的权利和选择，影响到教师、学生的表现和前途，以及学科、学校的发展变化，从长远来看，还关乎国家和民族的兴盛或衰败。

　　尽管高等教育政策和管理现象自从有了大学即已产生，但将其作为对象的学术研究却到 19 世纪和 20 世纪中叶才在美国率先出现。中国的现代大学产生于 19 世纪后半叶，但对高等教育政策和管理的研究迟至 20 世纪 80 年代才发端。虽然近些年学术研究已有不少进展，但研究队伍还狭小分散，应然性研究、解释性研究较多，真实的高等教育政策和管理状况的研究偏少，理论也大多搬用国外的著述。恰如美国学者柯伯斯在回顾美国教育政策研究的状况时所言："问题是与政策相关的基础研究太少。最为主要的是对教育政策进行更多的基础研究……如果不深化我们对政策过程的认识，提高和改进教育效果是无捷径可走的。仅仅对政策过程的认识程度不深这一弱点，就使我们远远缺乏那种可以对新政策一些变化做出英明预见的能力，缺乏那种自信地对某个建议付诸实施将会有何种成果做出预料的能力，缺乏对政策过程进行及时调整修正的能力"。（斯图亚特.S.纳格尔.政策研究百科全书，北京：科学技术文献出版社，1990:458）这里所言的基础研究，主要是指对于高等教育政策和管理实然状态的研究，探究其发生、发展、变化的过程、结果、原因、机理等等。

编辑本丛书的一个期望就是，凡是入选的著作，都能够在探索高等教育政策和管理的事实真相方面有新的发现，在探究方法方面较为严格规范，在理论分析和建构方面在前人的基础上有所创新。尽管这些著作大都聚焦于政策和管理过程中的某个问题，研究的结果可能只具有"局部"的、"片面"的深刻性，但只要方向正确，持续努力，总可以"积跬步以至千里,积小流以成江海"，逐步建构、丰富本领域的科学理论，为认识、理解、改善政策和管理过程提供有价值的视角和工具，成为相关领域学者、政策制定者、教育管理人员的良师和益友。

主编 陈学飞

目次

第一章　导　论 ………………………………………… 1

　第一节　问题的提出 ………………………………… 1

　　一、经验现象：中国的学科建构 ………………… 2

　　二、问题之源：《学科目录》与资源分配 ………… 3

　　三、研究问题 ……………………………………… 9

　第二节　研究述评 …………………………………… 10

　　一、社会与科学的互动 …………………………… 14

　　二、知识边界与自主性 …………………………… 18

　　三、学术组织、组织合法化与知识制度化 ……… 24

　第三节　概念工具：场域与划界实践 ……………… 26

　　一、场域 …………………………………………… 26

　　二、划界实践 ……………………………………… 28

　第四节　分析框架 …………………………………… 31

　　一、知识在权力场域中的位置 …………………… 32

　　二、知识场域内部的结构分析 …………………… 33

　第五节　研究方法：多个案比较法 ………………… 39

　　一、个案选择 ……………………………………… 40

　　二、个案比较与理论建构 ………………………… 43

第二章　管理学门类的诞生 …………………………… 45

　第一节　知识划界者：科学精英 …………………… 47

　第二节　技术治国与管理学在权力场域的崛起 …… 49

　第三节　管理学在高等教育中的制度化 …………… 55

　　一、主力军："管理科学与工程"与"工商管理"
　　　　的发展 ……………………………………… 55

　　二、知识分化与多样性功能 ……………………… 59

第四节　管理学门类的设置·······················60

　　一、门类设置：系统论与管理学门类的知识边界

　　···60

　　二、资源流向与学科认同·····················62

　　三、智识场域的"管理学转向"？·········64

第五节　本章小结·····································65

第三章　学科化：国学制度化的策略抉择············67

　　第一节　国家、市场与国学·····················68

　　第二节　国学组织的扩散·························71

　　第三节　国学制度化的两条路径：跨学科与学科化

　　···74

　　一、北大国学研究院与人大国学院··········74

　　二、非正式的教育：文化普及还是市场培训······76

　　三、制度化的教育·······························78

　　第四节　国学学科化：划界实践与学科"战争"

　　···82

　　一、划界实践：新国学与大国学···········84

　　二、国学学科化的困境·························91

　　第五节　本章小结·································97

第四章　"中国语言学"：知识生产与学科分类···101

　　第一节　知识分类：文学类别下的语言学·········102

　　第二节　知识生产与范式转移·················105

　　第三节　资本分配结构及其矛盾·············110

　　一、科研评价与语言学研究··················111

　　二、人才培养与语言学的学科再生产········113

　　第四节　"中国语言学"一级学科建构·········120

　　一、增设一级学科还是增设二级学科？·······120

　　二、"语言学"：语言学学科设置的"战略"·····121

　　三、"中国语言学"：对行政权力的妥协·······122

　　第五节　本章小结·································124

第五章　多重场域逻辑与学科建构 ……………………… 127
　第一节　效用逻辑：政治权力与市场权力 ……… 127
　　一、知识在权力场域的位置 ………………… 128
　　二、政治市场与知识领域制度化 …………… 130
　第二节　学术逻辑：知识交叉与学科建构 ……… 134
　第三节　制度化学术资本的分配 ………………… 139
　　一、院系组织的学科化倾向 ………………… 139
　　二、知识领域的组织基础与学科身份的建构 … 141
　第四节　多重逻辑与学科建构的多样性 ………… 143
　第五节　知识制度化的类型划分 ………………… 144
　　一、知识制度化的类型学 …………………… 144
　　二、知识领域类型的转化 …………………… 147
第六章　结论与讨论 ……………………………………… 151
　第一节　知识、学科与权力 ……………………… 151
　第二节　中国学科形成和设置的特点 …………… 154
　第三节　研究贡献与局限 ………………………… 156
附录一：多个案比较法及其对高等教育研究的
　　　　启示 ………………………………………… 161
　　一、个案：经验与理论的统一体 …………… 162
　　二、多个案比较的四种模式 ………………… 165
　　三、密尔逻辑与多个案比较中的因果探究 … 173
　　四、多个案比较法与理论建构 ……………… 177
　　五、多个案比较法对高等教育研究的启示 … 181
附录二：重识学科与跨学科：来自知识社会学的
　　　　启示 ………………………………………… 185
　　一、学科图景：研究与实践的悖论 ………… 185
　　二、学科跨学科特征及其“隐匿” …………… 188
　　三、学科与跨学科：知识制度化的连续统 … 196
　　四、学科分类的国别差异：强架构与弱架构 … 199

　　五、结语与讨论 ………………………………… 205

附录三：燕京学堂与大学治理 ……………………… 207

　　一、大学行政权力与燕京学堂 ………………… 208

　　二、"国际化"之殇 …………………………… 210

　　三、"学科"与"教学项目"的设置 ………… 214

　　四、结　语 ……………………………………… 217

附录四：知识边界：研究与启示 …………………… 219

　　一、差异与共享：边界的两种界定 ………… 220

　　二、竞争与协作：边界建构的两种视角 ……… 223

　　三、对高等教育研究的启示 ………………… 242

参考文献 ……………………………………………… 245

后记 …………………………………………………… 263

第一章 导 论

"只有基本的制度化，才可以富有成效地进行一种理性活动。"[1]

——爱德华·希尔斯

"人类所有的'知识'都是在社会情境中得到发展、传递和维持的，所以知识社会学必须寻求去理解这些过程，通过这些过程，被视作理当如此的'现实'在常人中被固定下来。"[2]

——彼得·伯格&托马斯·卢克曼

第一节 问题的提出

这是一项关于在中国当代高等教育系统中，知识如何制度化（institutionalization）的研究，其中将重点关注学科建构这一制度化进程中的关键环节。19 世纪，科研与教学在德国大学得以制度性的结合，自那时起，高等教育系统就成为知识生产与传播的中心场所，知识分化与专业化所形成的"学科"也成为支持高等教育运转的基础建制。我们已难以想象没有学科

---

1 转引自〔美〕 R. K. 默顿. 科学社会学〔M〕. 鲁旭东，林聚任，译. 北京：商务印书馆，2006：11.
2 〔美〕彼得·伯格，托马斯·卢克曼. 现实的社会建构〔M〕. 汪涌译. 北京：北京大学出版社，2009：3.

的高等教育将是何种形态，知识创新、学生培养、社会服务将会依托何种制度运转。从这个意义上讲，学科或知识领域在大学中的形成及其变化就成为事关高等教育多种功能的重要问题。今日知识竞争加剧，知识生产新模式蓬勃发展，知识交叉日益盛行，新的研究领域不断出现，高深知识的生产、创新和应用愈来愈被视为一国重要的经济资源，国家和市场的力量越来越深地介入到高等教育之中。在此背景下，探究新的知识或学科如何出现，又如何在国家、市场和知识三重力量的互动下在高等教育系统中发育、成长和组织起来，遂成为许多研究者关切的问题。本论文正是这一旨趣下的产物。

一、经验现象：中国的学科建构

通常意义上，人们理解的"学科建构"主要指知识在相关行动者的策略性实践下逐渐制度化为一门学科，它涉及到"是否为学科"的判断。具体到20世纪80年代以来的中国，这一时空下的学科建构呈出一些具有"中国特色"的特点。许多领域的学者呼吁本领域应该被《学位授予和人才培养学科目录》（这份目录的不同版本有不同的名称，这里暂取2011版之名，下文简称《学科目录》）识别为更高等级的学科，先后有军事学、管理学、马克思主义理论、艺术学、世界历史、教育技术学、国学、语言学、高等教育学、古籍整理、古典学、宗教学、女性学、信息安全、遥感科学与技术等诸多领域发起呼吁，希望自身领域从原先所归属的领域中脱离出来，成为一个一级学科或学科门类。[3]这些领域的行动者强调本领域在知识上区别于相邻领域，强调本领域知识对于社会治理的功用价值，他们期望自身领域能成为更高级别的学科。这些学科在提升自身学科等级的同时，也对本学科的知识归属提出疑问，例如艺术学在从一级学科提升为门类的过程中，就不断地声明艺术学知识不属于"文学"。[4]呼吁提升学科身份的领域中，不乏跨学科领域，如"国学"、"马克

---

3 如：高岱，许平.世界史成为一级学科是社会发展和学术发展的需要〔J〕.学位与研究生教育.2008.（06）：49-51.潘英丽.金融学科应成为一级学科〔N〕.第一财经日报.2009年9月7日，A16版.杨亦鸣，徐杰.语言学应该调整为一级学科〔J〕.语言科学，2010（1）：1～9。姚先国.我国高校设立劳动科学一级学科势在必行〔N〕.光明日报.2009年11月12日，第012版。袁卫.建立统计一级学科促进统计教育发展〔J〕.统计教育.1994.（03）.张应强，郭卉.论高等教育学的学科定位〔J〕.教育研究，2010（1）：39～43

4 彭吉象.关于艺术学学科体系的几点思考〔J〕.艺术评论，2008（6）：84-88.

思主义理论"。以学术界的知识标准来衡量，它们并非"学科"，然而这并不妨碍领域内的行动者力图将自身建构为一个"一级学科"。

这些现象表明了中国学科建构的一个特点：学科不仅有"是否之分"，还有等级与归属之别。"学科等级"、"知识归属"以及"是否为学科"的这些争论都指向一份重要的知识分类系统——《学科目录》，学科或知识领域的行动者们所力图建构的"学科身份"，正是它们在《学科目录》中的位置。本研究将知识领域在《学科目录》中的位置称之为领域的"学科身份"，它包含两个维度：学科等级与知识归属，前者主要指知识领域被识别为哪一等级的学科，后者指它归属于哪个一级学科或学科门类。学科建构在中国当代就转化为"学科身份"之建构，本研究中的"学科建构"特指知识领域试图改变其在《学科目录》中学科身份的策略性和集体性行动。

一些试图重新建构学科身份的领域宣称，既有的学科等级不足以满足本领域知识研究和人才培养的需要，这成为阻碍这一领域发展的"瓶颈"。语言学、艺术学、管理学等领域甚至召开学界大会，专门就学科建设和学科身份进行讨论。为什么这些领域会出现"学科身份建构"的诉求？这一问题的回答需要我们理解《学科目录》在整个高等教育中的地位。

二、问题之源：《学科目录》与资源分配

1. 《学科目录》：强架构的知识分类系统

《学科目录》最早一版颁布于上世纪 80 年代初，到目前为止共有 4 个版本，分别是 1983 年的《高等学校和科研机构授予博士和硕士学位的学科、专业目录（试行草案）》、1990 年的《授予博士、硕士学位和培养研究生的学科、专业目录》、1997 年的《授予博士、硕士学位和培养研究生的学科、专业目录》以及 2011 年《学位授予和人才培养学科目录》。目录制定的初衷在于人才培养，同时对科学研究和学术性予以兼顾。国家和政府通过这份目录对高校的学科设置和学科发展施加控制与引导。这份目录是规定专业划分、名称及所属门类，反映培养人才业务规格和工作方向，是进行教育统计、信息处理和人才需求预测等工作的重要依据。不仅如此该目录还是高等教育工作的基本指导性文件之一，是对我国高等教育的科研和教学进行宏观管理和指令性调控的重要参照文本。学科点建设、院系设置、学科评估、重点学科评审、本科教学及其课程设置均需参照《学科目录》操作，可以说，这一目录已成为我国

对高深知识筛选、生产、传递、评价以及知识布局的重要纲领。

众多的学科（及其亚学科）、知识领域在我国最新版的《学科目录》中被划分为 13 个学科门类，每个门类下辖若干一级学科，每个一级学科之下又设置若干二级学科，形成一个层级性的分类结构，任何一个研究领域都会在这一目录中找到自身对应的位置或者挂靠于某一类目之下，关于《学科目录》的等级示例详见图 1（以 1997 年版本的教育学门类为例）。

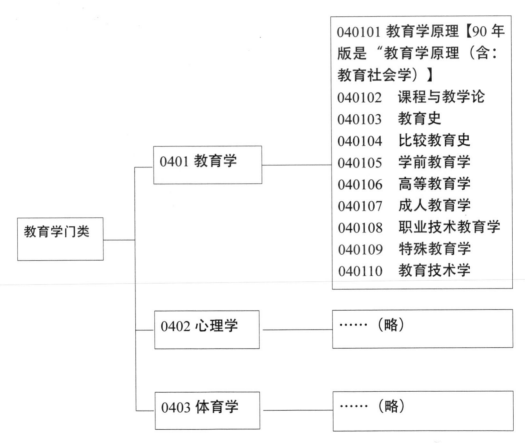

图 1：《学科目录》中学科分类示例图

如上图所示，高等教育中所有的高深知识以层级化的方式被分门别类，形成三个等级："学科门类"、"一级学科"与"二级学科"。根据官方定义，学科门类是对具有一定关联学科的归类，是授予学位的学科类别。[5] 2011 年 3

---

5 http：//www.chinadegrees.cn/xwyyjsjyxx/xwbl/cdsy/260633.shtml, 2014/4/27.

月，国务院学位委员会和教育部颁布修订的《学位授予和人才培养学科目录（2011 年）》，将高深知识划分为哲学、经济学、法学、教育学、文学、历史学、理学、工学、农学、医学、军事学、管理学、艺术学 13 个学科门类。有多少个学科门类，就将有多少种文凭类别。根据官方界定，一级学科是根据科学研究对象、范式、知识体系和人才培养的需要划分的学科分类体系，是具有共同理论基础或研究领域相对一致的学科集合。一级学科原则上按学科属性进行设置。一级学科目录由国务院学位委员会和教育部共同制定，是国家进行学位授权审核与学科管理、学位授予单位开展学位授予与人才培养工作的基本依据。[6]二级学科则是根据科学研究对象、知识体系和人才培养的需要，在一级学科内进一步划分的若干种既相关又相对独立的学科、专业，是组成一级学科的基本单元。[7]在改革开放至今的绝大部分时间里，二级学科同一级学科类似，由国务院学位委员会和教育部共同设置， 2011 年，大学获得了在一级学科范围内自主设立二级学科的权力。[8]教育部有关职能部门每隔 5 年将已有一定数量学位授予单位设置的、社会广泛认同的、且有较大培养规模的二级学科编制成二级学科目录。从官方对"学科门类"、"一级学科"和"二级学科"的界定来看，学科的设置兼顾了"学术性"与"人才培养的需要"，对科研和教学均有侧重。我们大体上可以认为学科门类是一个学科群，一级学科大体上相当于学术界公认的学科，二级学科是分支学科。

不同的学科等级，意味着什么？根据高校的办学实践，一个领域若被识别为二级学科，则这一领域的硕士点和博士点得以在多所高校设置，围绕着人才培养而聚集在一起的学生与教师共同致力于这一领域的知识创造与发展。在我国大学的治理结构中，二级学科往往是学院当中的一个系科，或者是一个系科中的教研室。二级学科之下的研究分支则主要依附于这些学位点和系/教研室而发展。若一个领域被认定为一级学科，那么获得一级学科学位授权的高校，可以发展其下二级学科的任何方向。鉴于二级学科可以设置以自身领域命名的学位点，一个领域若被识别为一级学科，则意味着它的分支领域也可以在高校普遍成立学位点。一级学科在高校的组织设置中对应于独

---

6 http：//www.chinadegrees.cn/xwyyjsjyxx/xwbl/cdsy/260632.shtml, 2014/4/27.
7 http：//www.chinadegrees.cn/xwyyjsjyxx/xwbl/cdsy/260631.shtml, 2014/4/27.
8 根据国务院学位委员会、教育部印发的《学位授予和人才培养学科目录设置与管理办法》（学位〔2009〕10 号）规定。

立的学院或者学系，一个学院往往依托一个或数个一级学科来组织的。[9]由于学位点的设置及其在大学中的扩张，需以知识领域被《学科目录》的识别为前提条件，没有在《学科目录》中获得一席之地的领域，将难以组织起以此为名的硕士点、博士点，也很难在高校中成立院系或教研室组织。这些领域只能依附于某些二级学科或一级学科存在。由于缺乏提供人才培养和设立院系/教研室的法定依据，这些领域在高校中的发展缺乏"组织阵地"，进而对其发展产生影响。

在《学科目录》的二级学科被视为一级学科的分支，是对一级学科进一步的划分，这里隐含着一种"所属"关系。国家掌握的生源名额、教职指标以及部分经费的分配按照"门类——一级学科——二级学科"层层流动，高校的学科评估、学科评议组设置、硕士招生等多个环节，都是以"一级学科"为单位，学院设置也多参照一级学科。

一个领域的学科身份，也对其本科阶段的人才培养产生重要影响。《普通高等学校本科专业目录》在制定过程中深度参考《学科目录》，根据《学科目录》的门类和一级学科而设置本科专业。通常而言，一级学科在本科阶段设有若干专业，二级学科则不一定直接对应于一个本科专业。例如"社会学"这一一级学科下的二级学科为社会学、人口学、民俗学和人类学，而"社会学"一级学科对应本科专业为"社会学"和"社会工作"，二级学科和本科专业并不完全对应。[10]因此，一个领域在《学科目录》中是哪一级别的学科，也将关系到它是否可以设置相应的本科专业。本科专业的课程设置也将参照一级学科的范畴。国家通过学科目录将高校的办学和人才培养"标准化"了。

由此可见，学科或知识领域在《学科目录》中的级别同这一领域在高校中的组织形态有着密切关联，一个领域是否拥有据其命名的学位点，是否可以开展制度化的人才培养，是否拥有从本科到博士一以贯之的课程体系，是否拥有独立的院系结构，同它在《学科目录》中的位置有着很强的对应性。

除了等级之外，"学科身份"的另一个维度——归属——也不仅仅停留在文本层面，它关涉到学科发展的多个方面，尤其对于那些存有争议的领域而言。那些知识上横跨多个门类的领域，它们归属于任何一个同其知识脉络相

---

9 郑晓齐，王绽蕊.研究型大学基层学术组织改革与发展〔M〕.北京：清华大学出版社，2009：62.

10 详见《普通高等学校本科专业目录（2012 年）》。

关的上位领域都或多或少地具有知识上的理据，但归属于"谁"则可能意味着在生源、科研资金和社会地位等方面具有相当大的差异，而这些对于一个领域的发展，都是极为重要的资源。例如，"教育经济与管理"这一领域，从知识的脉络上而言，它可能被归入教育学、管理学或者是经济学门类，但1997年发布的《学科目录》将这一领域由"教育学"划归为"管理学"之后，它所能获得的资源因其"管理学"的标签而提升。

2. 何为知识制度化？

知识在《学科目录》中的学科身份，同它在高等教育中的制度化之间存在密切联系。那么，究竟何为"知识的制度化"？在知识社会学和学科研究中，学者们将致力于特定知识生产与传播的组织逐渐出现、扩张并且在社会中日益嵌入与沉淀的过程称之为知识的"制度化"。围绕着某类知识而出现的实体性院系组织和学位教育是知识制度化最重要的标志和成果。制度化之于知识之所以重要，就在于知识的生产和传递不再是研究者零星与分散的偶然行动，而是一些群体及其组织惯常性的稳定行动，这在一定程度上促进了知识积累的稳定性与方向性。[11]这里的"组织"从宽泛的意义上来理解，它并不局限于当今大学极为重要与典型的院系，它也涵括研究者在共享旨趣的基础上形成了互动的信息交流群体（如研究小组、学术流派、学科分支、专业学会），也包含了课程与教学专业等组织形式。不过，院系组织与教学专业的设置，被认为是推进知识制度化及合法化最为核心的组织形式。[12]

知识制度化是一个动态的过程，存在程度和范围之别。知识在大学的出现或消失、规模与社会地位的升降、学术声誉的起伏，都属于制度化关注的

---

11 〔美〕彼得·伯格，托马斯·卢克曼.现实的社会建构〔M〕.汪涌译.北京：北京大学出版社，2009.关于知识领域/学科的制度化，也有学者尝试给出过界定，例如李政涛认为学科制度化是"在学科知识形成中发生的、以获得和确立价值为核心的某种行为规则、模式得以建立和维持的过程，这一过程体现为学科知识生产和传播中的标准化、结构化和系统化"，并指山制度化一般包括如下四个内容与过程：学科职业的制度化、学习与训练的制度化、研究的制度化与交流沟通的制度化。详见李政涛.教育学科发展中的"制度"与"制度化"问题〔J〕.华东师范大学学报，2001，19（3）：78.尽管这些研究的侧重点存有差异，但它们都认为制度化一种行动或实践方式逐渐变得稳定、可预期以及可控制的过程.

12 Patricia J. Gumport and Stuart K. Snydman, "The Formal Organization of Knowledge: An Analysis of Academic Structure," *The Journal of Higher Education* 73, no.3 (2002): 380.

范畴。知识制度化具有程度之分，有些知识在高等教育中仅仅制度化为一两门课程，有些则逐渐积淀为一个研究议题或研究方向（如教育政策），更进一步，它们也可能成为一个学科分支领域，甚至最终可以制度化为一个广泛为人所接受的学科（如物理学、化学、经济学）。一些知识仅仅在某些地区被当做一个独立的学科来对待（如马克思主义理论），而另一些知识则成为全球性学科（如物理学、数学）。结合本文在上述部分对《学科目录》的简介，一个领域在《学科目录》中的等级，在很大程度上决定了它在高等教育中的组织形式，等级地位将关系到这些领域及其分支能否在高校中设立学位点，是否可以设置独立的院系。

一些领域被目录识别而取得学科地位之后，可以进行学位教育与组织建设，然而它在知识上作为"学科"的合法性可能并未取得广泛认同（如马克思主义理论）；而一些在学者的认知中自成独立学科的领域，却难以成为一级学科，在组织制度和人才培养上难以与其它学科分离，只能寄居于他处（如人类学）。由此可见，在我国，学科身份的获得并不必然意味着它拥有作为学科的合法性。知识若要最深程度地实现制度化，不能仅仅停留在学科组织的普遍成立，还需要建构知识作为一个学科在学术界的声望，合法化是制度化的必要非充分条件。

知识制度化也具有范围上的差异，一些学科的规模很大，几乎遍布于所有高校，而另一些则很小，只在部分高校存在。一些知识领域不仅在学术界确立了其合法的地位，它们在学术界之外也确立起自身的角色，并能成功吸引到广泛的支持与认可，公众对于这些领域也形成了某种认知。这些领域的制度化不局限于学术界，而是在学术界之外的社会空间内也得以沉淀。与此相对，一些知识领域的制度化主要位于学术界内部，它们在学界之外的面目模糊，形象不清，不具备独立的社会角色，它们的制度化主要发生于学术界之内。

综上所述，我们可以认为一个领域的规模、组织形式的变化（从虚体组织变为实体性组织）、社会地位和学术声誉的提升、制度化教学专业的开设，都属于制度化的范畴。制度化是一种过程，亦是一种结果，它意味着致力于某种知识生产和传递的社会实践在社会系统内逐渐稳定，某种知识的院系组织和学位教育也愈来愈被视为理所当然。

三、研究问题

由以上论述可见，知识的学科身份同它在高等教育中的制度化程度密切相关，诸多领域希望提升学科身份的等级以推进自身的制度化亦不难理解。通常而言，我们大致可以认为知识的制度化程度依"二级学科——一级学科——学科门类"依次提升。譬如，艺术学门类的设置，意味着它下面的分支可以升格为一级学科，其下的部分分支领域又可成为二级学科，依托硕士点、博士点和院系组织的成立，这些领域的制度化程度得以推进。基于此，我们可以认为一个领域学科等级的提高，其制度化程度也将随之提高。

在管理学、国学、艺术学、语言学、马克思主义等这些试图或成功重构学科身份的领域中，它们提升学科身份等级的动力各有不同，有些更多源于其发展所处的外部环境，社会对这些知识产生了强劲需求。有些则更多源于知识范式和研究手段的更新，它们对自身的知识归类产生质疑，它们需要突破现有的分类归属以利于本领域内的知识研究和人才培养。无论这些学科身份的重新建构是基于知识版图的变动抑或是出于外部需求的驱动，行动者们往往会重新建构本领域与相关领域的知识边界，重构彼此间的分类所属关系，宣传本领域培养出来的人才在社会中的重要性，强调知识领域对于国家治理的功用价值。学科建构对学科群间既有的资源分配格局意味着潜在的威胁，因而常常引发相邻学科领域关于"学科地位"以及知识边界的激烈争论。

重新建构学科身份，往往是知识制度化到一定阶段和程度而出现的发展策略，是各种力量在《学科目录》调整之时一次高强度的"集体呈现"。学科身份的重构既以知识既有的制度化程度为基础，又以推进知识领域未来的制度化为目标和旨归，因此应该对学科身份的建构置于知识领域制度化的历史过程中加以理解。作为一种推进制度化的策略，"学科身份的建构"出现的原因、其背后的动力以及身份建构中种种权力的博弈和互动，都成为探究知识领域如何在中国推进制度化的绝佳对象。

在文本资料、深度访谈和学科史等文献的基础上，本研究将对管理学、国学、和语言学（案例选择的标准将在研究方法部分具体讨论）这三个领域进行个案研究，对个案的分析致力于回答下列问题：为什么知识领域出现建构学科身份的诉求？其动力是什么？哪些力量参与到学科身份的建构或维持之中？为什么有些领域能够通过学科身份的重构而实现推进其制度化，有些领域的制度化却陷入困境？一言以蔽之，这些问题可归纳为"知识制度化的动力和过程机制是什么？"

孟子云："观水有术，必观其澜"，围绕学科身份的争论正是知识制度化进程的一浪浪波澜。本研究期望通过对学科身份建构这一知识领域制度化过程中的重要事件，去探究哪些力量以何种方式促进了知识的制度化，其过程机制是什么，为什么知识在制度化的程度、规模、范围及合法性等诸多方面会呈现差异。本论文无意于建构剥离了情境而普遍适用的抽象规律，而是希望通过对多个典型案例的剖析，分析知识领域或学科如何在多方力量的复杂互动中得以历史性地形成与制度化，在展示出知识制度化多样性和复杂性的同时，建构出一套关于知识领域制度化的解释性理论。

第二节 研究述评

目前，"学科建构"、"知识制度化"这一议题无论在国内还是国外，主要散落于诸多学科或知识分支的历史梳理与发展分析的研究之中，如社会学、经济学、生物学、文学，等等。[13]尽管这些研究对本研究提供了丰富的启示，但这些研究大多拘泥于某个个案，研究者更侧重于对案例领域知识的进展和积累做一番分析与总结，而缺乏对"制度化与学科建构"进行跨个案分析的理论旨趣。鉴于此，本研究在文献述评部分将从文献中抽取影响"知识制度化"的主要因素因素进行引介与讨论。

西方学术界关于知识制度化的研究，大致分布在下列几个领域[14]：第一是科学社会学，尤其是以默顿、本·戴维为代表的早期研究；[15]第二是 20 世纪

---

13 David R. Shumway, Creating American Civilization: A Genealogy of American Literature as an Academic Discipline (University of Minnesota Press, 1994). Marion Fourcade, *Economists and Societies: Discipline and Profession in the United States, Britain, and France, 1890s to 1990s* (Princeton: Princeton University Press, 2009). Nicholas C. Mullins, "The Development of Specialties in Social Science: The Case of Ethnomethodology,"*Science Studies 3, no.3* (1973): 245-273.

14 这些不同的研究脉络彼此之间并不是互斥的，而是互有交叉与重叠，但不能否认的是，这些研究确实拥有各自不相同的读者群体和理论渊源，它们并未形成一个研究群落或具有相同旨趣的研究流派。

15 〔美〕罗伯特·金·默顿.十七世纪英格兰的科学、技术与社会〔M〕.范岱年、吴忠、蒋效东译.北京：商务印书馆，2009。〔美〕R.K.默顿.科学社会学〔M〕.鲁旭东，林聚任，译.北京：商务印书馆，2006。〔以〕约瑟夫.本.戴维.科学家的社会角色〔M〕.赵佳苓译成都：四川人民出版社，1988。

70 年代出现的科学知识社会学；第三是组织和制度理论中也有关于知识与学科的一些研究；[16]第四是科学史、社会科学史领域。[17]在此之外，布迪厄关于科学场、艺术场以及福柯有关真理的研究也涉及到了知识制度化的问题。[18]这些不同脉络的研究共同关涉到一个宽泛但却重要的主题：知识与权力——如果权力不仅局限于传统的政治权力，而是包括多种来源与形态的权力（如市

16 Mazen Hashem, *Academic Knowledge from Elite Closure to Professional Service: The Rise of High-growth Fields in American Higher Education* (Diss., University of California, 2002). Rakesh Khurana, *From Higher Aims to Hired Hands: The Social Transformation of American Business Schools and The Unfulfilled Promise of Management as a Profession* (The United Kingdom: Princeton University Press, 2007). Hyeyoung Moon, *The Globalization of Professional Management Education,1881-2000: Its Rise, Expansion, And Implications* (Diss., Stanford University, 2002). Karin D. Bump, *On The Fence of Legitimacy;A Framework for Understanding and Assessing the Legitimacy of New Academic Disciplines in U.S.Higher Education* (Diss., State university of New York, 2009). Peter M. Blau, *The organization of Academic work* (New York: Wiley, 1973). Patricia J. Gumport, "Academic Restructuring: Organizational Change and Institutional imperatives." *Higher Education: The International Journal of Higher Education and Educational Planning*, 39, 2000: 67-91. Gumport and Snydman, "The Formal Organization of Knowledge: An Analysis of Academic Structure."

17 Gerard Lemaine, et.al., ed. *Perspectives on the Emergence of Scientific Disciplines*(The Hague: Mouton, 1976). Dorothy Ross, *The Origins of American Social Science* (Cambridge: Cambridge University Pres, 1991). 西奥多·M·波特，多萝西·罗斯.剑桥科学史（第 7 卷）：现代社会科学〔M〕.第七卷翻译委员会.郑州：大象出版社，2008. Peter Wanger, BjÖrn Wittrock and Richard Whitley, *Discourse on Society: The Shaping of the Social Sciences Disciplines* (Dordrecht: Kluwer Academic Publisher, 1991).

18 〔法〕皮埃尔·布尔迪厄.科学之科学与反观性：法兰西学院专题讲座 2000-2001 学年〔M〕.陈圣生，涂释文，梁亚红等译.桂林：广西师范大学出版社，2006.〔法〕皮埃尔·波丢.人：学术者〔M〕.王作虹译.贵阳：贵州人民出版社，2006.〔法〕皮埃尔·布尔迪厄.科学的社会用途：写给科学场的临床社会学〔M〕.刘成富，张艳译. 南京：南京大学出版社，2005.〔法〕P·布尔迪厄.国家精英 名牌大学与群体精神〔M〕.杨亚平译. 北京：商务印书馆，2004.〔法〕皮埃尔·布迪厄，〔美〕华康德·布迪厄. 实践与反思 反思社会学导引〔M〕.李猛、李康译.北京：中央编译出版社，1998. Pierre Bourdieu, "The specificity of Scientific Fields and the Social conditions for the Progress of Reason," Social Science Information 14, 1975:19-47.〔法〕米歇尔·福柯.词与物：人文学科考古学〔M〕.莫伟民译.上海：三联书店，2001.〔法〕米歇尔·福柯.临床医学的诞生〔M〕.刘北成译.南京：译林出版社，2011. Timothy Lenior, *Instituting Science: The Cultural Production of Scientific Disciplines* (Stanford: Stanford University Press, 1997). David R. Shumway, *Creating American Civilization: A Genealogy of American Literature as an Academic Discipline* (University of Minnesota Press, 1994).

场权力、学术权力、客观之物对行动主体所施加的权力，等等）。

这些研究共同对下列问题感兴趣：知识的主体（个体、群体还是组织）处于怎样的社会环境中，他们与社会环境的互动如何影响着知识的生产。然而它们彼此之间的差别却也显著：社会环境是诸如宏观层次的社会制度，还是微观情境的实验室？社会环境仅仅影响知识增长的速度、规模及其组织方式，还是会影响知识内容本身？对这两个问题的不同回答构成了上述几种脉络的差异。默顿和本·戴维的研究代表了科学社会学早期的关注：社会结构对科学系统的影响，以及科学的制度化与组织方式，他们的研究聚焦于宏观与中观的层面，同时否认了社会因素影响知识内容。这一派的研究在结构功能主义的理论脉络下，探讨了科学界的评价机制、奖励制度、交流方式、社会分层，等等。[19]科学知识社会学则抛弃了默顿开创的传统，他们认为社会因素不仅影响科学发展的速度、规模，还影响着知识内容本身。科学知识社会学后来的发展不再关心宏大的议题，而是转入微观情境的知识生产，他们通过研究实验室、科学论文的文本、微观的人际网络去研究利益如何铭刻知识的风格与内容之中，更关注科学知识形成和被接受的社会过程。[20]组织与制度理论下的研究则关注学科领域内的学术组织如何在效率逻辑和合法性逻辑下设立与扩散，学科内的诸多组织与国家、市场构成了一个组织场域，这个组织场在制度逻辑的冲突下得以不断地扩散和重构。[21]学科或知识领域制度化的过程，也体现为组织不断扩散或削减、组织场域不断重构的过程。布迪厄目标中的对话者是那群孜孜不倦地探究实验室秘密的科学知识社会学学者，他

19　如〔美〕罗伯特·默顿.科学社会学：理论与经验研究〔C〕.北京：商务印书馆，2004. 〔美〕朱克曼.科学界的精英：美国诺贝尔奖获得者〔M〕.周叶谦，冯世则译.北京：商务印书馆，1979.〔美〕乔纳森·科尔，斯蒂芬·科尔.科学界的社会分层〔M〕. 赵佳苓等译.北京：华夏出版社，1989.〔美〕戴安娜·克兰.无形学院：知识在科学共同体中的扩散〔M〕.刘珺珺等译.北京：华夏出版社，1988.

20　赵万里·科学的社会建构：科学知识社会学的理论与实践〔M〕.天津：天津人民出版社，2002.〔英〕迈克尔·马尔凯.科学与知识社会学〔M〕.林聚任等译.北京：东方出版社，2001.〔法〕布鲁诺·拉图尔，史蒂夫·伍尔加.实验室生活：科学事实的社会建构〔M〕.张伯霖，刁小英译.北京：东方出版社，2004.〔奥〕卡林·诺尔-赛蒂纳.制造知识：建构主义与科学的情境性〔M〕.王善博等译北京：东方出版社，2001.

21　如 Khurana, *From Higher Aims to Hired Hands: The Social Transformation of American Business Schools and The Unfulfilled Promise of Management as a Profession.*

认为支配实验室和个体的逻辑与力量不在实验室之中，而是整个学科场及其场域独特的逻辑。[22]布迪厄在与科学知识社会学的竞争中，或有意或无意地继承了默顿和本·戴维对于宏观社会与科学组织方式的兴趣，但在社会条件和社会过程是否影响知识内容这一问题上，布迪厄选择了不同于默顿学派的回答。福柯将学科知识视为真理体制，真理是人类塑造主体的重要机制。权力并不外在于学科话语，它对知识也不只是压制性的，它还可能内在于知识本身，权力具有生产性。不以知识所表征的真理为基础，权力无法运作，而没有权力的运作，真理话语也难以形成。福柯对知识的兴趣最终落脚于"主体"，他对知识与权力的系谱学研究对于分析权力与学科制度化以及学科所蕴含的"学科规训"和"社会规训"具有更深刻的启示。颇为遗憾的是，上述研究对于知识制度化的探讨，还未结构化为清晰的脉络与数个相互竞争的解释框架，这无疑增加了研究梳理和综述的难度。

本研究将追随默顿和本·戴维开启的传统，更倾向于观察和解释一个学科或知识领域在整个高等教育中的崛起、发展及其困境，这既涉及到学科领域发展所处的宏观的社会环境、学科组织的建立和扩散，也会涉及到它们在知识维度上的发展策略和声誉竞争，至于这一领域内的研究者个体如何选择研究问题、院系或实验室内部的协作如何进行、学者如何受利益的驱动而将利益卷入具体的科研实践之中，将不是本研究用力所在。这种选择和定位是基于研究问题逻辑的选择，一个"学科"或高度学科化的知识领域如何在中国的教育系统中制度化，这些知识领域涉及众多学术组织，也包含着众多分支，这些分支之间彼此求同存异而试图集合在一个更上位的"一级学科"或"门类"之下，就意味着以一个个体或微观意义上的实验室作为分析单位并不恰当。考虑到我国的学科治理制度，这意味着制度化将是一个"路漫漫"且成规模的"集体"行动。

由于不同知识脉络下的研究各有偏好与侧重，在研究综述部分，本文不会一一列举不同脉络下的经典研究，而是在不同脉络的研究中提取出同本文研究问题密切相关的解释性假设，以"问题"或"影响制度化的社会因素"组织和点评同本论文的研究问题密切相关的文献，以期通过此种方式来增进对研究问题的理解和把握。

---

22 〔法〕皮埃尔·布尔迪厄.科学之科学与反观性：法兰西学院专题讲座 2000-2001 学年〔M〕.陈圣生，涂释文，梁亚红等译.桂林：广西师范大学出版社，2006.

一、社会与科学的互动

社会如何影响知识的创造、组织、扩散、传播、地位甚至内容，识别学科形成和制度化所处的历史脉络，是学科制度化研究的一个重要问题。

默顿在《十七世纪英格兰的科学、技术与社会》一书中探讨了为何物理学等领域在这个时期相较于其他领域获得长足发展，他认为关键的机制在于社会兴趣及焦点转移到物理学，这种转移一方面在于新教伦理将社会观念导向科研探究，另一方面经济和军事领域的发展也对这些领域知识的进步提出了工具性的需求。社会兴趣的转移意味着耕耘在这个领域的人才增多，人才聚集及其引起的科研竞争，都将有利于知识进步。[23]本·戴维与默顿遥相呼应，他颇具特色的研究形成了科学社会学早期的另一支重要脉络。他借助"角色"这一概念探讨了不同历史时空下科学家的形象、在社会中的地位及其背后的组织制度基础。他的追溯上至古希腊，下至 20 世纪。在此绵长的过程中，科学家从业余的、分散的知识生产者变成了专业科学家，这种变化意味着社会价值观的改变，社会逐渐接受用逻辑和实验手段对真理进行探索。这些变化改变了宗教和哲学的权威，且对社会实践和制度安排产生深远影响。通过历史梳理，他指出影响科学的一个外部社会条件主要为"全体公民中间社会的价值观和兴趣分布的改变，它们引导着人们在不同程度上支持、信奉或从事科学的动机"。[24]这一论点同默顿的兴趣转移论并无二致。

默顿和本·戴维将某类知识（如科学）或某一类科学（如物理学、化学）的发展及其制度化放在宏观的社会经济发展、社会结构和观念变迁的脉络之下，这一分析逻辑在后来的知识制度化研究中得到继承和贯彻。[25]默顿在回顾科学社会学的成长时，也指出这一领域制度化的社会基础在于 20 世纪 50 年代科学逐渐成为一个"社会问题"而进入人们视野。[26]管理学的兴起与出

---

23 〔美〕罗伯特·金·默顿.十七世纪英格兰的科学、技术与社会〔M〕.范岱年 等译.北京：商务印书馆，2000 年。

24 〔以〕约瑟夫.本.戴维.科学家的社会角色〔M〕.赵佳苓译成都：四川人民出版社，1988：393.

25 Steven R. Turner, "Paradigms and Productivity: The Case of Physiological Optics. *Social Studies of Science*" 17, no.1 (1987):35-68. Robert E. Kohler, *From Medical Chemistry to Biochemistry: The Making of a Biomedical Discipline* (Cambridge: Cambridge University Press, 1982), 9-70.

26 默顿.科学社会学散忆〔M〕,诺曼·W·斯托勒.编者导言〔A〕.〔美〕罗伯特·金·默顿.科学社会学〔C〕.北京：商务印书馆，2003 年。

现就同现代企业的创立和发展有关，企业中出现了一个并非所有者的管理阶层。[27]性别研究的出现和发展同二战后美国女权运动的兴起息息相关，[28]民权运动则成为黑人研究在大学兴起的重要社会基础。从这些研究中，我们可以发现社会、政治和经济领域的发展变化，会构成新的研究议题和教育市场，从而引发学术界的研究兴趣，从而支撑着相关知识的扩张和发展。[29]国内关于学科、专业的研究也普遍地意识到这一点，这些研究将某一专业或学科在《学科目录》、《本科生专业目录》中的设置、调整或取消归因于社会经济的变迁。[30]

在影响学科或知识领域成长的外部力量中，国家和政府是重要的角色。[31]美国联邦政府和州政府历来主要通过政策和财政拨款而影响着大学的学科

27 Khurana, *From Higher Aims to Hired Hands: The Social Transformation of American Business Schools and the Unfulfilled Promise of Management as a Profession.*

28 Patricia J. Gumport, *Academic pathfinders: knowledge creation and feminist scholarship*(Greenwood Press, 2002).

29 Mario L Small, "Departmental Conditions and the Emergence of New Disciplines: Two Cases in the Legitimation of African-American Studies. "*Theory and Society* 28, no.5 (1999): 659-707. Tony Becher and Kogan Maurice,*Process and Structure in Higher Education 2nd edition* (London:Routledg, 1992). Burton Clark, "Substantive Growth and Innovative Organization: New Categries for Higher Education Research," *Higher Education* 32, no.4 (1996):417-430. Annt Elzinga, "Internal and External Regulatives in Research and Higher Education Systems, " In *Disciplinary Perspectives on Higher Education and Research, Report No.37*, eds. R. Premfors (Stockholm: University of Stockholm GSHR, 1987). Sheila Slaughter, "Class, Race and Gender and the Construction of Postsecondary Curricula in the United States: Social Movement, Professionalization and Political Economic Theories of Curricular Change," *Curriculum Studies* 29, no.1 (1997):1-30. Sheila Slaughter and Edward T. Silva, "Towards a Political Economy of Retrenchment: The American Public Research Universities," *The Review of Higher Education* 8, no.4 (1985):295-318. Sheila Slaughter and Larry L. Leslie, *Academic Capitalism: Politics, Policies, and the Entrepreneurial University* (Baltimore MD: Johns Hopkins University Press, 1997).

30 纪宝成.中国大学学科专业设置研究〔M〕.北京：中国人民大学出版社，2006.刘少雪.高等学校本科专业结构、设置及管理机制研究〔M〕.北京：高等教育出版社，2009. 汪晓村.论高校学科专业设置的理念与机制〔M〕.北京：科学出版社，2008年。林荣日.制度变迁中的权力博弈——以转型期中国高等教育制度为研究重点〔M〕.上海：复旦大学出版社，2007. 林蕙青. 高等学校学科专业结构调整研究〔D〕.厦门大学博士学位论文，2006. 阳荣威. 高等学校专业设置与调控研究〔D〕.华东师范博士学位论文，2006.

31 A.C. McGuinness, "The Changing Relationship between the States and Universities in the United States," *Higher Education Management* 8, no.2 (1995): 105-117. Roger. L. Geiger, *Research and relevant knowledge: American research universities since World War II* (Transaction Publishers, 2004). Roger L. Geiger, *To advance knowledge: The growth of*

发展。在法国，国家设立以某一领域命名的教授之席，意味着各个大学均可以设立这一教席，这也被认为是学科正式成立的标志，设置权掌握在国家之手，高校、研究所或者首席教授不具备设置席位的权力。[32]这类似于中国，一个领域必须被《学科目录》识别，才可以在高校广泛设置相应的学位点与院系。

默顿和本·戴维认为外在的社会兴趣和价值观影响"知识的发展、扩张和制度化"的机制主要在于资源供给。当某一领域引起社会关注时，社会资助机构和国家便会通过科研拨款的方式对相关领域进行调控。生物学在美国许多大学裂变为数个系科，这种知识的细化和分化受惠于巨大的资源涌入生物学领域。[33]除了直接的科研投资，外部世界还会通过专业教育、教育项目而影响着一个领域或学科的形成及其地位提升，这在美国倾向于市场化的高等教育系统中体现得最为明显。教育及其文凭是知识领域同外部世界进行对接和资源交换最重要的途径之一，教育方面的需求可以转化为大量的教职和经费，文凭持有者或者受教育者的社会地位和声望也以一种重要的方式影响着相关知识的组织方式和地位。[34]

默顿和本·戴维都看到了外部的社会观念和社会支持通过调节研究者的数量而影响着知识领域的发展，研究者数量的多寡也成为科学社会学分析的一个重要议题。不少学者从涂尔干对社会分工的研究中受到启发。在他们看来，科学知识裂变为学科，一个个学科的形成和确立本身也是劳动分工这一现代趋势在知识领域的具体体现，那么学科分化、社会分工与研究者数量有何关联？涂尔干指出："社会密度和社会容量是分工变化的直接原因，在社会发展的过程中，分工之所以能够不断进步，是因为社会密度的恒定增加和社会容量的普遍扩大。"[35]在涂尔干的解释中，社会容量在最基本的意义上首先指人数增多从而引发的规模扩大，而社会密度则指不同个体间交往频率的增

American research universities, 1900-1940 (Transaction Publishers, 2004).万力维.控制与分等：大学学科制度的权力逻辑〔M〕.南京：南京师范大学出版社，2005.

32　Terry. N. Clark, *Prophets and patrons: the French university and the emergence of the social sciences* (Harvard: Harvard University Press, 1973).

33　Andrew Abbott, *Chaos of Disciplines* (Chicago: University of Chicago Press, 2001),122-123.

34　柯林斯.文凭社会：教育与阶层话的历史社会学〔M〕.刘慧珍译.台北：桂冠图书股份有限公司，1998.

35　埃米尔·涂尔干.社会分工论〔M〕.渠东译.北京：生活·读书·新知三联书店，2009：219.

加，而这两个要素在现代社会制度化的知识创造系统中都得以典型体现。从社会密度——即交往和互动的频率——而言，科学区别于其他社会系统的独特之处就在于它把持续的知识创新作为目标，而对创新的承认也使得创新者必须同其它竞争者共享最基本的判断标准与语言，科学界的研究成果需要广泛交流而为人所知，因此知识的生产和创新具有了某种集体性，此种集体性依托于科学家之间的交流。[36]交流系统在知识生产中的重要性和必要性由此成立。当科学界的任何一个学科或领域都共享着频繁的、必要的知识交流，在保持其它条件均等的状态下，从业者数量就成为学科分化、领域形成的重要因变量之一。默顿、柯林斯、沃勒斯坦、比彻等重要的学者都看到了人数的增加对知识专门化和分化的重要影响，[37]人数增加意味着在同一个领域或同一个议题上创新竞争的加剧，为了争取更好的职业机会和创新点，转移阵地和圈地就成为研究者的重要策略，学科或知识领域作为分化的结果就有可能出现，这也正印证了涂尔干所言："分化是因为人类的生存竞争变得更加残酷了"。[38]本·戴维与柯林斯研究了心理学这一学科为何在德国最先形成，在他们看来，德国心理学是生理学学者将经验观察和实验的研究方法拓展至哲学领域而形成的，生理学学者进行"迁移"的重要原因就在于生理学领域的激烈竞争而哲学领域还拥有相对较多的职位空间。沃勒斯坦亦认为跨学科领域的蓬勃出现就在于二战后大学扩张引起了学术界在数量规模和社会影响上的急速膨胀，这个变化导致学者开辟更多的学术处女地，但更多的情况是将他者的研究议题划入自身学科领域范围，进而在本学科领域内实现了创造性的探究。[39]这些研究对于我们理解一个学科或曰知识领域发展速度的快慢、规模大小和地位高低深具启发。

36 Richard Whitley, *The Intellectual and Social Organization of the Sciences* (New York: Oxford University Press, 2000).〔法〕皮埃尔·布尔迪厄.科学之科学与反观性：法兰西学院专题讲座 2000-2001 学年〔M〕.陈圣生，涂释文，梁亚红等译.桂林：广西师范大学出版社，2006. Randall Collins, "Competition and Social Control in Science: An Essay in Theory-Construction," *Sociology of Education*. 41 no.2 (1968):123-140.

37 Collins,"Competition and Social Control in Science: An Essay in Theory-Construction," 123-140.〔美〕华勒斯坦. 所知世界的终结——二十一世纪的社会科学〔M〕.北京：社会科学文献出版社，2002.

38 埃米尔·涂尔干.社会分工论〔M〕.渠东译.北京：生活·读书·新知三联书店，2009：219.

39 〔美〕华勒斯坦. 所知世界的终结——二十一世纪的社会科学〔M〕.北京：社会科学文献出版社，2002：107，174.

二、知识边界与自主性

外部的资源供给和社会观念的转移，并不能直接转化为知识或学科的发展，这暗示出理解知识制度化还需要学术界内部分析的视角。事实上，无论是科学社会学传统下的资源供给、组织与制度理论中的实用主义和生态学视角，抑或是欧陆结构主义传统下的场域研究，它们都看到了知识领域的形成、崛起和制度化，可能"牵一发而动全身"。一个领域的崛起、扩充、发展或者衰落，与另一些领域息息相关，因而知识领域的制度化必然意味着相关领域之间的竞争与争夺。无处不在的竞争暗示出知识界是一个相互联系的系统，从学科间的竞争来看，各个学科都在为确保自身的地位和影响进行着竞争。适应性强、资源争夺能力强的领域繁荣发展，能够长期、稳定地在高等教育和知识生产系统中生存下来，而竞争性弱的领域则陷入困境。

一些研究将学科的形成视为一个专业化（professionalization）的过程，专业化大致可被理解为某一群体排他性地垄断某种知识生产的过程。[40] 相关行动者在资源和利益驱动的竞争中，不断地划定自身与相关领域间的知识边界，并力图在垄断相关的知识生产，尽可能排除来自其它学科领域和外部世界的干预。不同领域间的竞争可通过"管辖权（Jurisdiction）之争"来梳理。[41] "管辖权"这一概念简洁精准地指出知识领域同其研究对象之间的控制关系：首先一点，研究者对研究对象进行"管辖"的边界落于何处，其次，管辖权的行使过程是否顺畅，这些问题都关涉到了学科或知识领域的知识维度。管辖权的确立是一个在竞争中逐渐变得合法、合理、合乎常识的历史过程。通过知识领域边界的变化及其对研究对象控制程度的发展来探究"管辖权"的确立过程，便可以重构出一个知识领域的发展轨迹，"边界"和"自主性"由此构成了知识制度化研究的重要视角。无论是知识边界的变动，抑或是知识的自主性/排他性能力的增减，都是知识生产者在环境和资源导向之下采取行动策略的结果，这些知识策略便成为社会环境和知识竞争影响知识制度化的中介因素。

---

40 Marion Fourcade and Rakesh Khurana, "From Social Control to Financial Economics: the Linked Ecologies of Economics and Business in Twentieth Century America," *Theory and Society* 42, 2013: 121-159.

41 Andrew Abbott, *The System of Professions: An Essay on the Division of Expert Labor* (Chicago: University of Chicago Press, 1988).

1. 知识边界何以重要?

沃勒斯坦明确指出:"学科制度化进程的一个基本方面就是,每一个学科都试图对它与其它学科之间的差异进行界定,尤其要说明它与那些在社会现实研究方面内容最相近的学科之间究竟有何分别。"[42]领域间的关系是往往是通过知识上的建构来得到重新界定的,一个领域的研究对象是什么,它同其它领域的边界在哪里,它的独特性和无法替代性何在,对于这些问题,一个领域必须有自己的抉择。不同的知识领域可以共同将某一客体作为其研究对象(例如生物学和化学都可以研究人体内部的构造),也可以将原本属于其它领域的研究对象纳入自己的知识领地,或者将自身建构为某个知识类别的辖地。因此领域间的边界并非清楚无疑,而是充满了诸多模糊性和不确定性,边界的确立往往是策略性斗争的历史结果。围绕着边界动态的建构过程,学界在葛恩瑞 "划界实践"(boundary-work)这一概念的引领下进行了诸多探讨。[43]葛恩瑞将划界实践界定为一系列精挑细选的特征被赋予某领域知识的生产者、研究方法、研究内容的话语过程,从而将本领域同相关的领域进行区分或融合。[44]他利用这一概念对科学与非科学的区分进行了详实的历史研究,后续研究者追寻着这一研究路径,拓宽和加深了学界对学科和知识领域的兴起、变化、地位提升以及发展路径的理解。[45]这些研究或以知识交叉或知识间差异的建构为线索,或从技术、政策、制度环境变革为切入点,由此叙述或探究了某一领域的发展历程。根据艾博特的理解,与其说"先有学科,再有不同领域间的边界",毋宁说"先有边界,才有学科"。以社会学为例,从历史过程来看并非先有了社会学,才有它与政治学、经济学、哲学之间的边界,恰恰相反,社会学学科正是通过与其它领域间不断划定边界才得以形成的。社会学与其它学科间知识边界的不断模糊和变化也内在纵深塑造这一学科的

42 华勒斯坦.开放社会科学:重建社会科学报告书〔M〕.北京:三联书店,1997:3.

43 Thomas F Gieryn, "Boundary- Work and the Demarcation of Science from Non-Science: Strains and Interests in Professional Ideologies of Scientists," *American Sociological Review* 48, no.6 (1983): 781-795. Thomas F. Gieryn, *Cultural Boundaries of Science: Credibility on the line* (Chicago: University of Chicago press, 1999).

44 Gieryn, *Cultural Boundaries of Science: Credibility on the line, 4-5.*

45 Olga Amsterdamska, "Demarcating Epidemiology," *Science, Technology & Human Values* 30, no.1 (2005): 17-51. Donald Fisher, "Boundary Work: A Model of the Relation between Power and Knowledge," *Science Communication* 10, 1988:156-176. Michael J. Root, *Boundary-work in United States Psychology: A Study of Three Interdisciplinary Programs* (Diss., the University of New Hampshire, 2005).

地貌景观。围绕着边界而引发的争论以及边界对于学科重要性，将在后文的案例研究中得到详细呈现。

知识边界不限于知识之间的边界，也包括知识同政治、知识同经济之间的边界。不同知识领域间的边界之争往往渗透着权力、经济利益和社会观念，因此强化、削弱或稳固知识同公众、社区、政治等领域间的边界策略也会反馈至学科间的划界实践。[46]例如，伊文思聚焦于 19 世纪末 20 世纪初美国社会学的发展，他发现早期的社会学通过重新界定社会学与公众的关系而得到发展，一方面先驱者削弱社会学同宗教界的联系，强化社会学界同宗教界的边界，另一方面又增强社会学与实证主义联系，进而吸引了一大批实证主义大学教师的加入，这一切都促进了社会学在大学中的学科建设。[47]

知识边界不再是一个客观的、动态的、自然而然的存在，而是一种有关知识发展的社会控制机制，能够为相关知识领域提供所需的认知权威、物质资源以及与外部联系的途径。[48]边界朝向哪一方的利益移动，就意味着可能的学术影响、知识声望和物质资源。那些被成功铭写的边界成为后来实践的基础，而那些被压制的声音则消失隐匿。研究者看到了知识边界建构过程中多种利益和策略的交织，从这个意义上讲，边界从一开始就带有"权力"的色彩，是多种权力在具体情境下博弈的中介和产物。在这些研究中，"边界"不再是"知识领域"理所当然的附庸，"边界"与"学科"的本末关系得到重新理解与建构。当行动者以特定方式塑造边界的时候，知识领域才得以形成与发展，边界建构与重构的过程，同时也是知识领域变动的过程。知识边界成为不同社会世界互动的界面，通过边界的塑造，社会行动者获取自身发展所

46 Angela Cassidy, "Evolutionary Psychology as Public Science and Boundary Work," *Public Understanding of Science*15, 2006:175-205. Small, "Departmental Conditions and the Emergence of New Disciplines: Two Cases in the Legitimation of African-American Studies. "

47 Michael S Evans, "Defining the Public, Defining Sociology: Hybrid Science-Public Relations and Boundary-work in Early American Sociology," *Public Understanding of Science* 18, no.5 (2009):5-22.

48 Steven Fuller, "Disciplinary Boundaries and the Rhetoric of the Social Sciences," *Poetics Today* 12, no. 2 (1991): 301-325. Andrew Abbott, *Time Matters: On Theory and Methods* (Chicago: University of Chicago Press, 2001). Susan Leigh Star, "This is Not a Boundary Object: Reflections on the Origin of a Concept," *Science, Technoloy, & Human Values* 35, no.5 (2010): 601-617. Michèle Lamont and Virag Molnar, "The Study of Boundaries in the Social Sciences," *Annual Review of Sociology* 28, 2002: 167-195.

需的物质、权威与合法性。[49]因此，一种可能的路径不再是从学科入手寻找其边界，而应是通过边界的形成和变化来探究人们是如何创造与发展学科的。围绕着边界而引发的争论以及边界对于学科重要性，将在后文的案例研究中得到详细呈现。

2. 自主性：知识领域制度化的重要策略

自主性是学科在知识生产过程中获得排他性控制的过程，是知识制度化的重要内容。这种社会控制可从两个方面来谈：其一，外部控制，主要指如何尽可能排除其它领域（如政治、经济或其他学科）的"插手"而享有最大程度的自主性；其二，内部控制，主要指如何在本领域内部加强对研究者的"规训"，以降低知识生产过程中的"不确定性"。

在布迪厄看来，学科的自主性可简单地被理解为这个领域对其内的行动者施加影响的能力，自主性越强的学科领域，就越能强加它自己特有的逻辑，也越能排除其它领域的干扰与质疑。颇为常见的情形是，知识领域对研究对象的探讨常常受到来自其他领域的影响、控制、甚至"殖民"，外在的政治权力和经济权力也在不同程度上影响着某一领域的自主性。在人们的常识观念里，物理学、化学、法学、计算机等领域的研究对象和研究结论所遭遇的挑战远远小于诸如社会工作、教育、公共政策这些领域，这说明每个领域对自己研究对象施加的控制力存在很大差异。控制力的强弱对于这一领域在资源竞争中的议价能力将会有天壤之别。那么，一个知识领域采取哪些策略增强自身的自主性呢？

首先，抽象符号系统的运用是最常见、最有成效的策略，知识系统的抽象程度、结构清晰度、普遍性也将决定了这一领域抵御外界影响的能力（vulnerability）。[50]知识领域增强自主性最普遍、最有效的策略是数学化（如

49 Fuller, "Disciplinary Boundaries and the Rhetoric of the Social Sciences." Susan Leigh Star and James R. Griesemer, "Institutional Ecology, 'Translations' and Boundary Objects: Amateurs and Professionals in Berkeley's Museum of Vertebrate Zoology, 1907-39," *Social Studies of Science* 19, 1989: 387-420.

50 Hashem, *Academic Knowledge from Elite Closure to Professional Service: The Rise of High-growth Fields in American Higher Education.* Charles Camic and Xie Yu, "The Statistical Turn in American Social Science: Columbia University, 1890 to 1915," *American Sociological Review* 59, no.5 (1994): 773-805.〔法〕皮埃尔·布尔迪厄.科学之科学与反观性：法兰西学院专题讲座 2000-2001 学年〔M〕.陈圣生，涂释文，梁亚红等译.桂林：广西师范大学出版社，2006.

统计学在社会科学领域内的广泛应用）。数学化语言（如数字、公式、模型）的广泛使用使得知识最大程度地脱离具体情境而抽象出普遍规律（如数学、物理学），因而可以广泛应用于不同的领域和场景。数学符号的使用，一方面提升了外行的门槛，较难遭遇圈外人的有力挑战，另一方面其简洁的表达和清晰的逻辑也及其容易建构起操控认知的权威，第三，数学化还有助于降低研究技术上的不确定性，从而增强了这些领域对研究对象的控制能力。[51]除了数学化，社会科学和人文学科领域内的理论、术语、概念和表达方式都具备排他性的功能。深奥、冷僻此也成为了知识自主性的一重保障。

另一种增强自主性的方式为提高知识领域的入场费。"入场费"可被理解为一种研究的资格和能力，资格首先由制度性的文凭所保证，相较于文学界、艺术界等领域，科研界入场券的制度性程度更高，研究者必须获得相应的法定文凭才能进入。因此，学位文凭本身成为排斥和控制的法定符号。其次，入场费也指一种研究能力，即习得从事某种研究所需要的知识储备、方法和思维方式，正所谓布迪厄意义上的"惯习"。掌握学科内研究者共享知识所需的条件、时间和素质等其它条件在不同学科间存在很大差异，这可从从业者的阶层背景、达到职业高峰的平均年龄等方面体现出来。[52]研究者只有掌握了本领域的知识积累、研究方法和思维方式，并表现出合格的研究能力，才有资格进入。

自主性高，对外意味着较高的排他性能力，对内则意味着对成员较强的控制能力。自主性高的领域，能够有效地引导从业者按照自身知识生产的逻辑与法则行动。在布迪厄看来，这是行动者惯习的养成，在福柯来看，这就是学科规训。共享的知识、方法和思维，是一种集体性的存在，它既作为客观化的知识而存在，也作为研究者的文化或惯习而存在，它们对日常的研究实践发挥着实际的控制作用——例如，"它以一种对重要的、有趣的问题的意识或者对可被转化为应用于新领域的理论和实践方案的通盘掌握的形式出

---

51 Whitley, *The Intellectual and Social Organization of the Sciences*. Collins, "Competition and Social Control in Science: An Essay in Theory-Construction." Stephan Fuchs, *The Professional Quest for Truth: A Social Theory of Science and Knowledge* (New York: Suny Press, 1992).

52 〔法〕皮埃尔·波丢.人：学术者〔M〕. 王作虹译.贵阳：贵州人民出版社，2006年。

现。"[53] 从这个意义上讲，学科或知识领域的集体记忆、集体知识的建构尤为重要，日益增多的知识需要形成尽可能清晰的脉络与结构，在此过程中它逐渐培育出属于自己的问题意识和关注焦点，建立起核心知识系统与知识传承制度。这种知识的结构化通过交流网络和课程的传递，客观上起到了降低研究任务和研究技术不确定性以及难以达成共识的风险，也在一定程度上增强了它们抵御外界影响的能力。在此过程中，研究者逐渐建构出对待本领域的学科认同。[54]

一个领域自主性的强弱，除了同其知识生产和表征的方式相关之外，也受到研究对象本身的影响，而研究对象对其知识生产和表征施加限制作用。在以物理学、化学为典型代表的自然科学领域，其研究对象的陈述和表现已经超越了人类日常经验的直接观察，而在教育学、管理学、社会学等人文社科领域，则是另一番情况，这些学科难以排除直接的经验观察，编码的科学知识与实践中应用的缄默知识存在着大量的不一致和冲突，使得科研知识并不比实践知识的地位更高，学术知识更多成为一种用于增强权威的象征性系统。[55] 与此类似的也存在于教育学、社会工作这些领域，学科场域生产出来的知识无法有效排除来自实践者的批判和抵制，因而这些领域的排他性和对研究对象的控制能力一直没有达到如法学、物理学所享有的制程度。这些领域知识对知识应用场域的控制大打折扣，而自然科学和工程学等领域在应用过程中所遭受的质疑则弱很多。

一个领域为了最大程度、最顺利的制度化，它的知识需要兼顾两个方向的推进：抽象性与应用性，抽象性顺应于学术界内部现代科学的认知法则，应用性则承担回应外部世界需求以及吸纳资源的功能。这两个维度上的顺利推进，都需要以"自主性"为依托，都离不开"控制力"的支持。越具有自主性的知识领域，越能排除其它权力主体的干扰，将自身的逻辑和意志施加于知识生产与知识应用的实践过程之中。哈西姆对美国快速发展的八个领域进行研究之后，发现诸如计算机这类内在知识结构结晶化很好的领域，可以

53　〔法〕皮埃尔·布尔迪厄.科学之科学与反观性〔M〕. 陈圣生、涂释文、梁亚红译. 桂林：广西师范大学出版社，2006：85-86.

54　Maurice Kogan, "Higher Education Communities and Academic Identity," *Higher Education Quarterly* 54.no.3（2000）：207-216.

55　Abbott, *The System of Professions：An Essay on the Division of Expert Labor*, 103.

有效抵御外界影响和政府干预，它们在与外界协商和较量中就有更多的权力，而诸如公共政策、娱乐、犯罪学这些领域则不具有计算机所享有的自主权，它们受外在政策和市场波动的影响较大。[56]"知识边界"以及"自主性"是任何知识在任何社会条件下制度化都必须回应的问题，边界的重构和增强知识领域的控制力在我国知识领域制度化中也将有明显的体现。

三、学术组织、组织合法化与知识制度化

受组织与制度理论的影响，一些研究者从学术组织的设立与扩散来解释知识的制度化。学术组织被视为任务驱动型组织，组织的变迁、分化和扩散一方面受到外在制度环境的影响，另一方面也受制于学科知识本身的变迁。知识制度化体现于学术组织设立和不断扩张的过程。

组织对于知识制度化之所以重要，首先在于组织的特性，组织往往设定了实践和行动的目标，它确定的规则稳定且富有灵活性，由此对行动的可能性范围加以限制。通过吸收人员和资源，组织将行动惯常化、公开化、合法化，创造了将被视为理所应当的规则和惯例，偶然的、不确定的、分散的行动在组织内会随之沉淀和转化为组织的常规问题，并发展出一整套解决问题的常规方案和策略。[57]组织对行动进行惯常化引导和合法化，正符合了伯格和卢克曼对制度化的理解。

学术组织在知识制度化过程的重要性在于资源动员和对知识进行合法化。一些研究认为院系（departments/ schools）和教学项目（instructional programs，对应于我国的教学专业）是制度化最为重要的支撑，[58]它为学科提供了相当大的灵活性和稳定性。克瑞恩（Crane）在学科竞争中所提到的学科应该具备的扩展能力，这种扩展能力即是一种灵活性，学科能够视市场环境的变动和知识界内部激烈的学术竞争而促进本领域的知识不断变化与更新，以便于在资源竞争中获胜。[59]这种知识更新的过程常常是边界跨越的，在最微

---

56 Hashem, *Academic Knowledge from Elite Closure to Professional Service: The Rise of High-growth Fields in American Higher Education.*

57 〔美〕W·理查德·斯格特.黄洋等译.组织理论〔M〕.北京：华夏出版社，2002.

58 Janice Beyer Lodahl and Gerald Gordon, "The Structure of Scientific Fields and the Functioning of University Graduate Departments," *American Sociological Review* 37, no.2 (1972): 57-72. 〔美〕爱德华·希尔斯.学术的秩序——当代大学论文集〔M〕.李家永译.北京：商务印书馆，2007：11.

59 Diana Crane, *Invisible Colleges: Diffusion of Knowledge in Scientific Communities*

观的层面是学者个体策略性竞争的结果，然而这些知识新范式、新专业的稳定和沉淀必定伴随着创新者能够占据一定的资源，动员更多的学者和学生加入到新范式的夯实之中，由此新的专业、新的学派才能形成。研究者们的知识漂移和新范式的沉淀，从中观层面来看，都是在具体的组织之中完成的。在某些情境下，随着边界重构和资源竞争的加剧或资源不断涌入，新的学术组织会不断地分裂出来。一个知识领域包含着越多的学术组织，这些学术组织之间形成了具有内在联系的学科群，则意味着这些领域的制度化程度在深化。

院系组织及其扩散之所以重要，还在于它们赋予了学科或知识领域抵御风险的能力，使得学科具有相当程度的稳定性。取消或关闭在市场竞争中失败的院系被证明是相当困难的，因为专业化了的学科（professionalized disciplines）及其院系组织可以动员相应的资源和策略以为自己争取更好的生存空间。制度化较高的知识领域或学科意味着它们在诸多大学都拥有院系组织，即使个别大学关闭了某一学科的院系，但其他大学的相关院系依然存在。[60]

学术组织是任务型组织，以生产、传播和应用某种知识作为最核心的任务，故而知识和学术组织是共同演化的，组织合法化同知识合法化是同步进行的。任何一个新学科在高等教育系统中获取一席之地的过程，都是一个苦心经营其合法性的过程，[61]这主要是基于学术组织尤其是院系组织而进行的。福柯达和库鲁那的研究极好地证明了学术组织与知识领域的合法性如何互生互构。[62]知识合法性有助于学科组织获得资源和社会信任，学术组织的稳定也将有利于知识生产的持续及提升其学术声誉。

合法性是组织与制度研究中的重要概念之一，萨奇曼将合法性界定为"一种普遍化的理解或假定，某个实体所进行的活动，在社会建构的规范、价值、信念和身份系统中，被视为有价值的、适当的"。[63]由于不同时期、不同环境、

(Chicago: University of Chicago Press, 1972).

60 Hershey H Friedman, "The Obsolescence of Academic Departments," Radical Pedagogy 2001, no.3 (2001):2. Abbott Andrew,"The Disciplines and the Future,"In *The Future of the City of Intellect*, ed. Steven Brint (Stanford: Stanford University Press, 2001), 205-230.

61 Bump, *On The Fence of Legitimacy;A Framework for Understanding and Assessing the Legitimacy of New Academic Disciplines in U.S.Higher Education*.

62 Fourcade and Khurana, "From Social Control to Financial Economics: the Linked Ecologies of Economics and Business in Twentieth Century America," 121-159.

63 Mark C. Suchman, "Managing Legitimacy: Strategic and Institutional Approaches," *The*

不同群体所持有的准则、价值、观念不同，所以同一事物在不同的社会建构系统中所拥有的价值大小、适当与否亦不相同。基于合法性建构发生的社会空间不同，合法性判断的主体、界定的标准、合法性的证据以及事物的合法性也会有差异。[64]需要注意的是，基于不同要素建构的合法性彼此之间可能存有冲突，并因此引发不同的选择行为与判断，因而学术组织将会采用不同的策略以便在一个复杂的、存在冲突的环境中合法化自身，库鲁那关于商学院的历史研究就充分证明了这一点。[65]

总体来看，学科/知识领域的制度化并非西方学术界聚焦用力的主题，上述文献的梳理只是呈现出同本问题最为相关的部分。基于文献梳理出的理论假设和对研究材料的把握，本研究将知识领域视为场域，从场域生成和重构中的边界争端入手，去分析知识领域学科身份的建构及其制度化进程。

第三节　概念工具：场域与划界实践

追寻默顿和本·戴维对科学制度化探索的足迹，本研究吸收了布迪厄对学术场的研究，将每一个知识领域看成一个场域，其制度化便相应被理解为学科场域逐渐分化与重构的过程。学科身份的建构过程成为场域发育的关键，为了争取更多的资源与合法性，知识领域必须对自身的价值与特征做出宣称，这不可避免地涉及到不同领域之间的比较与边界重构。本论文的分析框架综合了布迪厄的"场域"研究和葛恩瑞的"划界实践"。在下面的部分中，本文将首先介绍"场域"和"划界实践"的基本内涵以及将此二者综合的理据。

一、场域

终其一生，布迪厄硕果累累的研究可归结为一个主题，即权力和资本在社会的不平等分布，以及在此基础上，不同群体间的支配关系。他为这个宏大问题开出了解题之方——场域、资本与惯习。"场域"这一处于中心地位的分析概

Academy of Management Review 20, no.3 (1995):574.

64　〔美〕W·理查德·斯科特. 姚伟、王黎芳译.制度与组织——思想观念与物质利益〔M〕.北京：人民大学出版社，2010.

65　Khurana, *From Higher Aims to Hired Hands: The Social Transformation of American Business Schools and The Unfulfilled Promise of Management as a Profession*（The United Kingdom:Princeton University Press）.

念，在布迪厄的研究世界里上演了一出后来者居上的故事。在布迪厄看来，整个世界可被视为一个由不同的小场域或亚场域所构成的场域，场域既是整体性、宇宙性的存在，又可以用来做具体世界的经验分析。他将整个社会世界视为经济资本和文化资本不平等分配而形成的元场域，即权力场域，并分别研究了处于这一场域中不同位置的文学场、科学场、国家精英以及底层的社会疾苦。

那么，究竟何为场域？场域该如何界定？在芝加哥大学社会思想委员会的课堂上，布迪厄本人对场域给出过简要的定义："从分析的意义上来说，场域可以定义为位置之间客观关系的网络或构型（configuration）。就这些位置的存在及其强加于它们的占据者（无论是行动者或者机构）的种种限制而言，这些位置在客观上是由它们在不同类型的权力（或资本）的分配机构中实际或潜在的处境以及它们与其它位置的客观关系（支配、服从、结构上的对应等等）所决定的，而拥有权力或资本，则意味着可以获取场域中利害攸关的特定利润。"[66]

根据这一定义，场域可以被视为特定资本及其组合而形成的结构化的空间，行动者为了积累、动用或垄断资本而展开斗争。场域中不同位置的占据者并非恒定不变，这意味着永无止境的争夺。占据场域不同位置的行动者采取种种策略来保证或改善他们在场域中的地位，尽可能地追求资本的最大化，尽可能让自身的实践方式和行动原则占据本场域的支配地位，强加一种对他们自身的产物最为有利的等级化原则。"作为一个包含着潜在的和活跃的力量空间，场域同时也是一个充满了旨在维护或者改变场域中的力量格局的斗争场所。"[67]围绕着资本和支配地位的斗争，行动者不断改变着场域内节点之间的社会关系和力量对比，进而也不断重塑着场域的结构，从这个意义上讲，场域本身成为了争夺的空间，这些行动者之间的争夺"旨在维续或变更场域中这些力量的构型（configuration）"。[68]

---

66 关于场域的定义布迪厄在《实践感》、《国家精英》、《科学之科学与反观性》、《艺术的法则——文学场的生成与结构》等作品中都有提到，本研究中所呈现的这一概念界定引用自成伯清为《科学的社会用途——写给科学场的临床社会学》所写的引介——《布迪厄的用途》，第 13-14 页。成氏对场域的翻译取之于布迪厄与华康德合著的《实践与反思——反思社会学导引》的英文本，此书中译本的译文不及成氏译文流畅，故本研究取成伯清之译。

67 成伯清.布迪厄的用途.详见〔法〕皮埃尔·布尔迪厄.科学的社会用途——写给科学场的临床社会学〔M〕.刘成富，张艳译.南京：南京大学出版社，2005：14.

68 皮埃尔·布迪厄，华康德. 实践与反思：反思社会学导引〔M〕. 李猛、李康译.北京：

在场域的维持或重构中，一个重要的战略争夺点在于场域的"边界"。布迪厄认为"每一个场域都构成一个潜在开放的游戏空间，其疆界是一些动态的界限，它们本身就是场域内斗争的关键"。[69]场域之间没有固定的边界，恰恰是利益双方相互争夺的战略点。一个场域的内部变化往往是通过各种场域之间界限的重新确定来实现的，因为边界的重构使得具有新生资源的因子进入原有的场域之中，[70]场域内的资本分配会产生一系列相应变化，进而影响着处于不同位置的行动者——他们处于对资本的追逐和地位的竞争之中。在争取支配地位的种种争夺中，场域边界、分类原则及图式成为了斗争的焦点。[71]从这个意义上讲，场域研究中对边界的关注，不仅在于研究者需要经验性地确定场域的边界位于何处，还因为边界本身也构成了场域争夺的焦点，处于变动与维持的张力之中。

尽管布迪厄指出了"边界"对于场域重构和争夺的重要地位，却没有进一步详细分析边界的性质、特征以及动态的建构过程，亦没有关注行动者围绕着边界而进行的种种争夺，进而也忽略了边界重构如何作为一种行动者的策略而改变着既有的场域结构。对于知识领域而言，边界建构却恰恰是其制度化的重要问题（详见文献综述部分）。在近三十年美国社会科学界内得到了诸多关注与探讨。其中由葛恩瑞（Gieryn）提出的"划界实践"对于我们理解场域边界的微观动态性和建构过程深具启发。

二、划界实践

葛恩瑞对划界实践作如下界定：为了在科学与非科学之间划出一条措辞边界，将某些精挑细选的特征赋予科学制度（如科学家、科学研究方法、科学的价值）的一系列话语实践。[72]划界实践在特征的具备者与不具备者之间建

中央编译出版社，2004 年：139.

69 皮埃尔·布迪厄，华康德. 实践与反思：反思社会学导引〔M〕. 李猛，李康译.北京：中央编译出版社，2004 年：142.

70 〔法〕皮埃尔·布尔迪厄.科学之科学与反观性〔M〕. 陈圣生、涂释文、梁亚红译.桂林：广西师范大学出版社，2006：62.

71 〔法〕皮埃尔·布迪厄，〔美〕华康德. 实践与反思：反思社会学导引〔M〕. 李猛，李康译.北京：中央编译出版社，2004：14.

72 Gieryn, "Boundary- Work and the Demarcation of Science from Non-Science: Strains and Interests in Professional Ideologies of Scientists," 782. Gieryn, *Cultural Boundaries of Science: Credibility on the line*, 4-5.

构了一种区别，由此形成了具有区隔意义的边界。与此同时，边界的重新建构也将模糊或削弱特征具备者之间的差异。边界具有引导资源流动的功能，边界的强化或弱化，其背后都含有资源和利益的考量。这一概念在学术界得到了广泛应用，后续者不断补充和丰富着划界实践的内涵与应用场合。综合这些研究，本研究将"划界实践"界定为"将一些特征赋予知识领域，从而划定、强化、维持、削弱或淡化某一知识领域同政治、经济、其它知识领域等不同社会空间之间边界的行动"。

划界实践贯穿着知识制度化的始终。考虑到政治、经济和社会等外在力量对知识的权力关系，知识行动者在不同场合致力于建构自身的功用价值，削弱本领域同政治或经济场域的边界，从而获得相应的物质资源和象征价值。在另一些情况，知识领域又会强化它同外在权力的边界，以保证学术自主。在知识的推进上，一些领域可能会逐渐采取数学、计算机科学、经济学等地位较高学科的研究方法与概念（如中国社会学改革开放后量化研究的发展，计算语言学、认知语言学的发展），这可能既带来了它们同一些学科间边界的模糊和消融，又使得它同其它一些领域的差异变得明显。还有一些领域通过强调自身同相邻领域在价值旨趣、研究对象等方面的差异而突出本领域的价值和优势（如国学如何区别于文史哲三科的论述）。学科在知识维度上的划界实践及策略会以复杂、多样的方式同其在物质资源上的划界实践存有互动。

葛恩瑞强调了划界实践的情境性，对于我国知识领域而言，边界重构最重要的情境就是学科目录调整之时。一个知识领域在《学科目录》中的位置规定了它同相邻领域的从属关系，国家确定的学科分类对于知识的制度化绝非无关轻重，而是负载着极强的发展空间与资源。边界成为知识场域内部与外部互动的重要界面，学科边界的确立、巩固、淡化或消除可以为知识发展带来所需的知识权威和物质资源，而外在的政治经济力量以及智识权威也常常借助物质资源和声望的分配变换着知识边界。由此，边界成为一种有关知识生产的社会控制机制，建构得当便可为学科场域的变化和发展带来资本与空间。科学知识社会学的研究与布迪厄对边界的理解异曲同工：划界实践具有丰富的潜在结果和利益，"边界的斗争就赌注而言常常是一种名称的垄断，带有各种各样的后果：预算水平、职位、信贷等"，[73]因而对知识边界争端的

73　〔法〕皮埃尔·布尔迪厄.科学之科学与反观性〔M〕.陈圣生、涂释文、梁亚红译.桂林：广西师范大学出版社，2006：84.

裁决（哪一种问题和哪一种现象应该恰切地属于哪一个领域），也往往成为一个历史性事件与过程。因而，围绕着学科身份及其边界的争论就成为知识制度化的关键环节，这也势必引起诸多冲突与竞争。

本研究之所以将"场域"与"划界实践"统一起来，出于下述缘由。

首先，"划界实践"的引入有助于分析场域的"建构过程"与"动态性"。

有人批评布迪厄场域研究的一个问题在于其边界难以确定，我却认为这是对布迪厄"场域"概念的误读。场域边界的不确定与模糊性，恰体现着边界的建构性，由此边界才能成为场域竞争的焦点与机制，边界也才能成为不同场域间资本互动的界面。布迪厄本人坦承难于在理论上确定场域的边界，边界何在需要经过经验的分析。尽管布迪厄敏锐地看到了边界移动对于场域重构的重要性，他本人却没有对引起边界变化和边界变化本身的机制进行过专门的深入探讨。在这点上，葛恩瑞的"划界实践"可以用作分析边界机制的概念工具，可被用来追踪边界的建构过程，探究一个场域的边界变化如何受到政治、市场、学术界以及知识领域本身的影响。其次，尽管布迪厄力求突破结构主义和建构主义的二元对立，并尝试以"场域"这一概念进行调和，但他本人的经验研究更突出了"场域"的结构性与稳定性。通过对场域边界的追踪，可以展示出场域结构变化的动力机制及其过程，一定程度上可以"矫正"布迪厄研究中对"结构性"和"稳定性"的偏重。

其次，用"场域"这一概念也有助于边界研究从微观层次拓展至宏观层面。

"划界实践"聚焦于知识界内部具体的、微观层次的斗争，长于细致、深入的历史过程解释。尽管葛恩瑞及其他学者的边界研究中也间或处理了社会结构等宏观层面的议题，但总体而言，边界研究主要停留在微观层面。知识制度化的范围往往超出了微观的情境，可能扩散至高等教育甚至更广阔的社会之中。"场域"有助于我们从结构（共时）和历史（历时）纵横交叉地去理解"学科身份"对于知识制度化的重要性，引导本研究关注结构性力量的卷入及其互动。将"场域"与"划界实践"的结合有助于我们更透彻地理解"边界争端"的前因与后果。

第三，与许多概念和理论一致，"划界实践"并不是孤立的存在，它的概念群包括"可信性竞争（credibility contest）"与"认知权威（epistemic authority）"，"可信性"、"认知"传递出划界实践侧重于认知层面，科学战争中竞争双方总是从逻辑、认知程序、推理等方面建构知识的边界及其合理性。然而"认知战争"并不能精准概括中国学科身份争论的现象。学科的身份之争不可避免地涉及到知识分类及其边界的重构,"认知"并非总是战争双方的必争之地,在一些案例中,它并非竞争成败的关键一役。"划界实践"蕴含了学术自由竞争的前提条件。学科升格或其它身份之争这些蕴含着极大利益的划界实践发生于在中国的学科治理制度之中时,划界实践在西方学术界所蕴含的"认知"力量和"可信性"是否依然重要?

在我国依托《学科目录》进行学科建设的制度下,知识领域的制度化必须有赖于"学科身份"的保障,更是一种集体协作的政治行动,它试图改变的并非一时、一地、一人或一校的知识边界,而是全局性的规划,它争夺的是学位、院系、教职、学生、经费、期刊这些学术生产和再生产的物质条件。从许多人文社科领域的发展史来看,它们在知识界作为学科的合法性并不必然意味着它们具备与之匹配的学科身份,国家权力、学科间的权力、学术精英的权力对于一个学科制度化的"命运"相当关键。然而划界实践过程中的学术认知因素又非全然无效,它在许多案例中都会合法化或质疑着这个领域的学科身份,许多学科在知识上无法成功地赢得学界的认同。

"场域"与"划界实践"这两者的结合可以弥补这两个概念在解释本论文研究问题上面的不足,赋予了本研究一个涉及微观至宏观、涵盖知识与组织、跨越不同历史时期的分析框架。它们二者协同致力于解释学科身份究竟如何影响着一个领域的制度化、为何不同学科之间的发展速度、规模以及学术地位和社会地位会有差异这些问题。

第四节 分析框架

本研究将知识制度化视为场域逐渐形成或重构的过程,随之而来的问题便是我们该如何分析场域。布迪厄认为场域分析包含了三个必不可少方面:首先,必须分析对象场域相对于权力场域的相对位置,例如文学场被包含在权力场域之中,但在权力场中占据着被支配的地位。其次,勾画出行动者或机构或占据的位置之间的客观关系结构,在这个场域中,占据不同位置的行动者为了控制特有的合法形式的权威,相互竞争,从而形成了种种关系。最后,要对行动者的惯习进行分析。[74]在此须注意的是,这三者是场域分析的完

---

74 〔法〕皮埃尔·布迪厄,〔美〕华康德. 实践与反思:反思社会学导引〔M〕. 李猛,李康译.北京:中央编译出版社,2004 年:143.

整要素，而非具体案例分析过程中依次操作的步骤与环节。在对具体案例的分析和行文中，这些要素会被分解打散，以相融的方式呈现于行文之中。

一、知识在权力场域中的位置

分析知识在整个权力场中的位置，目的在于探究政治权力和市场权力如何影响着这个领域的制度化。对知识在权力场域中的位置分析主要出于下述考虑。

第一，通过对知识权力场的位置进行分析，它与权力的距离和亲疏性便得以勾勒，进而我们可进一步探究这一领域的制度化在多大程度上受到了政治权力的庇护、引诱、压制或漠视，更为重要的是，领域内部的研究者又如何应对。例如，马克思主义理论这一领域的地位决定了它极其容易调动来自政府和国家的支持，这成为它被《学科目录》识别为一级学科从而推进其制度化的最有力保障。与此相对，宗教学、人类学等领域不仅难以受到国家和政府的推动，甚至会受到压制。知识在权力场的位置有助于分析个案在多大程度上获得政府的支持。

其次，知识制度化所需要的资本也可能来之于市场。不同知识及其技能在市场中的消费者、应用者往往存有结构上和数量上的差异，这意味着知识场域形成和扩张过程中可能支配的经济资本与符号资本存有差异。布迪厄在《国家精英》中认为管理类学校的成功是两个过程的产物，一方面文凭日益成为企业界的必需品因而产生了教育需求，新兴学校因此获得了大量生源；另一方面，经济场域发生了变化，如国际贸易的增长，使得与之相关的技术人员、工程师、商务经理职位的增加，为这些学校的产品确保了日益扩大的、可靠的销路。[75]通常而言，那些在市场上需求强、应用广的领域，往往可以获得较多的物质支持，其制度化更容易在组织层面上推进。在许多情况下，知识领域或学科的名称本身即为"象征符号"。相对于"档案学"、"西方哲学"等称谓，"管理学"、"国学"、"信息技术"这些名称显得更加"时尚"而受人青睐。知识领域在市场上的"公众形象"也参与进其制度化之中，与此形象相连的学科知识的持有者（以此为业研究者与文凭持有者）、知识应用者与消费者的阶层和特征也都卷入制度化的过程之中。

---

75 〔法〕P.布尔迪厄.国家精英——名牌大学与群体精神〔M〕.杨亚萍译.北京：商务印书馆，2004 年：379.

知识在权力场域的位置影响着流经此处、受其支配的资本数量和类型。这些资本流入学术界内部，成为学术界场域结构且重构的潜在资源。不过，来自学术界之外的资本力量若要转化为能动者的行动策略，进而引发知识场域的变动，还需要经过学术场自身逻辑和结构的中介，场域自身的特性成为外部世界对行动者施加影响的中介力量。"对于置身于一定场域的行动者，那些对他们产生影响的外在决定因素，从来也不直接作用于他们身上，而是只有先通过场域的特有形式和力量的特定中介环节，预先经历了一次重新形塑的过程，才能对他们产生影响"。[76]

二、知识场域内部的结构分析

（一）划界实践与知识场域的结构

学科边界是知识制度化过程中所要处理的重要问题。相关行动者通过学术文章、访谈、学科设置方案以及召开会议等多种策略进行划界实践，在此过程中关于学科身份以及学科边界争论的"文本"浓缩着整个领域发展至今的成果与困境，这些文本可以带领研究者较为全面和准确地把握这一领域时至今日的制度化现状及其内部结构。

首先，本文将梳理学科内部关于学科升格的主要观点与方案，围绕学科身份而出现的争论和观点成为窥探知识领域内不同分支方向集合成为一个"学科"的最低共识的培育状态。知识场域内占据重要位置的院系或学术精英对本领域的学科定位和知识边界持有何种看法？他们对此作出了哪些论断？这些学科定位和知识边界的宣称可被分为哪几种观点？哪一种在本领域占据主流地位？每种边界观点的持有者是谁？有哪些反对的话语？反对的论据是什么？这些反对话语的持有者是谁？

不同的划界方案及其所引发的争论，暗示着知识场域的内部结构以及知识学科化的状态。划界实践是学科场域内部行动者为争取更多的资本和支配地位而进行的策略，绝非无关紧要，而是与不同位置上的行动者（个体或群体）的利益和观念密切相关。正因如此，并不是每一个试图提升学科等级的领域内部都能达成一致。在一些学科领域内（如艺术学），学者对于学科的归属和等级定位拥有一致的观念看法，众多学者、学生普遍认为艺术学不从属

76　〔法〕皮埃尔·布迪厄，〔美〕华康德. 实践与反思：反思社会学导引〔M〕. 李猛，李康译.北京：中央编译出版社，2004 年：144.

于文学，其内涵和外延比文学要广。而在另一些领域内，关于学科的制度身份则存在较大分歧。典型者如国学这一知识场域，以人大国学院为代表的组织力图将国学塑造为独立于历史、文学、哲学的学科，而以北大国学研究院为代表的学者却坚持国学的多学科性。这两种主张显示出国学的学科发育还需要一段过程。在后文的详述中，我们将会看到，知识场域内部的行动者对于学科升格及其方案的不同态度，其背后不乏利益和资本的考虑，既出于同行间地位竞争的考量，也因为不同分支在知识上有着不同学术传统与"知识贸易伙伴"，进而形成了不同的观点。

其次，身份之争呈现的边界方案也有助于我们确认学科制度化进程中学科间的重要竞争者与反对者。《学科目录》对一个领域位置的安排，也培育了一个资源竞争的学科群，它们将竞争数量确定的学术资本。在学科升格的划界实践中，相邻领域亦是重要的利益相关者，他们对学科身份的看法也表征着物质世界的资本分配，试图升格的学科需要应对来自相邻学科的质疑、挑战抑或支持。学科间的竞争也会转化为身份争论中的多种意见与理据。通常而言，一个领域学科架构对现有的场域结构具备越大的"颠覆能量"，相关领域的争论和冲突也越激烈。

（二）知识场域内的资本积累与竞争

一个知识场域内行动者受多种类型资本的引导，这些资本可以分成两种类型，其一是"纯学术资本"，其二是"制度化的学术资本"。纯学术资本积累的主导逻辑是知识在认知上的权威与声望，这种资本主要通过对知识进步或推进的贡献来积累。行动者在此追求的是一种属于学术界特有的象征权力和象征资本，它建立在科学同行对其研究认可的基础上，这是一种"认同"和"声望"的权力。这种"声望"可以由学者个体承担，也可以由某个群体（如法兰克福学派、年鉴学派）或知识领域所享有（如物理学、数学）。研究者为追求知识上的贡献，往往不囿于学科边界所限，相似议题常常在不同领域得到探究，许多研究者出于知识生产和认知的压力而经常跨越不同学科间的边界。因此在知识生产和纯知识资本的竞争与积累中，不同领域间的边界较易跨越与渗透，这种知识边界间的持续跨越，可能引发学科知识范式的变化，进而出现学科身份重构的诉求。

知识场域区别于其它场域的独特之处也恰恰在于纯学术资本积累和竞争的方式。学术场域发展出自身独特的论辩原则和斗争准则，如果你想战胜其它数学家，或者在数学家中建立普遍的承认声望，你必须采取借助数学的方法。"科学场的特征就在于同行中的竞争者同心协力，致力于对一致'事实'审核准则的建立。简言之，就是缔结彼此默认的合同，来建立和管理'客观性劳动'。"[77]惠特利也看到了学术界这种独特的"知识审查"形式，不过他进一步指出不同学科在达成一致的能力上存在很大差异。[78]无论如何，学术场内部的行动或实践暗含了一种集体性色彩，科学家能够以共享的方法创造知识，以共享的标准对事实和研究进行"公允"的集体裁夺。由此，共享的方法、标准以及观念对于这一场域的运行及其秩序的维持至关重要。这些经由知识生产者竞争得以筛选和积累而来的问题、方法、概念就成为场域内的集体资本，它普遍地为场域内的行动者拥有，并被用于未来的知识创造之中。从这个角度看，学术的积累尤为重要，这些积累转化为约定俗成的方法、观念与意识。集体资本的传递既能以个体化的、科研实践的方式实现，也可以通过课程体系和学科核心知识的方式传承。这些形式的学习缩减了获得集体资本所需的时间。[79]无论它是什么学科，人们都需要付出双倍的努力来掌握理论知识，从而使得这些知识以"技能"、"手法"或是"眼力"等方式融入实践当中。[80]

由此，集体资本的积累和传递就成为知识推进上的重中之重，它是场域对行动者进行惯习引导和塑造的重要中介与结果，集体资本的差异意味着行动者主观观念和实践方式的差异，由此也成为知识领域分化和学科认同变迁的制度性根源。在后文的案例分析中，我们还将看到学科的"集体资本"如何受到其"学科身份"的影响，而这种资本的传递又如何同知识场域内初学者的"惯习"存有对应关系。

知识场域内外部的行动者还在竞争"制度化的学术资本"，这种资本主要着眼于支持知识生产与再生产的物质基础，大体可被分为以下四个类别：职业化、专业化的研究者以及他们赖以栖身的研究机构和学术交流网络；规范

77 〔法〕皮埃尔·布尔迪厄.科学的社会用途——写给科学场的临床社会学〔M〕.刘成福、张艳译.南京：南京大学出版社，2005 年：37.

78 Whitley, *The Intellectual and Social Organization of the Sciences*〔M〕.

79 〔法〕皮埃尔·布尔迪厄.科学之科学与反观性〔M〕.陈圣生、涂释文、梁亚红译.桂林：广西师范大学出版社，2006：69.

80 〔法〕皮埃尔·布尔迪厄.科学之科学与反观性〔M〕.陈圣生、涂释文、梁亚红译.桂林：广西师范大学出版社，2006：69.

的学科培养计划及稳定的生源；学术成果的公开流通平台和评价奖励体系；科研资助来源，[81]本研究中将此四类物质基础称之为"制度化的学术资本"。"制度化"旨在突出这些资本的赋予和获得往往有一整套正式制度的支持。从《学科目录》在学科治理中的基础地位可以看出，制度化学术资本四个类别的分配都受到知识领域学科身份的制约。"在这种资本的竞争中，行动者追求的不再是被普遍认可的知识创新，而是确保制度化学术资本的最大化。支配这一场域中的权力不再是学术知识的象征权力（体现为学者或学者群体的声望），而是高等教育内部的政治权力、科层制权力。制度化学术资本的分配结构也建构着场域内行动者的"惯习"。

在"制度化学术资本"的流动中，知识领域间的边界相对难于被打破和渗透。这种资本凭借着《学科目录》对知识类别的划分而得到维持与传递，资本在划定的学科边界内流动和转化。例如，在学术劳动力市场上，学位文凭发挥着系统对接的作用，政治学学位的拥有者更容易在政治学领域谋求教职，尽管其研究可能同时涉及到了历史学、经济学或者社会学。

对制度化学术资本的竞争，是所有知识制度化共享的动力。这种竞争既发生于不同领域之间，也发生于知识领域内部。无论是学科间还是学科内的竞争，都受到场域结构本身的影响。占据优势地位的知识竭力推进或维持自身的地位，尽力根据自身的逻辑和特征分配资本，相对处于弱势或被支配地位的领域则在许多方面受此制约。这种学科群之间的相对位置和竞争关系成为学科场发育或重构过程中必须处理与应对的问题。这种竞争格局，既是早期知识发展脉络延续至今的结果（如社会学与人类学），同时也是大学政治权力、科层权力和学科间权力博弈的产物（如语言学与文学）。制度化学术资本的争夺也同样发生于领域内部，在一些案例中，领域内部的差异、角逐与冲突为其学科身份的重构制造了障碍或困境，例如科学技术研究领域内大致可以分为哲学脉络与社会学脉络下的两派，这两派对于本领域归属于哲学还是社会学存有争议，这影响了此领域在目录调整时的升格方案，自然也会对未来的发展产生制约。

一个知识领域同时竞争这两种资本，只有同时兼顾这两种资本，知识场域才能较为顺利地推进制度化。这两种资本的对比详见下表。

---

81 方文.学科制度与社会认同〔M〕.北京：中国人民大学出版社，2008：24.

表 1."纯学术资本"与"制度化学术资本"之比较

	纯学术资本	制度化的学术资本
对应的权力	学术界的象征权力 学科合法性	科层化的政治权力
资本积累法则	个体化的、部分可以制度化	高度制度化,易维持与传递
资本类型及其构成	以理论、方法、思想呈现的知识	制度化的学术资本(人员、职位、经费)
场域边界	易跨越,易流动	相对稳定

　　"纯学术资本"与"制度化学术资本"之间存在转化,在最理想的情况下这两种资本共存于学科领域之内(也包括学者个体、实验室、学科之下的某一院系或研究所),[82]二者完美的互动模式是制度化学术资本的增值和积累会促进纯粹学术资本的积累,而学术象征权力的获得也有助于这一领域得到更多制度化的学术资本。然而,这种良性循环并非知识创造在两个场域中的唯一模式,许多案例也展示出此二者之间难以互相支持,彼此之间存在矛盾。

　　本文为将从纯学术资本与制度化学术资本获得之间的复杂关系入手去分析知识领域在现有学科身份下的制度化困境,从而更恰切地理解这些领域寻求学科身份重构的制度性动力与结构性压力。例如"国学"试图建立更多的实体组织,进行制度化的人才培养,致力于获得更多制度化的学术资本,这种资本的积累却受到了"纯学术资本"的压制,尽管国学具备丰富的知识资本,但它缺乏作为独立学科所用的合法性。在另一些领域,制度化学术资本的分配方式压抑了知识领域对纯学术资本的积累,譬如语言学。总体而言,这两种资本的积累和转化之间存在着多种互动机制,其中一类资本在多大程度上压制着/支持着另一种资本的转化,可用作分辨知识领域制度化提升学科身份的动力,也可用来分析知识领域制度化所面临的困境。

　　(三)知识场域内行动者的惯习

　　在上述学科场域分析要素的解释中,已经部分涉及到学科场内行动者的惯习。在布迪厄的论述中,场域既是一个物质循环的关系性空间,也是一个富含着观念、心态和认知的主观空间,分类系统本身构成争夺的目标,分类

---

82 〔法〕皮埃尔·布尔迪厄.科学的社会用途——写给科学场的临床社会学〔M〕.刘成福、张艳译.南京:南京大学出版社,2005 年:38.

系统是社会系统的沉淀，润物细无声地影响着人的认知和实践。社会世界对自身进行合法化的方式，不能从明确意识的层面来加以理解，而只能从心智和身体的实践感层面进行阐发。这便首先涉及到分类概念所涵括的某种社会性意义，在布迪厄的理论体系中，分类图示不但是社会世界的呈现，更是社会世界对自身进行合法化的巧妙方式。分类图示的创造、变动、在行动者头脑中逐渐沉淀为无意识的实践感，便涉及到了更深层意义上"符号权力"了。在布迪厄看来，物质世界和主观世界的互构正是以行动者的"惯习"为中介的，"科学实践的真正根本是一个学者们的各种性向的生成系统，其中的大部分作用都是无意识的、可转换的，并且趋向于自我生成。这种习性根据专业的不同而采取不同的形式：即从一个学科向另一个学科的转变，这些转变过程正是感觉这些系统之间差距的很好的机遇。"[83]

根据布迪厄对"惯习"的界定，学术场的"惯习"集中体现于学术场内研究者和学生创造知识过程中有意识、潜意识的各种观念与实践之中。一方面，本研究关注与分析在知识创造和实践中，学者和学生所需要的技能、理论、方法和知识基础，以及知识创造的特点与旨趣追求；另一方面，也将关注知识领域下课程体系的内容、招生选拔的标准、制度化的评价体系，从这两方面的比较去探究知识领域在知识生产与制度安排之间的冲突与张力，由此勾勒与讨论这一知识领域内行动者对于"学科身份"的认知。

然而，对知识领域的身份认知还有其它面向，学者并非简单地支持学科身份的重构，现有的场域格局和发展史会经由多种行动机制而渗入他们的认知和实践。正如布迪厄所言："一名学者是一名由科学场所造就的工作者，因此他的认知结构与这个场域的结构是相对应的，并且不断按照这个场域的要求来调整。"[84]语言学的学生认为，作为中文系一份子，学习文学知识理所当然，尽管他们已经意识到语言学与文学之间的强烈差异。[85]

由此可见，一个知识领域内部人们对于自身领域归属和等级的认知以及与此相伴的学科认同状况，实为这个知识场域中历史心态的体现，学科建构

83 〔法〕皮埃尔·布尔迪厄.科学之科学与反观性〔M〕.陈圣生、涂释文、梁亚红译.桂林：广西师范大学出版社，2006：71.

84 〔法〕皮埃尔·布尔迪厄.科学之科学与反观性〔M〕.陈圣生、涂释文、梁亚红译.桂林：广西师范大学出版社，2006：70.

85 这反映了"学科"的符号形象，判断者没有从社会功能的角度来认识学科，用知识性来判断学科。

在本场域内部能获得的支持如何、学科场的历史进程及其与相邻学科的复杂关系，都可以通过本场域内部行动者的认知观念得以窥探。一个学科的制度身份及其背后的制度化进程，并非仅仅是规模扩张和资源攫取的社会过程，它还伴随有一系列的观念变革和认知图式的变化，观念和认知既是领域已有制度化的结果，也可能是其未来制度化变革的中介与合法性来源。

上述部分呈现了从场域的角度来研究知识领域制度化，所需要关照的几个分析点。为了理解围绕学科建构所产生的争论并分析知识制度化过程中的路径、问题与症结，研究者将在具体的案例之中去分析与呈现场域内的结构及行动者的博弈，以及此种结构和互动如何塑造着知识的制度化。

第五节 研究方法：多个案比较法

本研究的研究方法主要为多个案比较法，之所以选择这种方法基于下列三点考虑：第一，本研究重点探究学科建构的动力和过程机制，这与个案研究的旨趣相吻合。学科建构或者说知识制度化是一个牵扯多方力量的复杂过程，而个案研究注重对个案进行整体性与全局性的把握，重在探求现象发展的过程，更擅长于回答"为什么（why）"与"怎么样（how）"的问题。[86]

其次，采用多个案法亦是基于学科的异质性特征和理论建构的需要。尽管诸多知识领域被共同冠以"学科"的标签，但学科间存在高度的异质性也早已为学界所知。一方面，学科之间差异性强，从单个学科中抽象而来的特征、概念或理论在多大程度上能解释其他差异较大的学科，尚需斟酌；另一方面，对每个学科进行逐一考察却又超出研究者可为的范围。鉴于此，本研究将分析管理学、国学和语言学三个个案，以期通过多个案比较的方式，提升理论的解释力。既有的方法论研究表明，相比于单一的个案研究，多个案研究更擅长于提炼较高抽象程度和解释力的实质理论。[87]

---

86 罗伯特·K·殷. 案例研究：设计与方法〔M〕.重庆：重庆大学出版社，2004：3。

87 Abbott, *Time Matters: On Theory and Methods,* 156. Doetrich Rueschemeyer, "Can one or A few Cases Yield Theoretical Gains?" In *Comparative Historical Analysis in the Social Sciences*, ed. James Mahoney, Dietrich Rueschemeyer (New York: Cambridge University Press, 2008), 320. Lieberson Stanley, "Small N's and Big Conclusions: An Examination of the Reasoning in Comparative Studies Based on a Small Number of Cases," In *What is a case? Exploring the foundations of social inquiry,* ed. Charles C. Ragin and Howard Saul Becker(New York: Cambridge University Press, 1992), 105-118. Stanley Lieberson, "Small N's and Big Conclusions: An Examination of the Reasoning in Comparative Studies Based on a Small Number of Cases," Social Forces 70, no.2 (1991), 307-320.

一、个案选择

作为一项多个案研究，需要首先确立选择个案的标准。基于文献综述、研究框架以及对我国学科制度化进程中的关键要素进行抽取，本研究以"知识在权力场域中的地位"和"作为更高级别学科合法性"这两个维度作为选择的标准。"权力场域中的位置"识别出外在社会环境对于知识制度化的影响，而后者的目标则在于分析来自知识生产的驱动力对于制度化的影响，它表征着学术界内部基于知识特征而形成的对知识领域合法性的判断。"合法性"的程度，需要考量合法性的判断主体与对象（例如作为一门课程的"国学"、一个专业的"国学"、一个跨学科的"国学"和一个学科的"国学"具有不同程度的合法性）。"更高级别"的限定语体现出知识领域朝向学科制度化的过程性，未被《学科目录》识别的领域试图被识别为学科，二级学科欲成为一级学科，一级学科又试图成为门类，学科身份更替和重构的整个过程需要知识合法性的支撑。这两个特征两两交叉，形成不同的类型，本研究将选择语言学、国学与管理学在改革开放后制度化的进程作为分析案例，详见下表。

表 1. 个案选取标准及个案选择

	作为更高级别学科的合法性高	作为更高级别学科的合法性低
权力场域地位高	管理学（1990 年以来）	国学（21 世纪以来的国学） 管理学（改革开放初期）
权力场域地位低	语言学（20 世纪 80 年代以来）	国学（20 世纪 90 年代之前）

"权力场域中的地位"和"作为更高级别学科的合法性"这两个标准本身具有社会建构性，因而某个知识领域在不同时期内可能会位于不同的象限内。管理学在改革开放初期作为一个学科，很难被学术界所认同，然而到了90 年代，无论学术界还是更广阔的公众场合，人们都将其视为学科。以弘扬传统文化为主旨的"国学"在建国后至 90 年代之前，不仅没有得到国家支持，反而历遭贬抑，但 21 世纪以来，随着经济实力的增强和民主化浪潮的政治压力，国家和政府开始有意识地提倡和扶植传统文化，它在权力场中的地位经历了由低到高的转化。个案在不同维度上的变化，引入了知识制度化的动力机制，也突出了制度化的过程性。这些变化也反映了知识领域制度化为"学科"的时间性。这三个领域，都出现过学科身份的争论，场域内的行动者也

采取多种策略以重构它们的学科身份。不同的个案上演着不一样的故事，制动化的动力、过程和面临的困境也各有特点：（1）管理学是顺利制度化的典型。管理学在中国的发展主要始于改革开放之后，在 1997 年即被《学科目录》识别为独立的学科门类，并且其学科规模在人文社科领域内位居前列。管理学发展速度不可谓不迅速。管理学的崛起同国家治理方式和市场经济的转型密不可分，钱学森、华罗庚、宋健等科学精英在其发展亦功不可没。外在的社会支持和学术界内的知识积累形成良好的循环与互动。（2）21 世纪开始，中国出现了"国学热"，国学组织在高校内也随之扩张。在 2009 年启动的新一轮《学科目录》修订过程中，以中国人民大学国学院为首的国学组织力图将国学建设为一个历史学门类下的一级学科。然而，这一动议以失败告终，国学至今缺乏被《学科目录》识别的合法身份，其根源在于国学的学科认同尚未确立，在中国文学、史学、哲学以及其他相关学科牢固的学科分类框架下，国学还未形成自身的独特性。国学的学科建构，展示了即使得到了外部世界的积极推动，学术权力依旧会对学科建构产生制约作用。（3）在过去的学科分类中，语言学一直归并在文学门类之下，同文学构成了一个竞争制度化学术资本的学科群场域。然而，随着语言学研究范式的变化，语言学愈加进入社会科学甚至自然科学领域，而同文学间的差异越来越大。2009 年，中国语言学学界曾采取过许多策略以求以"中国语言学"之名写入《学科目录》，成为一级学科，无奈以失败告终。语言学的案例向我们展示出来自知识生产的动力如何不断挑战着既有的学科分类，而学科间的竞争又如何参与到学科建构之中。

针对上述三个个案，本论文主要运用的研究材料如下：

1. 相关的学科史、学科反思、有关身份之争与学科之争的论文与其它发表物。

2. 《学科目录》调整时相关学科的设置报告、目录调整工作组人文学科小组的座谈记录。

3. 重要院系组织官方网站的人员信息、课程体系、期刊杂志等等。

4. 对参与《学科目录》调整的负责人员、学科带头人等进行的深度访谈（详见下表）。

不同类型材料在具体学科中的丰富程度存有差异，因而这些材料在不同个案中会以不同比重结合起来。在管理学门类这一案例中，我主要依托学科史和重要人物发表物。国学的学科化分析中，我利用了《学科目录》调整时的会议座谈记录和学科设置方案、相关的发表物以及部分访谈。语言学个案的主要材料源于访谈和《学科目录》调整过程中的一些文本资料。本研究受访者简单信息介绍详见下表。

表 2 受访者一览表

受访者	受访者背景
A-1	《学科目录》调整人文学科小组负责人之一
A-2	《学科目录》调整人文学科小组工作人员，全程深度参与《学科目录》的调整
A-3	《学科目录》调整人文学科小组工作人员，全程深度参与《学科目录》的调整
A-4	《普通高等学校本科专业目录》调整参与人
A-5	《普通高等学校本科专业目录》调整参与人
LG-1	某 985 大学语言学教授
LG-2	某 985 大学语言学副教授
LG-3	某 985 大学语言学副教授，应用语言学专业负责人
LG-4	某 985 大学语言学教授，学科带头人
LG-5	某 985 大学语言学讲师
LG-6	某 985 大学语言学硕士生
LG-7	某 985 大学语言学硕士生
LG-8	某 985 大学语言学硕士生
LG-9	某 985 大学语言学教授，学科带头人
LG-10	某 985 大学语言学博士生
CC-1	985 某校高等人文研究院博士后研究员
CC-2	儒藏工程博士生
CC-3	北大博士生（本硕阶段就读于人大国学院）
CC-4	人大国学院硕士研究生
CC-5	北大国学研究院博士研究生
CC-6	某 985 大学哲学系讲师
CC-7	某 985 大学国学院教授
CC-8	某 985 大学国学院讲师

AT-1	某 211 大学人类学、民族学教授
AT-2	某 985 大学人类学博士生
AT-3	美国芝加哥大学人类学博士生（在国内就读人类学本科与硕士）
AT-4	某 985 大学人类学教授，学科带头人
AT5	某 985 大学人类学教授
WH-1	某 985 大学历史学教授
WH-2	某 985 大学历史学教授，学科评议组成员
WH-3	某 985 大学历史学教授
WH-4	某 985 大学历史学教授
AR-1	某 985 大学艺术学教授

二、个案比较与理论建构

本研究的核心问题是"知识制度化的动力及其过程机制是什么？为什么知识的制度化会存在发展速度、规模和地位上的差异？"期望基于多个个案的比较，建构出能解释不同学科知识制度化的理论。出于研究的目的与旨趣，本书中个案间的比较属于查尔斯·蒂利所讲的"多样化比较"，这种比较的目的不在于突出每个个案的特殊性，或者寻找不同个案间的普遍规律，而是提炼一种能解释个案共性与差异性的理论。[88]通过对这些个案（国学、语言学和管理学）的系统分析和对比，在兼顾知识领域多样性的同时，本文力图建构的是一个融合了多个关键要素所构成的解释框架，以便于解释不同领域在制度化进程中相似性或差异性。尽管本研究以"管理学"、"国学"和"语言学"为主要的案例，但也会略微涉及其他个案，如马克思主义理论、人类学、世界历史、艺术学，并将这些与主要分析的个案进行对照，以便于对提炼出的阐释框架进行核实与验证。

每个个案的目的在于展示可能的样式（pattern），例如来自知识和社会的力量在有"机会"的历史条件下，最终促成管理学成为一个独立的学科门类，《学科目录》的认定在最高程度上保障了管理学及其分支领域的制度化。人类学和语言学则更典型地展现出"学科间关系"在制度化进程中的作用或限制，这两个学科又在"学科间关系"这一标签之下进一步展示出两种普遍存

---

88 Tilly, Big Structure，Large Process, Huge Comparison, 82.

在的模式：人类学与其在组织制度上相邻的领域之间存在着密切、频繁的知识交换，知识"邻居"与组织"邻居"高度重合，而语言学的两种"邻里"则"各据一方"。尽管这两个领域在知识维度上都具备成为独立一级学科的合法性，然而被《学科目录》所识别的迫切性并不相同。国学则展示了一个具备外在支持的领域在知识积累和合法性上所遭遇的困境如何制约着它的制度化。研究将在具体个案与所抽象出的解释结构之间往复循环，最终止于人们能认识到在中国既有的学科治理制度下，塑造知识领域制度化的一些要素（parameter），这些要素彼此之间存在怎样的互动，在何种条件下将会促进着知识的制度化，在何种条件下又会使其陷入停顿或困境。

此外，每个个案的差异性和独特性也将得到关注，解释框架中的要素在每个个案中并非得到同等程度的体现和强调，因而在个案的书写和呈现中，读者将不会发现同一个要素在每个个案中都会出现或者得到特别的关注。每个个案的叙述中所展现的层次也会有差异，管理学这一案例更多展示了宏观层面上效用逻辑与学术界的互动，而语言学、国学的案例研究却会涉及到整个场域内一个学术组织内分支的成长与运作。每个个案都是实质性的。语言学更多地展示了知识界创新和知识生产的特征如何撼动着既有学科框架的合法性，而大学的行政权力又如何让语言学失去了一个可能要等待 10 年的发展机会。正因为对每个个案的具体性予以关注，因而每个个案的撰写不完全用同样的章节标题来统筹和规划每一个案例的谋篇布局。

第二章　管理学门类的诞生

在新中国的前三十年，管理学连同社会学、政治学、心理学等社会科学几乎消匿于无形，学科发展与建设遭受很大挫折。改革开放后，伴随着学科重建和研究生教育的发展，管理学相关的院系、专业和科研在高等教育领域如雨后春笋般生长。1997 年，国务院学位委员会颁布了新的《学科目录》，管理学成为我国第 12 个独立的学科门类。从改革开放学科重建算起，管理学门类从无到有只用了大约二十年时间。门类的设置标志着管理学在我国实现了最高程度的制度化，在官方的知识分类中，管理学门类的下属学科从经济学、理学、工学、医学、法学等门类下独立而出，自成一类。相比之下，许多学术界的经典学科，如社会学、人类学、政治学等时至今日依然没有取得门类身份。在同等级别的学科门类中，管理学门类的研究生教育规模位列第三，仅次于工学和理学门类。[1]从这一历程来看，管理学在中国的制度化进程和规模扩张不可谓不快。

随着门类的设置，管理学知识的边界得到了重新定位与划分。管理学门类下设"管理科学与工程"、"工商管理"、"农林经济与管理"、"公共管理"、"图书馆、情报与档案"五个一级学科，除"管理科学与工程"之外，其它一级学科下设若干二级学科。1999 年国务院学位委员会管理科学与工程评议组确立了 6 个学科领域，明确了"管理科学与工程"的学科内涵，[2]管理学门

---

1 中国学位与研究生教育信息分析课题组. 中国学位与研究生教育信息分析报告〔M〕. 北京：中国人民大学出版社，2009：51。

2 马庆国."管理科学与工程"的学科定位与人才培养〔J〕.高等教育研究, 2005,（12）: 70.

类的学科构成见表 2。

表 2 管理学门类的学科设置

一级学科构成	二级学科构成
管理科学与工程 （可授管理学、工学学位）	1.管理科学（狭义）与决策科学 2.系统工程 3.工业工程 4.信息管理与信息系统 5.工程管理 6.科技管理（MOT）
工商管理	1.会计学 2.企业管理（含：财务管理、市场营销、人力资源管理） 3.旅游管理 4.技术经济及管理
农林经济管理	1.农业经济管理 2.林业经济管理
公共管理	1.行政管理 2.社会医学与卫生事业管理（可授管理学、医学学位） 3.教育经济与管理（可授管理学、教育学学位） 4.社会保障 5.土地资源管理
图书情报与档案管理	1.图书馆学 2.情报学 3.档案学

　　这些学科分别来自很多不同的学科，如公共管理下的行政管理原先属于政治学，教育经济与管理之前属于教育学门类，社会保障传统上是社会学的研究领域，档案学原先是历史学门类，情报学在理工科类，等等。从这一份门类学科构成表来看，管理学的范畴在中国极为广泛，涉及到政府、企业、事业单位、信息档案、农、林、教育等不同层次、不同系统的管理学。这同世界其它国家知识分类系统中管理学的内涵及边界颇为不同。例如，美国学科领域分为交叉学科、人文科学、社会科学、理学、工学、医学、工商管理、教育学、农学、法学、建筑学、艺术学、公共管理、新闻学、图书馆学、神

学、职业技术共 17 个学科大类，[3]"工商管理"、 "公共管理"和"图书馆学"是并列的知识范畴，其上再无统领性的"管理学"标签。英国有医学和牙医、医学、社会学、法律、商务和管理研究等 20 个学科群，"商务与管理研究"的并称也可见管理学知识的范围与侧重。[4]在德国和日本等国家的学科体系中，也并未出现独立的"管理学"大类。[5]从以上简略的对比和叙述中，我们可以得知，在正式的分类制度中，"管理学"在中国的制度化过程中建构的边界与外延相比于其它地域的管理学要宽泛，建构了一种"大"管理学。

管理学在中国何以能制度化为大规模的"学科门类"？制度化进程中又如何形成了"大"管理学的边界？这一过程何以可能？如何发生？推动管理学制度化进程的动力和过程机制是什么？作为具体时空下社会建构的产物，学科及其知识边界由其发展所处的社会脉络与其所继承的学术遗产共同形塑，管理学门类作为相互关联的学科群亦然。欲理解中国管理学门类的独特性，须从管理学在中国发展的历史脉络中去寻求解答。管理学界普遍认为管理学在中国的发展出现过三波浪潮，第一波为上世纪 70 年代末到 90 年代中期，这一阶段主要是管理科学与工程的发展；第二次浪潮为上世纪 90 年代中期工商管理的快速扩张；第三波则是上世纪末公共管理的发展。[6]考虑到管理学门类正式设置时间是 1997 年，且《学科目录》从酝酿调整到正式颁布尚需一段时间，结合管理学的学科史，我们可以确定"管理科学与工程"这一分支是管理学门类设置过程相当重要的推动力量和学科基础。让我们将镜头拉回到改革开放之初，通过对"管理科学与工程"这一领域的聚焦（兼顾其他分支领域的发展）来回顾管理学场域在新中国的发育、生长和独立。

第一节　知识划界者：科学精英

在我国管理学早期发展的学科记忆中，充满着英雄叙事，如数理经济与管理方向有乌家培、于光远、钱学森，运筹学领域有钱学森、许国志，优选法、统筹法领域有华罗庚，技术经济与管理方向有于光远，系统工程和控制

---

3 纪宝成. 中国大学学科专业设置研究〔M〕.北京：中国人民大学出版社，2006。
4 纪宝成. 中国大学学科专业设置研究〔M〕.北京：中国人民大学出版社，2006。
5 纪宝成. 中国大学学科专业设置研究〔M〕.北京：中国人民大学出版社，2006 年。
6 陈晓田. 国家自然科学基金与我国管理科学 1986-2008〔M〕．北京：科学出版社，
　2009，13

论领域有钱学森、许国志、宋健、关肇直，质量管理领域有刘源张，[7]他们引领了相关领域的发展，成为我国管理学学科史中最重要的划界者。钱三强、苏步青、周培源、唐敖庆、胡桃森、师昌绪这些其它领域的院士也力破阻碍，积极促成在中国科学院和自然科学基金委员会下设置管理科学组。[8]

这群划界者几乎全部为我国两院院士，其中钱学森、钱三强、华罗庚，在改革开放前已成功跻身学部委员（现为院士）之列。作为学术界金字塔尖的学术精英，院士群体享有极高的声誉和学术权威。他们不仅在研究所、科技协会、政协、专业学会以及诸高校中担任职务，也在政协和人民大表大会中担任重要职务。文化大革命结束之后，他们帮助政府重建高等教育系统，积极推进科学研究，倡导建立了中国国家自然科学基金委员会，促进我国科研资助的制度化。[9]这一群体承载着丰富的象征性资本、政治资本与社会资本，其观点言论在当时极易进入权力中心，成为他人行动的依据。在极左意识形态的影响下，我国诸多学科几乎处于停顿状态，而与军事相关的科学则得到优先发展，两弹一星的成功发射增强了系统论征服决策圈和学术界的说服力和可信度。划界者参政议政的社会网络，确保了管理学在国家领导层中的传播途径，且为政府高层领导和决策者所认可。与其它社会科学相比，管理学在中国走了一条同权力更为亲密的发展路径，划界精英所承载的社会信任及能调动的资本在管理学的崛起中功不可没。

这一群体中，最有代表性者莫过于钱学森，他是我国管理学发展中最重要的开启者。作为最活跃的划界者，钱学森最先在社会管理中引进了运筹学、系统工程，开启或直接影响了管理科学中多个领域研究的开展。他将系统论运用于各个层次和系统的管理之中，进而有利于整个国家的经济建设和效率提升。系统论从自然科学和工程学领域延伸至社会科学领域，他将此称之为"软科学"。他与许国志、王寿云三人撰写的《组织管理的技术——系统工程》，在许多管理学的学科追忆中被视为中国管理科学研究的关键标志，他与乌家培发表的《组织管理社会主义建设的技术——社会工程》也被认为是管理学研究领域的开启之作。钱学森先生本人关于系统工程和管理的论著颇丰，他

7 许康、劳汉生. 中国管理科学历程〔M〕. 石家庄：河北科学技术出版社，2000：658-659.
8 刘源张.中国科学院的管理科学组——我的回忆〔A〕. 骆茹敏. 奋进的中国管理科学〔C〕. 北京：科学出版社，2010：71.
9 Cong Cao, *China's Scientific Elite*（Londin: Routledge,2004）.

在管理学发展中的地位和作用也为后辈学者所认可。此外，他最早提出了中国自己的管理科学构想，借助自身的科学威望和社会网络，积极推广系统论和系统工程。在钱学森及其追随者的广泛宣传下，系统论得到广泛传播，引起国家决策部门、企业界和学术界的重点关注。系统论影响下的管理学研究和教育开始在高等教育领域生根发芽，且综合运筹学、信息技术、数学和经济学逐渐发展为"管理科学与工程"这门学科，对于我国管理学日后的发展以及门类的诞生产生深远影响，这一切都基于钱学森的开启之功。

正是以钱学森为代表的划界者的开疆拓土，为管理学早期的发展争取到大力支持与丰富资源，后继者才得以在此基础上从事管理学研究。他们为管理类学科的成长开辟了合法空间，塑造了"管理学"在我国领导者和民众心中的公共形象，为日后管理学门类的成立奠定了基础。

科学精英们为什么提出了"系统工程"、"社会工程"以及"软科学"这些概念？作为"软科学"、作为"经世强国"之学的管理学如何突破以钱学森为代表的科学家的认知世界而在更大范围和更宏观的场域中扩散？这一切如何推动着管理学领域的制度化？科学精英所绘制的知识地图如何转变为高等教育和科研领域中管理学的课程、专业、院系、研究机构？

第二节　技术治国与管理学在权力场域的崛起

在权力场域，科学家们关于"管理学是'科学'、管理学有助于加快实现四个现代化，有利于社会主义现代化建设"的宣称在不断得到宣传与强化，党和国家的最高领导人频频在各种场合提倡管理的功用。邓小平在改革开放不久即提出："技术问题是科学，生产管理是科学，在任何社会、对任何国家都是有用的。"胡耀邦在十二大政府报告指出"必须加强经济科学和管理科学的研究和应用，不断提高国民经济计划、管理水平和企业事业的经营管理水平。"1996年，朱镕基旗帜鲜明地发表了题为《管理科学，兴国之道》的讲话，全文刊登在1996年9月18日的《光明日报》，1996年9月30日《人民日报》头版头条转载了这篇演讲稿。由此，我们可从中窥见"管理学"在权力场域中取得了一席之地，且为人瞩目。为什么"管理学"能从众多领域脱颖而出，获得党和政府的提倡与支持？为什么政府话语同精英科学家关于管理学的话语如此相似？要解释"管理学"在权力场域的高地位，我们需要理解彼时权力场域的逻辑和状况。

文化大革命结束之后，中国政府面临极其严重的合法化危机，经济建设成为国家的首要任务。随着四个现代化的提出，科学和技术渐成为具备合法化力量的话语。无论是"科学技术是第一生产力"，还是"科学技术的现代化"，都将科学技术置于民族振兴和国家富强的中心地位。随着文革的终结和改革进程的启动，科学也逐渐取代阶级斗争，凝固为一种意识形态，科学决策、科学管理、管理科学、科学技术是第一生产力，这些符号组合既漂浮在中国社会的表层，具体化为一个个口号、一条条标语，又深入整个国家的灵魂世界，固化为意识形态，类似于信仰，成为事物合法性的来源。管理学在中国一开始借助"软科学"、"管理科学"之名，有其时代逻辑。彼时许多知识和学科的重建都高举"科学"大旗，"管理学"之所以"胜出"，很大程度上因为它与"决策科学化"和"专家治国"的逻辑具有天然的亲和性。

科学在政府治理逻辑中的上升，一个重要的表现在于"决策科学化"。上世纪 70 年代末 80 年代初，在政府叙事中，大跃进、文革等决策之所以错误，就在于决策过程没有尊重科学，这种历史反思为改革开放后政治宣传和决策中对科学的强调打开了通道。1986 年，时任国务院副总理的万里在全国软科学研究工作座谈会上，发表了题为《决策民主化和科学化是政治体制改革的一个重要课题》的讲话。他指出："科学技术是推动社会发展的强大力量，这不仅是指科技成果直接应用于生产，可以大幅度提高劳动生产率，更重要的是指科学技术作为综合的知识体系和思维工具，能帮助我们从宏观上观察分析复杂多变的经济现象、社会现象，作出准确的鉴别和判断，从而帮助人们在更广泛的范围内作出科学的决策，在更大程度上推动整个社会的发展。"[10]在确立了"决策科学化"的重要性与必要性之后，万里进一步指出"软科学"对于科学决策的意义，"软科学的研究目的是为领导决策科学化和政策制定科学化提供服务"。[11]这同上述科学精英对软科学的定位相类。1982 年来华讲授 MBA 课程的专家曾评价说中国领导人重视管理，他们将管理学视为加速现代化的工具，它肩负着中国近现代以来的民族振兴与富强之责，是中国整个现

---

10 万里.决策民主化和科学化是政治体制改革的一个重要课题——在全国软科学研究工作座谈会上的讲话〔J〕.软科学研究，1986（2）：1.

11 万里.决策民主化和科学化是政治体制改革的一个重要课题——在全国软科学研究工作座谈会上的讲话〔J〕.软科学研究，1986（2）：1.

代化工程中重要的一部分。[12]

　　科学决策这一理念表征出当时"技术治国（technocracy）"的转向。在科学和技术的话语之下，中国技术治国的色彩越来越浓，科学和技术对于权力行使、执政实践以及国家建设而言具有重大意义。在费舍尔的分析中，专家治国的重要构成即为技术专家和管理专家，[13]管理专家和管理知识的重要性逐渐凸现出来。为技术治国提供理论和方法论支持的是系统论，这一结盟是通过系统论延伸至管理学和政策学领域实现的。系统理论最初发展于二战时期的军事研究，科学上的巨大成功让它变得野心勃勃，渴望在所有的系统诸如生命个体、社会、经济、语言、政治等方面抽象出普遍适用的宏大概念和规律，万事万物由受共同规律支配的系统组成，系统是由若干要素以一定结构形式联系在一起而组成的具有某种功能的有机整体。系统论及其相关的运筹学、控制论强调信息情报的搜集、精准的问题界定、数学语言的精密分析，将研究对象塑造为有序、可控、可量化的客体，这一切对于管理学和政策科学而言具有强大的亲和力，系统论也逐渐地进入管理学和决策领域。在二十世纪 50、60 年代系统论下的运筹学、控制论也与技术统治结盟，成为国家决策中最常用的方式。尽管今日系统论的术语在学者交流中逐渐消失，但在方法论和意识形态层面，在公众认知中，系统论的方法及理念仍然发挥着重要的作用。[14]

　　以系统论为重要内容的管理学在国家层面的胜利有着更深层的根源，在社会主义制度下的中国，威权政府掌控着国家的发展方向和体制变迁所需的资源，此种体制与致力于整个系统完美运转的系统论更具亲密性。钱学森直言不讳地表示："我国进行软科学有得天独厚的条件，尤其是在宏观决策方面，是西方国家不可比拟的。在那里搞企业内部的问题是很有成效的，但由于他们的社会制度，决定了他们搞宏观预测往往受到一定的私人集团利益的制约，不可避免地带有一定的倾向性，因而丧失了客观性和倾向性。"[15]权威政府对控制的追求，引发了对计算和控制的大量需要，这在很大程度上由管理学来满足。作为一门控制组织日常运作的学问，管理学是体现权力技术的典型知

12 John J. Bartholdi, "Operations Research in China," *Interface* 16, no.2 (1986):24-30.
13 Frank Fischer, *Technocracy and the Politics of Expertise* (CA: Sage Publications, 1990), 27.
14 Ibid., 198-211.
15 钱学森.社会主义现代化建设的科学和系统工程〔M〕. 北京：中共中央党校出版社，1987.

识，它以高效率、实用性和控制性为目标。管理学理论假定社会陷入非理性的混乱，或者社会没有处于秩序最优的状态，它将世界说成一系列二元对立，如秩序与混乱、理性与非理性、高效与低效、任人唯贤与任人唯亲；管理学通过理性与效率的学术语言建构甚至强化了这种对立关系，从而营造出危机感，凸显管理学能够协助恢复秩序、提高效率和控制引导的优越性。[16]这一切在系统论中得到了完美体现，它对整体性、关联性、等级结构性的强调，很好地满足了中央决策、整体规划和理性设计的需要。在我国改革开放后，系统论为技术治国提供理论和方法论支持，管理学知识在这种体制中先天具有优先性。系统论的整体倾向典型地体现于钱学森在对社会工程的论述中，他明确指出："社会工程就是组织和管理社会主义建设的技术……社会工程的对象……是整个社会，整个国家范围的经济，即宏观经济运动。"[17]将社会工程定位于整个国家经济的宏观层次，以系统论的方式对于当时实行计划经济且一贯重视总体控制和引导的中国来说，管理学无疑拥有与生俱来的优势。

　　无论是决策科学化、技术治国，还是当时开启的经济改革，都培育出了对政企干部培训与再教育的需求。"专家治国"和"决策科学化"的理念需要各级、各系统的官员具备基本的专业知识。"实现决策民主化和科学化，关键在各级领导。必须在全党和全国范围内，特别是在各级党政领导干部中，进一步加强决策民主化和科学化的再教育和再认识。……决策是领导最基本的职能……缺乏决策民主化和科学化的观念和素质，则是许多干部的共同问题。"[18] 根据一项 1982 年的调查，中国工作人口中 1.56% 的人负有管理之责，这些干部占整个官僚队伍的 39%。[19]以中国庞大的人口基数来算，可见干部教育的"市场"之大。无论是国家领导人，还是管理学的划界者，都强调了干部再教育的重要性。各级政府如国家经委等部门先后组织几批干部学管理，管理学获得了大量对外交流的先机，许多考察、进修、培训、国际合作项目

---

16 鲍尔.管理学：一种道德技术〔A〕. 华勒斯坦.学科·知识·权力〔C〕.北京：三联书店，1999：136-137.

17 钱学森.社会主义现代化建设的科学和系统工程〔M〕. 北京：中共中央党校出版社，1987.

18 万里.决策民主化和科学化是政治体制改革的一个重要课题——在全国软科学研究工作座谈会上的讲话〔J〕.软科学研究，1986（2）：1-9.

19 Hong Yung Lee, *From Revolutionary Cadres to Party Technocrats in Socialist China*(Oxford: University of California Press, 1991), 211.

都集中在管理技术、管理方法领域。1979 年 1 月，中美两国政府合作设立"中国工业科技管理大连培训中心"，引入了哈佛案例教学法，旨在培养中国企业管理人才，并于 1980 年启动第一批厂长班；1979 年 3 月，国家经委举办企业管理培训干部研究班。[20]1981~1985 年的第六个五年计划期间，提出了实现干部"革命化、年轻化、知识化、专业化"的"四化"要求，对高涨的学习管理科学的热潮，起了推波助澜的作用。[21]1983 年，中国工业经济研究所依托中国工业企业管理教育研究会和《经济管理》杂志创办了全国经济管理刊授联合大学，成员有 78 所设有经济管理专业的高等院校，分 1983、1984、1985 三届，共招收培训 3 万学员，成为培训在职经济管理干部的一种形式。[22]一些省市相继建立了该省市的经济管理干部培训中心或学院，对在职干部进行较系统的培训，为期 2~3 年或半年，也有专题性的短训班。1983 年全国共有 15 所管理干部学院，1985 年已有 102 所，1989 年为 172 所，[23]相比之下，当时我国高等学校数量仅为 1075 所，[24]干部管理学院的数量为整个高校数量的 16%。在此背景下，官员的晋升标准由单纯的革命忠诚转向对文化知识和专业能力的强调。对产业部门工作的履历、教育水平和年龄的强调成为党政部门任用干部的新标准，"革命化、年轻化、知识化、专业化"正是这种任用标准转变的体现，革命化是适用于所有干部的标准，而知识化、专业化也主要看重工程、经济方面的背景。随着从革命到经济发展和科技进步的转变，理工科背景的领导人（例如工程师）逐渐地取代了革命家。例如，在 1982-1987 年间，在所有部长中，来自政治领域的部长比例由 60%下降至 21%，而之前为工程师的比例则由 2%上升至 45%。[25]

---

20 赵纯均,吴贵生.中国高校哲学社会科学发展报告.桂林:广西师范大学出版社,2008: 7.

21 席酉民,汪应洛. 管理科学学科发展战略初探〔J〕.中国科学基金, 1989, (02), 21-29. 王媛.管理科学与工程类学科专业本科教育教学发展战略若干问题研究〔D〕.天津大学博士学位论文, 2007

22 陈佳贵. 新中国管理学 60 年〔M〕. 北京：中国财政经济出版社，2009 年：35-36,

23 中华人民共和国国家教育委员会计划财务司. 中国教育成就（1980-1985）统计资料〔M〕. 北京：人民教育出版社，1986：94.

24 中华人民共和国国家教育委员会计划建设司. 中国教育统计年鉴（1989）〔M〕. 北京：人民教育出版.1990 ：22.

25 Shiping Hua, *Scientism and Humanism: Two Cultures in Post-Mao China* (1978~1989) (New York: State University of New York Press, 1995), 2.

管理学的划界者，也敏锐地意识到"干部教育"成为宣传系统论和软科学的绝佳场所。钱学森在不同场合提倡科学、领导科学的决策化，并亲身投入教育实践，他在中央党校做的一系列报告曾被整理为《社会主义现代化建设的科学和系统工程》一书出版。借助于官员群体这一拥有大量符号资本和权力资本的网络，以系统论、控制论和信息论为核心的管理科学理念在整个权力场域得到源源不断的渲染和传播。官僚系统对管理学的接纳、重视与推动，国家政治经济体制改革为管理学教育培育了大规模市场，成功建构起管理学的"功用形象"，这对其在高等教育和其他科研机构内的制度化提供了极为有利的外部环境。

在中国的国家体制和政治文化的塑造下，管理学同政企官员实现"联姻"，这种联姻正是借助管理学教育实现的。中国在历史中形成了强大而延绵不绝的官本位传统，这一切并未随着社会主义体制的建立而消失。在官本位社会中，社会地位主要由任官的资格而非财富所决定，而此项资格本身又同教育紧密结合在一起，经由科举制达至制度化。[26]教育成为官员合法化的重要标准，二者之间的联结深入中国人的心智结构，这本身不同于西方贵族官僚的传统，这可作为理解我国官僚群体追捧学历的一条线索。在国家推进科学管理、科学决策的背景下，在官僚制本身对管理学知识的追求下，"官员"与"教育"的结合即表现为官员学管理。官员对管理学文凭的追求既是顺应国家决策科学化、管理科学化的反应，也是官员合法化自身的重要途径，他们需要通过管理知识的学习来确保自身的权威与合法性。再者，计划经济体制之下，企业领导者并不是单纯的企业管理者，这一群体亦属于政府干部的范畴。在市场经济改制之前，我国并不存在独立于政府的商业组织，企业经营群体对管理学的需求本身已容纳于干部学管理之中。

"干部学管理"成为中国管理学历程中极有特色的一笔。当"管理学"同"领导干部"这一中国精英群体连结在一起时，"管理学"借助政治力量和干部的符号效应在社会上诸多层面散播开来，其社会声望和在国家治理中的地位进一步上升。随着干部"四化"的推进，管理学渐成官员和企业精英合法化自身的途径，管理学的效用也在这传播中得以重新定义与强化。这一群体成为管理学划界活动中重要的利益相关者，他们对管理学教育的需求推动了管理学在高等教育中规模的扩大、学术研究的进展和学科制度化进程。管

---

26 阎步克. 中国古代官阶制度引论〔M〕. 北京：北京大学出版社，2010.

理学获得了许多学科难以企及的资源和支持，这保证了管理学学科发展的优先性。在我国独特的学科准入和发展制度下，管理学在高等教育领域迅速合法化和制度化。

第三节　管理学在高等教育中的制度化

科学精英的划界实践不仅在宏观的权力场域中得到复制与宣传，在高等教育场域内，管理学相关的分支领域和教育专业也蓬勃生长。在政府和企业开始学习国外先进管理经验的同时，部分高等院校和科研机构就开始凝聚力量，组建、恢复管理系科与相关专业。从管理学场域在高校中生长的位置以及管理学场域内支配位置的占据者来看，管理学的制度化基本遵循着钱学森等人在划界实践中为其所描绘的框架。

一、主力军："管理科学与工程"与"工商管理"的发展

据前所述，"管理科学"被纳入"系统论"的边界之内，并以控制论和信息论作为发展之依托。这种边界划分下的管理学研究对数学或工程学的要求较高，因而具备数学、系统学、工程学等知识资本的学者，相比于社会科学的学者而言更容易跨入管理学之边界。"管理科学与工程"领域中最早一批学者大多具有理工科的学科背景。

跨越两个领域的"学者"成为管理学与理工科之边界的沟通者，他们将管理学纳入工程科学领域内，这种知识边界的定位对于管理学顺利的制度化功不可没。智识场域中的主导逻辑是对原创性知识的追求，自然科学的认知标准在学术借逐渐占据权威地位，某知识领域愈能准确、恰当地认识研究对象，其抽象程度愈高、语言表述愈精确，其合法性程度也相对愈高。因而在当时整个国家治理强调科学的逻辑下，管理科学借助于数学化与自然科学化的语言，更容易获得"认知权威"。数量化的研究范式可以呈现的精密图表和丰富数据，比之同时代的社会科学，管理科学研究在智识场域更具备争取纯粹学术资本的能力。此外，鉴于当时国内量化研究的技术与条件极为欠缺的情况下，管理科学与工程凭借着数学化所实现的排他性而享有了认知权威。

其次，依托于数学和工程学的抽象语言，管理科学也获得了相当程度的"自主性"。尽管管理学从一开始就具有政策导向和社会服务的定位，不过得

益于工程学的"自主性",管理学有助于免除来自意识形态的压力和顾虑。上世纪 80 年代社会科学已经开始重建,然而学界依然心有余悸,自然科学和工程科学在这方面的处境相对较好。即便如此,管理学场域内的学者也尽量避免引发不必要的争论和误会。[27]在 80 年代、90 年代初期,"管理科学"将自身归之于工程科学,知识范畴的归属使得管理学既免去了极左意识形态的压力,也使得它借助于"科学技术"回归的浪潮而获得诸多制度化所需的资本。因而,在整个 90 年代以前,管理学更多地依托自然科学而非社会科学发展起来。[28]

在权力场域的效用宣称中,划界者突出强调了管理学在促进经济发展中的积极作用。无论是致力于各级政府和部门宏观、复杂决策的系统工程,还是服务于企业管理,这两者都将"管理"与"经济"并置起来,"经济管理"成为如影随形、随处可见的一组符号,管理学从它同经济学之间的紧密联系中受益颇多。80 年代社会科学诸领域中,"经济学"是恢复和成长相对最为顺利的学科(第一版《学科目录》就确定了经济学学科门类的身份),其背后的效用逻辑同管理学的兴起相类。经济学与管理学在知识边界上的弱化,也培育了管理学生长的另一个社会空间——经济学及其下的学术组织。不过,在 80 年代,国家整个经济体系依然处于计划经济转轨的过程之中,企业依然没有从国家政治体系中分离而出。当时经济学的研究焦点集中于经济体制改革、农业发展、双轨制等宏观性问题,而以企业经营及其内部管理为主要研究对象的工商管理,则尚未成为社会热点。

管理学在智识场域中的知识积累也受益于改革开放后国际间的学术交流。从 1979 年开始,国家专门拨款用以聘请美国经济管理领域的专家来华讲学授课,也公派教师、学生出国进修,以利于中国学术界与世界接轨。改革开放后,国外学术作品的译著勃兴,1980 年中图分类法即增加"管理学"一

---

27 例如在 80 年代早期引进推广 value Analysis / Value Engineering 时,翻译者都尽量回避使用"价值分析"而采用"价值工程"的名称来推广,这部分使得我国有关管理学的部分术语不同于其他国家。马庆国."管理科学与工程"的学科定位与人才培养〔J〕.高等教育研究,2005,(12):69-78..

28 陈晓田.积极促进我国管理科学的发展——纪念国家自然科学基金委员会成立 10 周年〔J〕.科学学与科学技术管理,1996,(05)。陈晓田.国家自然科学基金委员会管理科学部与管理科学学科发展,载于骆茹敏.奋进中的中国管理科学〔M〕.北京:科学出版社,2010.

类，[29]可见其时"管理学"引入速度之快。西方国家管理学知识的引入，开启了中国管理学与西方管理学的接轨之旅，西方从诸多学科在不同历史时期和社会情境下各自发育出来的管理学知识，在同一段时间内进入中国。

通过科学精英和早期管理学者的划界实践，管理学依托于"工程科学"和"经济学"两个场域发展起来，然而从 80 年代初至 90 年代中期这段时间，得到充分成长并处于优势地位的依然是工程科学领域内的管理学。翻阅 90 年代中期之前出版冠以"管理学"之名的学科史著作，基本都包含"老三论"或加入"新三论"的内容。

由于管理学在我国发展的独特环境及其所依托的知识基础，理工类院校成为我国管理学早期发展的重镇，并在管理学场域内长期占据着主导位置。"管理科学与工程"这一学科主要在工程科学场域内生长，1978 年清华大学等高校成立了经济管理系，1980 年前后，上海十六所高等院校开始增设管理类专业。在 1984 年我国高等学院工科本科专业目录中，已经出现管理工程类，下设工业管理工程、建筑管理工程、交通运输管理工程、邮电管理工程、物资管理工程和技术经济六个专业。[30]在国家自然科学基金委的资助下，相比工商管理和其它领域的管理学，管理科学与工程这一领域得到长足进步，管理科学学会、系统工程学会、运筹学会等专业学会相继成立。1984 年国家批准近十所著名大学成立或恢复管理学院。之后，越来越多的高校和研究机构涉足管理学的研究与教育，与管理学相关的硕士点、博士点也建立起来。1987 年已有 185 所综合性和理工科院校成立了管理学院、管理系和专业，其中仅 95 所工科院校管理类专业点已达 166 个，继机械类、电子类、电器类、土建类之后，成为工科最主要的专业之一。[31]在 1990 年的《学科目录》中，"管理科学与工程"已经是工学门类下的一个一级学科，其下所属的若干分支领域已经制度化为二级学科，而"工商管理"以"企业管理"之名被识别为经济学门类下的一个二级学科。

在学术界的对外交流以及智识场域内知识边界流动的影响下，理工科院

29 马庆国．"管理科学与工程"的学科定位与人才培养〔J〕.高等教育研究，2005，（12）：69-78..

30 刘少雪．高等学校本科专业结构、设置及管理机制研究〔M〕．北京：高等教育出版社，2009 年：133.

31 赵纯均，吴贵生．中国高校哲学社会科学发展报告〔M〕．桂林：广西师范大学出版社，2008：12.

校的管理学系（所/教研室/学院）中的科研人员也进行工商管理研究，而综合性、财经类高校也开始涉足管理科学与工程。尽管各有侧重，但两者之间的"知识贸易"相当"繁荣"，管理科学与工程同工商管理之间在研究对象上存在着大量的"共享地带"，学科边界模糊。国家在 1990 年首次批准 9 所高校开办 MBA 学位项目时，获得办学资格的高校中有相一批理工科院校，如清华大学、西安交通大学、哈尔滨工业大学。在整个 80 年代、90 年代中期，管理学场域内的主要力量主要来自于管理科学与工程，因而理工科高校在整个场域中处于优势地位，这点已为许多学科史所承认。理工科院校在管理学场域中的优势依然延续至今。[32]

经过十余年的改革，90 年代初市场经济体系在国家制度设计的层面得以确立，企业活力日足，加之随着学术交流的日益频繁，"工商管理"这一领域的发展构成管理学发展的第二波浪潮，这从其发展规模上便可看出。1996 年时，工商管理学科硕士学位授予数为 1924，在人文学科和社会科学领域的一级学科内，名列第一。[33]鉴于对管理学知识的重视，以及中国政企干部群体对管理学教育的需求，国家设置 MBA 专业学位以促进工商管理的生长，这在客观上保证了管理学的资源供应。专业文凭是某类知识在其实践领域建立并巩固其排它性权力的重要机制，这将强化知识教育同实践领域间的对应关系，有助于增强知识效用宣称的可信度，也有助于其在劳动力市场和科研资助领域获得资助，维持其政治地位和公众形象。[34]不少研究者认为 MBA 学位的设置很大程度上推动了工商管理的发展，对于相当一批曾经在学业上经历失败

---

32 得益于 80 年代的发展基础，"管理科学与工程"作为管理学门类内最大的一个分支领域的优势长期得到维持，根据 2007-2009 学科评估的统计调查来看，管理科学与工程在全国中拥有"博士一级"授权的单位共 67 所，在 2012 年第三轮学科评估中，该学科"一级学科"博士学位点已达 87 个。（相形之下，"工商管理"一级博士学科点在 2007-2009、2012 年评估中分别为 30 和 54，"农林经济与管理"、"公共管理"以及"图书馆、情报与档案管理"三个学科内"博士一级"授权点分别为 17、20；13、35；4、6。在第二轮和第三轮学科评估中，"管理科学与工程"排名前十的院校中，全部为工科院校或以工科见长的综合性大学，而在"工商管理"此一级学科的排名中，传统上的工科强校也占据半壁江山。

33 中国学位与研究生教育信息分析课题组.中国学位与研究生教育信息分析报告〔M〕.北京：中国人民大学出版社，2009。

34 Hashem, *Academic Knowledge from Elite Closure to Professional Service : The Rise of High-growth Fields in American Higher Education*, 242.

但却在工作中积累起一定社会资本的人群提供了第二次机会。"文凭"以深度制度化的形式保障了管理学同权力场域的资本流通，偶然的、随时而易的、半制度化的培训得以常规化、正式化。而这种文凭又具有神话意义和经济保障的功能，借助于文凭与劳动力市场之间的对应关系，它将管理学知识在权力场域对应的服务系统实现了一定程度的排他性，进而保障了管理学领域和诸多商学院的资源。从 1990 年，国家赋予 9 所高校 MBA 办学权，1994 年，MBA 教育试点院校增加到 26 所。[35]MBA 的招生规模从 1991 年的 105 人增加到 1996 年时的 2190 人。[36]

二、知识分化及其多样性功能

随着管理学的逐渐制度化，众多领域的研究者进行管理学研究，新的理论基础和研究方法不断引入和出现，这使得作为一个整体的管理学，其内部不同分支之间的差异巨大，管理学的知识呈现出分化甚至碎片化的特征。[37]它内部既存在着诸如"管理科学"这种充分使用数学语言而实现高度抽象化、排他性的分支领域，也存在着大量糅合了日常经验而使用通俗和常识性语言的知识（因为这一领域无法全然排除管理实践者的影响和话语权）。此外，数学、工程学、信息论、政治学、社会学、心理学都渗入管理学领域，形成了多种范式与知识旨趣。这种高度分化和碎片化的特征一方面在于"管理"在社会中并非自成一体的系统，而是渗透在各个领域和行业之中，因而钱学森在宏观计算、调控和控制的"社会工程"之下还细分出"教育系统工程"、"医学系统工程"、"农业系统工程"、"工业系统工程"等几乎遍及每一领域的系统论。在研究对象的高度分化之下，不同系统的管理学研究者之间形成了分割，研究教育管理（研究）者不必与医疗管理（研究）者沟通。其次，由于管理学定位于决策服务和知识应用，管理学的议题往往宽泛而易变，高度依赖情境需要和政策需要，这也加深了管理学知识的碎片化程度。

作为整体的管理学，其内部知识的高度分化使得管理学在制度化过程中具备了极强的灵活性与变通性，从而得以应对不同场域的支配逻辑。高度数

---

35 陈佳贵.新中国管理学 60 年〔M〕.北京：中国财政经济出版社，2009：60-61.

36 吴世农.中国 MBA 教育实践与探索〔M〕.北京：机械工业出版社，2001：10.

37 〔英〕理查德·惠特利. 科学的智力组织和社会组织〔M〕. 赵万里，陈玉林，薛晓斌译.北京：北京大学出版社，2011：143.

学化的管理学分支可以用于争取智识场域中纯学术资本。而那些较少使用数学化语言的分支或研究议题，在排他能力和门槛上也随之较低，这样的结果是使得管理学作为"庇护型学科"成为可能，那些在工作中需要通过培训经历或学位兑换职位和收入的行政人员和企业人员，可以在这里寻得期望之物，他们在这里利用其工作的实践性知识和略加学术色彩的语言就可以换取文凭，无怪乎管理学在 80 年代初拥有极为量化和抽象的研究（并因此在多种提案的竞争中获胜）的同时，它也被部分人诟病为学术性很低的学科。考虑到管理学在整个权力场中的位置及在经济场域中的重要性，知识上的低排它性意味着一个巨大的教育市场成为可能。

第四节　管理学门类的设置

一、门类设置：系统论与管理学门类的知识边界

如前所述，得益于在权力场域的地位和学术界的快速发展，"管理科学与工程"以及"工商管理"在上世纪 90 年代中期的发展规模已经相当可观，他们成为管理学门类设置的推动力量和学科基础。《全国高等学校社科统计资料汇编》于 1994 年开始将管理学领域的从业人员单独分列出来，达到 13263 人，整个社科领域的从业者为 196975 人，管理学所占比例约为 6.73%。[38]1996 年，管理学领域的研究人员已达 26903 人，超过经济学领域从业者，成为人文、社会科学领域中人数最多的学科群。[39]这些统计数据尚不包括图书馆、情报与档案学科领域的从业人员。这两个学科领域所依托的管理学系/学院、管理学专业在高校中大量扩张。

当时，这一领域的学者认为经过十几年的发展，管理学已经初具规模，然而同经济学相比还处于弱势地位，需要争取更大的发展空间与制度支持。"管理科学与工程"领域在 90 年代初期提出了将管理学升格为独立学科门类的呼吁。如同它在高等教育中制度化的初始阶段一样，这一次，管理学又得到了大量学界精英的支持。管理学领域的精英与整个中国学术界的"掌权者"

---

38 国家教育委员会社科司. 全国高等学校社科统计资料汇编〔M〕. 北京：高等教育出版社，1995 年：9-10.

39 国家教育委员会社科司. 全国高等学校社科统计资料汇编〔M〕. 北京：高等教育出版社，1997 年：9-10.

有着密切的关系网络，且管理学本身也因其与政企干部的联盟而成为"权力型"学科，不少国家高层领导人都是管理学领域的毕业生（如朱镕基）。管理学在整个权力场域和制度化学术资源分配的行政系统中，拥有广泛且深厚的关系网络，1997 年版本的《学科目录》中正式将"管理学"识别为一个独立的学科门类。

管理学门类将原先散布于史学、理学、教育学、法学、农学等多个领域内与"管理学"相关的分支纳入管理学之边界，不仅包含"管理科学与工程"、"工商管理"这两个一级学科，它还增设了"公共管理"、"农林经济与管理"与"图书情报与档案管理"三个一级学科。门类的知识边界与钱学森对"系统工程"的论述相吻合。

20 世纪 80 年代，在钱学森为代表的划界者群体的广泛宣传下，系统论成为中国学术界的"显学"，以系统论为指导的管理学研究在诸多领域生长起来。在智识场域中，除了"管理科学与工程"和"工商管理"这两个领域之外，"系统论"也开始渗入其它既有的学科，在众多场域中也零星开始了管理学的研究。在系统论的理论体系中，系统无处不在，个体生命、社会、经济、语言、政治、学校、企业、医院都是系统。在钱学森的论述中，系统工程是"是一种对所有'系统'都具有普遍意义的科学方法"，[40]"大企业以及国家的各部门，都可以看作一个体系"，除此之外，还有农业系统、教育系统、医疗系统、信息系统，管理科学均在这些系统有着具体应用与实践。系统论重视收集情报和信息反馈，[41]"任何一个决策都或多或少地牵扯到某一分系统的信息反馈，信息反馈失灵就会导致管理混乱"，[42]因此图书、情报在系统论中占有重要地位。系统工程的边界已合乎逻辑地延伸至经济、政治、教育、图书馆、情报等多个领域之中。这实质上也是一场轰轰烈烈的划界活动。

行政管理是公共管理一级学科中最基础、最重要的二级学科，它在我国的恢复与建设离不开夏书章的努力，在奠定我国行政管理学理论框架和实质内容的《行政管理学》中，夏书章指出行政管理在于追求行政效能和效率，"行

---

40 钱学森.社会主义现代化建设的科学和系统工程〔M〕．北京：中共中央党校出版社，1987：222.

41 钱学森.社会主义现代化建设的科学和系统工程〔M〕．北京：中共中央党校出版社，1987：130.

42 钱学森.社会主义现代化建设的科学和系统工程〔M〕．北京：中共中央党校出版社，1987：224.

政的功能在于有效地运用国家权力，通过组织、领导、计划、指挥、控制、协调、监督和改革等方式，合理的利用人力、物力、财力等要素，以实现国家任务的某项指标，达到应有的社会效果"。[43] "组织"、"计划"、"控制"是非常典型的系统论话语。在教育学领域，学者将教育视为大系统，高等教育是同政治、经济、文化和基础教育相互联系的系统，从系统论的角度提倡推进高等教育管理的研究。[44]例如北京大学高教所的汪永铨先生尝试以系统论为基础建立更宏观的高等教育学理论，为北大的高等教育研究奠定了初步的理论基础。[45]系统方法也渗透入图书管理学领域，有学者提倡用系统工程的方法提高图书馆管理水平。[46]尽管随着学科重建和学术交流活动的推进，西方各种管理学流派传入中国，系统论并非管理学知识的唯一来源，但在这些领域的早期发展中，系统论提供了其发展所需的知识资本和合法性来源，正是在系统论的引领作用下，这些学科内的管理学分支开始发展起来。

管理学门类将"公共管理"、"农林经济管理"和"图书馆、情报与档案"这三个领域"招至门下"，意味着在我国正式的学科体系中，管理学取代这些学科原先所依托的领域，它们被贴上了"管理学"的标签，绝妙地暗合了系统论所设计的管理图景，这并非历史的偶然。尽管在知识生产方面这些领域的管理学知识早已走出依托系统论而发展的阶段，系统论悄然而强有力地影响着决策者对管理学学科边界的理解，管理学无处不在的观念已深入人心。

二、资源流向与学科认同

在我国层级管理的学科制度下，门类的设置意味着管理学知识获得国家最高级别的承认，标志着管理教育和研究发展新阶段的开始，办学资源大量流入。2006 年管理学门类硕士招生占全部硕士招生中的 12.02%，博士占 8.16%，平均为 11.48%，在所有学科门类中排在工学、理学之后，位居第三；[47]MBA 专业学位发展如火如荼，越来越多的学校获得 MBA 学位授予权，入学

---

43 夏书章.行政管理学〔M〕.太原：山西人民出版社，1985：7-8.

44 王亚朴. 高等教育管理学的几个理论问题〔J〕.高等教育研究，1984（3）：43.

45 陈洪捷.北大高等教育研究：学科发展与范式变迁〔J〕.北京大学教育评论，2010，8（4）：4.

46 郭星寿.图书馆管理概念探义〔J〕.图书馆学研究，1985（3）：70.

47 中国学位与研究生教育信息分析课题组.中国学位与研究生教育信息分析报告〔M〕.北京：中国人民大学出版社，2009：51.

人数急速增长。"公共管理学"一级学科的设置为相关院系的成立提供了合法理由，全国高等学校中大量公共管理学院（系）或者类似单位得以设立。[48]MPA专业学位的设置推动了公共管理学科建设，公共管理成为"教育推动型"学科。1996年，公共管理学科硕士学位授予数为106，2003年MPA学位授予数为30，到了2006年这两个数据已分别上升至4064和3097，[49]而与公共管理学科知识边界争议最大的政治学，在2006年硕士学位授予数仅为2369。[50]基于教育部对管理学门类的划分，国家自然科学基金委员会也开始资助宏观管理与政策的研究，包括"公共管理"、"农林经济管理"与"图书、情报与档案管理"。[51]对于档案学这种相对冷门与边缘的学科而言，一些学者希望借助管理学在社会中的声望，提升公众对自身的了解，为档案学下一步建设打下基础。[52]对"教育经济与管理"这一"公共管理学"之下的二级学科来说，大体上我们可以认为将教育经济与管理归入"管理学门类"扩大了这一学科所能获得的"制度化学术资本"的总量，"管理学"所标示的文凭符号提高了这一领域在劳动力市场和潜在生源认知中的"符号价值"。它所带来的一些负面影响主要集中在学科评估与院系排名上，如教育经济与管理将被统计入"公共管理"这一学科口径之内，而从教育相关的院系中剥离出去。

尽管在制度化学术资本的分配上，管理学领域内的诸多学科有所获益，然而囿于知识生长的历史脉络，这些学科对管理学的认同度还未强大到学科整合的程度。但是，门类设置的最高权力源于政府，在强势学科同政府的"共谋"之下，相对弱势的学科在准备未充分的情况下被纳入管理学领域。学科准入和发展的最高权力掌握在国家手中，知识地图中难免呈现非洲地图样式，"外来的上层"按照自身利益和对世界的想象，"横平竖直"地划分了学术知识的世界。这种划分难免忽视相关学科的知识传统与脉络，由此引发一些知

48 喻燕，卢新海. 公共管理学一级学科下二级学科建设现存问题与对策〔J〕. 中国高教研究, 2009, （07），55-57.

49 中国学位与研究生教育信息分析课题组.中国学位与研究生教育信息分析报告〔M〕.北京：中国人民大学出版社，2009：196..

50 中国学位与研究生教育信息分析课题组.中国学位与研究生教育信息分析报告〔M〕.北京：中国人民大学出版社，2009：195.

51 陈晓田.国家自然科学基金与我国管理科学.1986-2008〔M〕.北京:科学出版社,2009:51.

52 周蕾.论档案学学科"移植"现象〔J〕. 兰台世界, 2010, （12），2-3.

识边界争端和认同危机。以公共管理为例，针对其纳入管理学门类，支持者和反对者的论据并无本质不同：支持者强调新公共管理运动以来管理学和经济学对行政学的渗透，反对者则突出公共管理的政治学与传统行政学的历史，他们都在对"政治学——行政学——公共管理学"的知识脉络做着偏颇的取舍工作。尽管本质并无不同，但在现实中这将意味着切身利益的分配。管理学门类设置后，管理学院纷纷成立，工商管理、公共管理的快速发展正是我国学科体系资格控制、方向引导和利益分配功能运作的典型案例。

三、智识场域的"管理学转向"？

管理学门类的设置为其下诸多分支的发展意味着制度化学术资本的相对充裕，那么，这些领域学科身份的改变，对于这些领域的知识产生什么影响？学科认同是否发生相应变化？为回答这一问题，需要研究者分析学科领域的知识特征。

以"教育经济与管理"这一学科为例，它在知识趋势并未明显地偏向管理学而远离经济学与教育学。它在院系设置上依然主要位于教育学学科的组织内。"教育经济与管理"在知识的"管理学转向"之所以不明显，一个极为重要的原因在于"管理学"整体上呈现出一种"碎片化"结构，这种碎片化结构的知识领域在研究技术、研究任务以及知识评价中都缺乏一致同意的、占主导地位的标准，边界容易渗透，源自其它学科、领域的理论、方法可以较为容易地迁移进管理学领域。这对于教育经济与管理所属的"公共管理"这一一级学科而言，尤为符合。管理学这种碎片化的、内部松散连接的知识结构使得它对归并进来的"教育经济与管理"难以在日常的知识生产实践中施加强有力的引导，也不会在知识上切断这些学科与原有知识界的交流。说到底，国家行政划分的学科分类如何影响一个领域的知识走向，"知识本身的结构与特征"是一个关键因素，那些越具有自主性、知识结构关联紧密的领域，越能对知识生产者施加强烈的约束与引导，科研者的惯习越深刻地受到来自学科场域内学术逻辑的塑造，反之，则难以通过行政安排影响知识走向。"公共管理"和"教育经济与管理"这两个领域的知识都是多范式、弱架构和弱边界的，因此"教育经济与管理"归入管理学门类而无出现"管理学"转向就具有了知识上的解释。不过，这只是"学科归类"对知识产生何种影响的一种类型，并非故事的全部。

第五节　本章小结

管理学从上世纪 70 年代末期到 1997 年成为学科门类，用了不到 20 年的时间。在这短短的 20 年内，管理学不但在当时 12 个学科门类中取得一席之地，并且在学生培养的规模上也扩张至第三大门类。

管理学顺利制度化的社会脉络在于整个国家的治理转型与社会转型。改革开放后，党与政府转变了国家治理的思路，整个国家出现"技术治国"的转型，表现在"科学决策"、干部"四化"，这为管理学在中国的崛起搭建了高水准的平台。在学习科学决策以及干部知识化、专业化的趋势下，各级各部门的政企领导开始大规模学习管理学，这种来自权力场域的教育需求为管理学在高等教育中的扩张提供了充分的资本与合法性。在确立市场经济体制之后，理性化的现代企业也逐渐在中国出现，越来越多的跨国企业进入中国发展。在企业的蓬勃发展和社会经济的转型之下，政府和公众逐渐认为整个国家需要大规模的管理人才，这为管理学的持续扩张提供了稳定的效用合法性。通过 80 年代的干部学管理以及 90 年代设置的 MBA 学位，政府干部、企业管理者以及未来潜在的企业精英成为管理科学与工程、工商管理这两个学科制度化重要的利益相关者。管理学在权力场域的地位和鲜明的效用形象，有力地促进了这一领域在高等教育中的扩张。

管理学学科的成功建构及其顺利制度化受益于它在知识上的一系列策略，它在学术界的地位也持续提升。这种提升一方面得益于它依托工程学、经济学以及 80 年代盛极一时的系统论发展起来，另一方面也受益于与外国尤其是美国学术界的持续交流。管理科学、工商管理在美国已近取得类似学科的地位，并且有了大量的知识积累，在学术界的对外交流以及大量译介书籍的引入，逐渐冲淡了中国学术界对于"管理学是否为科学"、"管理学是否是学科"的质疑。由于管理学研究对象的分散性，以及不同脉络和传统管理学的同时引入，管理学知识呈现出碎片化的特征，管理学内部排他性较低、抽象性较低的议题和领域从知识上使得管理学将属于继续教育范畴的学生吸收入这一领域，使得它成为布迪厄意义上名符其实的"庇护型学科"。另一方面，尽管管理学与工程学、理学、经济学门类的研究对象和方法有着大量的重复与相似，但管理学远非这些知识门类或学科内的研究重点，因而它的独立并不会在学理上引发学科间激烈的讨论与争夺。

　　总之，在管理科学与工程试图将管理学建构为学科门类之时，它已经具备了相当规模。更为必要的是，从一开始支持管理学的许多科学精英们，恰恰在当时位居可以影响《学科目录》调整的位置，这对于管理学门类的设置而言，可为"天时地利人和"齐备。

　　管理学的制度化也有力地呈现出某一精英个体（钱学森）及其小群体如何将自身的理念和知识边界制度化，从而在现实的物质实践中长期沉淀下来。它在中国的制度化也显现出具体的社会情境如何参与进学科地位及其边界的塑造之中。尽管管理学在中国的发展一开始就开始大量引入美国的管理学，然而我国管理学发展所呈现的特点并非美国管理学的简单复制。我国管理学从一开始就表现出鲜明的顶层驱动的特点，是一种无所不包的"大"管理学，这同美国从企业这一较为微观的社会组织开启的管理学颇为不同。此外，它也向我们展示了行政的权力如何与学术精英的权力同谋，忽略一些学科领域自身发展的知识脉络与传统，而将其"强行"纳入管理学门类，造成了一些学科内部持续至今的"边界之争"。

第三章　学科化：国学制度化的策略抉择

　　"国学"这一用于统称传统文化而具有浓郁民族性的符号，随着中国在世界竞争的格局中日益重要，再次成为社会关注和学界争论的焦点。在"国学热"的背景下，越来越多的高校设置以"国学"、"儒学"或"传统文化"命名的学术组织。政治倡导和市场的力量如何逐步转化为高校和学者的行动，这些行动如何建构着国学知识的合法性，他们又受到学科场域的哪些约束和支持，构成国学场域在今日学术界发育与制度化的种种景象。

　　国学在制度化的过程中出现两种不同的发展路径：学科化与跨学科，前者以中国人民大学国学院为代表，后者则以北京大学国学研究院为代表。学科与跨学科两种路径都拥有各自的支持者与反对者，在最新版《学科目录》调整之时，以中国人民大学（下文简称"人大"）为首的高校和一些学者致力于将国学建构为被国家正式认可的一级学科，此举引发了学术界的诸多争论。本研究将透过对学科化和跨学科两种制度化路径的分析，展示出为何学科化成为国学推进其制度化的更优选择，但这也造成了国学制度化的困境。国学制度化进程中的经历和遭遇正是我国学科治理制度运作的结果，这些争论、冲突以及学科化看似缺乏知识基础的"荒谬"恰恰源于我国围绕《学科目录》进行人才培养和学科建设的一整套制度安排。

第一节 国家、市场与"国学"

"国学"这一符号及其所表征的传统文化之命运始终同中国民族主义的发展态势联系在一起，它的起起伏伏也受制于政治民族主义和文化民族主义[1]间的复杂互动。国学发展先后经历了晚清国粹派、20世纪20、30年代的"整理国故"运动、20世纪末21世纪初的"国学热"三波浪潮。在传统文化的各类不同见解中，国学研究一直贯穿着两条线索：一是国家意识的确立和本民族精神的重构，另一条是如何研究传统文化以及对既有方式的反思。[2]这两条线索也体现于今日的国学浪潮中。

自晚清开始，国人转向西方以寻求强国之方，西方的科学知识和思想体系也在此背景下传入中国。在西学东渐的过程中，传统上以经史子集为代表的知识分类及其治学方式经历"整理国故"运动而分门别类地进入西方的学

---

1 学界关于民族主义的涵义、内部范式以及在中国这种多民族国家的本土适用性有许多讨论。为了简化讨论，本文将民族主义分为政治民族主义和文化民族主义两种范式，分别突出国家建构中的政治向度和文化向度。前者认为民族国家是一个政治共同体，后者则认为民族国家是历史文化共同体。为了民族国家的统一和强大，政治民族主义者希望将传统的等级秩序连根拔起以建设一个现代的、法律理性的社会。文化民族主义视民族的本质在于其独特、独一无二的文明，这是它独特历史、文化和地理综合的产物。历史和人类社会是多元的，各种要素的价值和地位是平等的，每个民族有自身独特的传统，因而有自己的前进轨道和目标，在借鉴其他民族发展道路的同时，不应盲目模仿，而要寻找适合于自身发展的道路。文化民族主义者强调传统与现代、农业与工业、社会与宗教的融合，它的主要目标致力于文化和道德共同体的再生产。政治民族主义和文化民族主义存在多种互动模式，既存在相互需要的蜜月期，也有激烈冲突的情况。两种思潮一直伴随着中国现代国家建立和发展的始终，但政治民族主义占据主导地位。在极端的历史时期，为了建立一个现代的、强大的国家，传统文化被塑造为打倒和改造的对象。在文化民族主义者中，人文主义学者和世俗的知识精英是重要的组成部分。文化的特点注定了文化民族主义运动是弥散性的，且主要借助正式和非正式的教育传播，例如语言社团、戏剧群体、出版社、图书馆、暑期学校、政党、大学，等等，他们之间的联系与互动不如政治民族主义紧密。文化民族主义为了将自身拓展至受教育阶层之外，它也被迫采取国家导向的策略，借助国家和政党的力量而将其理念制度化入社会秩序之中。详见 John Hutchinson, *The Dynamics of Cultural nationalism: The Gaelic Revival and the Creation of The Irish Nation*(Boston: Allen and Unwin, 1987, 1-47.钱雪梅.文化民族主义的理论定位初探〔J〕.世界民族，2003（1）：1-10.

2 干春松."国学"：国家认同与学科反思〔J〕.中国社会科学，2009（3）：52-61.

科分类体系。尽管存在着保存和延续传统之学的种种努力和斗争，但传统文化在政治运动和国家建立的过程中逐渐被边缘化，在极端情况下甚至被视为"封建残余"和"糟粕"。此种对传统文化或曰国学贬斥态度的背后是建立独立强国的雄心抱负。

然而，从 20 世纪 90 年代开始，以儒学为核心的传统文化又逐渐回归到政治、社会和学术视野之中。中国在 80 年代经历了思想开放和八九事件，国际上，苏联接受了西方自由主义的休克疗法，结果是苏联解体和社会主义阵营瓦解，中国政府在集体意识的凝聚力和国家稳定方面遭遇着极大的压力和挑战。一方面，马克思主义难以再如从前成为粘合整个社会的意识形态，它在统一社会思想和社会控制方面的能力下降；另一方面，西方国家宣传以自由、民主、平等和人权为核心的普适性价值。在这套强大而有力的价值体系面前，中国政府的合法性亦遭遇挑战。在此背景下，自上世纪 90 年代开始，传统文化开始重回国家视线。尽管儒学同马克思主义差异极大，但它包含利于思想统一和政治稳定的诸多要素，例如儒家中的忧患意识、大一统思想、忠君思想、爱国之心。[3]传统文化复兴同马克思主义的衰退同时发生，时间上的同步性也暗示出传统文化将取代马克思主义的部分功能，被纳入国家治理之中，凸显本民族文明的特殊性也成为对抗西方自由化和民主化的文化资源。

孔子和儒学终于又重回政治系统——尽管儒学所赖以维系的社会机构和社会基础发生了翻天覆地的变化。1994 年 10 月，在官方资助下，纪念孔子诞辰 2545 周年大会召开，前副总理古牧作为中国孔子基金会主席出席会议，江泽民在会上作发言，指出儒学不仅仅是封建的、反动的，它也包含积极的、启蒙的和进步的成分。

与此同时，党和社会对传统文化在经济发展和民族进步的意义也有了新的认识。儒家伦理被认为是亚洲四小龙崛起和东亚经济圈繁荣的重要原因，正如韦伯眼中新教伦理同资本主义的关联一般。东亚经济迅猛发展的事实，为中国重新反思和评价传统文化提供了契机。儒学和传统文化不再被视为经济发展和社会进步的障碍，而是各地区差异和本土性路径的重要解释路径。

到了 21 世纪，中国在历经十余年的高速发展之后成为规模最大的经济体之一，以前所未有的深度和影响融入世界体系。在积极融入全球化的过程中，

---

3 Yingjie Guo, *Cultural Nationalism in Contemporary China: The Search for national identity under reform* (London: Routledge, 2004), 74.

国家对传统文化诉求也越来越强，这一方面依然延续着对抗西方普世价值的需要，另一方面，将中国建设为世界大国的心态也愈发强劲。国学在政治和社会中全面"复归"。如果说上世纪 90 年代，传统文化借助于政府的提倡主要在知识精英的圈子内复苏，那么从 21 世纪开始，它则开始从学术界和国家领导高层溢出，进入传媒、企业、教育等诸多领域，出现了所谓的"国学热"。

2001 年中国人民大学在校内竖立孔子像，孔子像在这样一所政治特色鲜明的大学内出现，成为具有重要象征意义的政治符号。传统文化得到了国家最高领导人各种仪式性支持。江泽民在十六大报告中明确指出："民族精神是一个民族赖以生存和发展的精神支撑"，十七大报告继续秉持这一宗旨，明确指出："中华文化是中华民族生生不息、团结奋进的不竭动力。要全面认识祖国传统文化，取其精华，去其糟粕，使之与当代社会相适应、与现代文明相协调，保持民族性，体现时代性"。习近平于 2014 年参观曲阜孔府，并发表讲话。国学在一定程度上承担着意识形态的部分功能，这可以预见到传统文化的教育将随之兴起。江泽民在十六大报告中明确指出："必须把弘扬和培育民族精神作为文化建设极为重要的任务，纳入国民教育全过程，纳入精神文明建设全过程"。十七大报告也指出："加强中华优秀文化传统教育，用现代科技手段开发利用民族文化丰厚资源。"[4]上述政府文件关于传统文化教育的表述，既是整个社会国学教育兴起的表征，又预示着国学教育未来的进一步发展。

在国家的积极倡导之下，党政干部和企业管理者学国学也蔚然成风，堪比上世纪 80、90 年代政企领导学管理。中国共产党作为"中华优秀传统文化的忠实传承者和弘扬者"、"中国先进文化的积极倡导者和发展者"，积极加入国学学习的行列，各地政府组织了不少国学学习活动与项目，北大乾元国学班、人大国学院等国学机构一直有来自政府部门的学院。人大承办的中组部司局级干部学习班，申报国学班的干部人数，每年大概有 240 人，这从一个侧面显示了国学的魅力与影响。[5]国学和传统文化也开始在企业管理者中流行，985 高校几乎都提供着国学培训教育，这些国学教育或者融合入 MBA、MPA 的课程之中，或者成为单独的培训项目，这些非学历的国学培训收费不菲。

---

4 《中共中央关于深化文化体制改革推动社会主义文化大发展大繁荣若干重大问题的决定〔N〕.人民日报，2011-10-26.

5 纪宝成在首届全国高校国学院院长论坛暨"纪宝成国学教育基金"成立仪式上的讲话，内部资料。

国学培养与 MBA、EMBA 的流行有相通之处，它们都提供了一个资源交换和网络建构的共享空间，但两者的差异在于后者课程内容以西方化的、科学化的知识为主，而国学则填充了本土知识和地方性文化的空白。作为实践的管理与作为科学的"管理学"之间的缝隙正是地方性知识和传统文化的"用武之地"。与西方传入的管理学知识相比，在企业的日常管理中，国学同管理实践更契合，更具文化上的亲缘性。我们可在许多国家观察到类似的现象，正如日本企业在参与全球贸易过程中意识到本民族文化的独特性和重要性。[6]

国家提倡国学、政企干部学国学，都促进了国学在权力场域位置的提升。"国学"二字也深具象征性，在国家治理、社会稳定、道德教育和企业管理者教育中占据了显著位置，成为综合了民族精神、国家兴盛、伦理寄托和企业管理的象征符号。尽管社会对国学的态度和价值依然没有达成共识，党和国家全对传统文化也并非全心信赖，儒学对马克思主义的挑战也依然存在，但政府对国学的提倡为国学研究和教育的开展创造了适宜的制度环境。

第二节　国学组织的扩散

作为知识生产和合法化的重要空间，大学从一开始就注定成为国学兴起、传播和研究的重要场所。国学在大学中的扩张蔓延集中表现为以"传统文化"、"儒学"、"国学"、"古籍"等命名的学术组织越来越多。本文根据 211 工程尤其是 985 工程大学的官方网站，对国学相关的院系/研究所进行了不完全统计，国学场域内现包含的组织见下表（统计时间止于 2013 年 3 月）。[7]在 2012 在首届全国高校国学院院长论坛暨"纪宝成国学教育基金"成立基金的仪式现场，纪宝成也指出"建立国学院、国学研究院，包括以高等儒学研究院、书院等命名而以国学教育研究为主体的机构，已多达 20 余所高校"，这一数据同本论文的粗略统计大体上吻合。

---

6 Kosaku Yoshino, *Cultural Nationalism in contemporary Japan: A sociological Enquiry* (London: Routledge, 1922).

7 本研究的统计中不包括诸如北大乾元国学班、南京大学国学教育中心此类国学商业培训机构。

表 3 中国大学国学组织一览表（不完全统计）[8]

大　学	机　构	建立时间	功　能
北京大学	中国传统文化研究中心/国学研究院	1992 年/2000 年更名	研究 国学宣传与普及 低制度化的人才培养
	儒学研究院	2010 年	研究 经典编撰与出版 低制度化的人才培养
	高等人文研究院	2008 年	研究 国内外学术交流 低制度化的人才培养
中国人民大学	国学院	2006 年	研究 制度化的人才培养
武汉大学	国学院	2010 年	研究 制度化的人才培养
清华大学	国学研究院	2009 年	研究
厦门大学	国学研究院	2006 年	研究
华中科学大学	国学研究院	2006 年	研究 制度化的人才培养
复旦大学	国学班	2008 年	制度化的人才培养
山东大学	儒学高等研究院	2010 年	研究 制度化的人才培养
首都师范大学	国学研究所	2007 年	研究
湖南大学	岳麓书院	2006 年	科研 制度化的人才培养
中山大学	儒学研究中心		研究
安徽大学	中国传统文化研究院	2006 年	研究

8　"制度化的人才培养"指有专门的"国学"本科专业、硕士点或博士点，"低制度化的人才培养"指在本、硕、博阶段有此方向的学生名额，但却不是单独的专业或硕博点。实体/虚体的标准在于有无独立的教学/科研岗编制。

郑州大学	嵩阳书院	2009 年	制度化的人才培养
杭州师范大学	国学院	2011 年	研究 制度化的人才培养
同济大学	中国思想与文化研究所	2012	研究
华东师范大学	静涵书院		研究 海峡两岸学术交流
西南大学	国学研究院	2012 年	研究
深圳大学	国学研究所	1984 年	研究 文化交流
	国学本科专业	2012 年	制度化的人才培养

从上表我们大致可以看出，绝大多数国学组织成立于 21 世纪之后，这一时期正是"国学热"之时，社会上的"国学热"同大学中"国学院"的扩散在时间上呈现出同步性。随着国学在权力场域地位的上升，"国学"二字本身成为了一种"符号资本"，为国学在高等教育中的制度化带来了许多物质资本。

政府利用科研项目支持国学在高等教育中扩张。例如 2007 年度哲学课题指南共有 28 项，涵盖马克思主义哲学、科学哲学、逻辑学、美学、伦理学、思想政治教育等多个议题领域，其中直接出现"民族精神"、"传统文化"的项目有三条。同年，历史学课题指南有 26 项，直接出现同"民族精神"、"传统道德"的研究项目有 3 条。由于课题指南统摄一个学科内的众多分支领域和研究议题，同民族精神、传统文化相关的比例多至 10% 以上，这一比重不可谓不大。政府的项目指南是风向标，中央的兴趣指向将会带动省市、社会各界组织和个体对传统文化的资金支持。北大国学院先后得到有关领导部门和海内外众多有识之士宝贵的经费支持，特别是南怀瑾、查良镛、陈履安及罗杰伟等各位先生的鼎力资助。[9]权力场域的逻辑及其变动直接成为高校成立国学组织时的判断依据，例如一些国学院（如某大学国学院）的设立就是为了吸纳可能的经济资本。[10]某著名 985 高校曾设立国学辅修专业，这一专业并非来自学校文史哲相关学院的资源整合而设，而是一家企业捐助，由一位管理学院的老师负责，以讲座的形式在全球范围内聘请传统文化领域的著名学者授课。[11]

---

9 北京大学国学研究院概况，内部刊物，第 12 页
10 来源于受访者 CC-8。
11 来源于受访者 CC-9。

随着越来越多的学术组织建立，国学组织内部也形成了多种分化。从功能上讲，这些国学院、书院、儒学院等学术组织可以分为两种：一种为专攻科研与学术交流；另一种将科研和教学集合在一起，也开始进行制度化的人才培养，如人大国学院、武大国学院。若以有无独立的科研/教学岗位编制作为划分机构为实体或虚体的标准的话，这些国学院科可以分为以人大国学院、清华国学院为代表的实体性机构，也有以北京大学国学研究院、厦门大学国学研究院为代表的虚体机构。学术界越来越多的人开始接纳国学在培育民族精神、传承民族文化方面的功能，因而在大学里开设国学专业教育、将国学设置为学科的呼声也越来越高。

第三节　国学制度化的两条路径：跨学科与学科化

在人才培养、科学研究与文化传播等方面的一系列探索之中，有影响的国学组织逐渐形成了跨学科和学科化的两种模式。北京大学国学研究院旗帜鲜明地表示"国学是一个跨学科领域"，而人大国学院为代表的组织将国学当成一个学科来运作，它也受到了武汉大学、厦门大学等院校的支持。在最新版《学科目录》调整之时，国学是"学科"还是一个"跨学科领域"的争论，成为相关学科领域和社会中的一个事件，《光明日报》、《中国社会科学报》等报纸期刊刊登了争锋相对的观点。"国学是否为学科"事关国学能否被《学科目录》所承认，而被《学科目录》识别为一级学科，在学科支持者看来"是国学顺利制度化和在大学体制内良性发展的保障"，因为目前国学发展"面临的最大问题就是学科体制问题"。因此，"国学的学科"之争成为国学制度化进程中的关键事件。在接下来的部分，本文将通过人大国学院和北大国学研究院的对比来分析大学既有的管理体制如何"鼓励"了学科化这一国学制度化途径的选择，并在此基础上，进一步呈现国学制度化的动力和过程机制。

一、北大国学研究院与人大国学院

北京大学于 1992 年 1 月 6 日成立了中国传统文化研究中心，是直属学校领导的跨学科学术研究机构。中心的宗旨是：充分发挥北大文、史、哲、考古等学科雄厚的学术力量，发掘与弘扬中国民族优秀传统文化，促进社会主义精神文明的建设和学术视野的发展，为推动人类文明进步做贡献。2000 年初更名为

"北京大学国学研究院"（后文将以"国学院"来统称这一机构，不考虑其具体的年代）。北大国学院没有专职研究人员，而是依托整个北大，特别是文、史、哲、考古等院系，通过管理委员会组织、协调各系的中国传统文化研究和传播工作，把全校两百多位有关学科的专家、学者团结在自己的周围，成为一个兼有研究功能和策划、组织功能的跨学科、虚体性的学术组织。[12]这是国内一流大学成立最早的一家国学院（1992 年成立，2000 年更名），这所历史最早、学术规格最高的国学组织旗帜鲜明地表示了自身发展的跨学科定位。

人大国学院成立于 2005 年，这是第一家以国学教育和研究为任务的实体学院。国学院下设国文教研室（中国古典文学研究所）、国史教研室（中国古代历史研究所）、经学与子学教研室（经学研究中心）、国学基础教研室、西域历史语言研究所（汉藏佛学研究中心）、《国学学刊》编辑部等教研机构。与北大国学研究院不同，人大国学院有自己独立的教师编制，目前有专任教师 34 位。在国学教育的学制上，人大国学院采用六年制本硕连读方案，从 2006 年开始招生。在两年基础教育完成之后，按照双向选择与统一协调的原则进入四年一贯导师制阶段。有独立的教师编制、教研室设置以及本-硕-博的人才培养体系，使得人大国学院成为类似学科化的"院系组织"。在促进国学制度化的过程中，它一直是国学"学科化"主要的倡导者。

"教育"是国学在高等教育中扩散的重要驱动力。作为"文化民族主义"在现阶段中国的表现，国学对教育有着天然的诉求。随着政府、事业单位、企业、中小学乃至大学对传统文化的教育需求日盛，这直接构成了国学场域在大学兴起和形成的推动力，也成为众多国学院人才培养的目标所在，武汉大学国学院院长郭齐勇指出"我们培养的国学人才，除少数做国学各领域的研究之外，多数应从事国学推广工作，促进国学进大中小学课堂、进家庭与社区、进企业与机关"。在教育驱动下，大学采取正式教育与非正式教育两种方式以促进传统文化教育：非正式教育主要包括"文化普及与宣传"与"培训"两种类型，这种教育面向非专业人群，通常采用讲座、短期课程培训、出版通俗读物等方式。正式教育则指在大学中制度化了的课程设置和人才培养，有些学校依托于文史哲设置了独立的国学硕士或博士点（如武汉大学依托哲学设置了国学学位点、华中科技大学依托历史学所设立了国学硕士、博

---

12 吴同瑞.以弘扬中华优秀文化为己任——介绍北京大学中国传统文化研究中心. 北大国学研究院概况，内部资料，第 7 页。

士点）；有些学校则只有本科国学专业（如复旦大学国学班），有些学校建立了"本-硕-博"一以贯之的人才培养体系（人大国学院）。根据这些国学组织有无独立的"招生名额"、成系统的"培养计划"、独立的学位点设置可以区分这些正式教育制度化程度的高低。

北大和人大国学院在组织形式、资源调配、组织旨趣、国学定位等方面的差异，它们在国学教育上也选择了不同的方式。我们将会看到这二者在组织教学、人才培养以及促进学术场与权力场资本兑换效率方面的差异。

表 3 北大国学院和人大国学院之比较

	北大国学院	人大国学院
组织性质	虚体	实体
非正式教育	传统文化宣传与普及	商业化培训
正式教育	低制度化的博士生教育	高度制度化的本-硕-博教育
"国学"定位	跨学科	学科化

二、非正式的教育：文化普及还是市场培训

自成立以来，国学研究院秉承"龙虫并雕"的方针，主要致力于传统文化的宣传与普及。国学院院长袁行霈先生表示"研究院的宗旨就是把大学文化延伸到社会，把高雅文化普及到大众，使中国传统文化得到延续和发扬"。[13]在这一宗旨之下，北大国学院的研究项目和科研工作具有以下特点：（1）注重传统文化的普及，主要采取了书籍编撰和借助多媒体教学的策略。（2）重视中国文化的对外宣传与交流；（3）在重视普及的同时，也力求增强学术性，例如《中华文明史》的编写；（4）这些项目大多是规模大、要求高的系统工程，远非一己之力可以完成，需要投入较多的人力、物力和财力。[14]依托于北

---

13 北京大学国学研究院概况，内部刊物，第 20 页。

14 北大国学研究院的重要成果如：（1）1993 年，国学研究院与美国南海有限公司联合制作了一套全面介绍中华传统文化、100 集的电视系列片《中华文化讲座》，该系列片于 1996 年荣获中国国家教委与新闻出版总署颁发的首届全国优秀教育音像出版物"一等奖"。北京大学出版社编辑出版了《中华文化讲座丛书》（分一、二、三集），以配合该系列片。（2）与中央电视台合作，制作了 150 集大型电视系列片《中华文明之光》，根据该系列片改编的图书《中华文明大视野》曾获 2004 年度国

大在文、史、哲等学术领域的优势，这些工作从一开始就得到社会认可，"促进了北大的人文学科的传统优势进一步转化为现实优势。"[15]文化宣传和普及，也为文史哲这些公众认知中的"无用之学"找到了一方用武之地。这些成果斩获了诸多国家系统的奖项，许多成果都收到了中央高层官员的肯定与赞赏（如《中华文明之光》曾受到李岚清同志的贺信，国务委员陈至立也针对《中华文明史》写来贺信）。这些奖项和贺信也成为权力场域向国学知识场域不断释放和传递的讯号。

在非正式教育方面，人大国学院则通过直接参与市场化培训去推动国学的传播。面对这一新兴的文化市场，人大国学院通过"培训合作"的方式参与其中，在其主页上就设置了"培训合作"这一板块。[16]人大承办的中组部司局级干部学习班，申报国学班的干部人数，每年都位居第一位，大概有 240人。[17]这同北大国学研究院形成鲜明对比，吴同瑞（北大国学院副院长）明确表示"我们从来不以盈利为目的办各种班，外面的企业要和我们合作，我们都婉言谢绝了，这是对我们的考验和检验。"[18]

文化普及和国学培训作为两种非正式的教育方式，它们都是应对权力场域中国学教育需求的策略，这两者在促进权力场域与国学场域资本交换与兑换方面存在何种差异？文化普及的主要读者和观众群体是学术圈之外的普通大众，读者和受众是谁并不确定，北大国学研究院对其社会背景、在整个社会结构中的地位并无特殊偏好，机构与教育受众之间只是一种整体性的、模

家优秀图书奖。国学研究院又与北京大学出版社、江西 21 世纪出版社合作，分别出版了《中华文明之光》（分上、中、下集）与《中华文明之光》配图本。(3) 组织编写《中国历史文化知识丛书》，由大象出版社出版。(4) 2001 年，国学研究院组织北大文科 36 位专家历时 5 年多完成了《中华文明史》，2009 年，该著作获得北京市第十届哲学社会科学优秀成果奖特等奖。该书还成为中华文化走出去的重要著作之一，国学院特邀请了美国华盛顿大学著名汉学家康达维教授担任英译本主编，聘请了美国、加拿大等多所高校的汉学家担任翻译工作。(5) 2008 年以来，国学研究院与中华书局联合启动了大型学术文化工程《新编新注十三经》。(材料来源：北京大学国学研究院概况〔C〕，内部刊物：6-23.)

15 北京大学国学研究院概况，内部刊物，第 12 页。

16 http://guoxue.ruc.edu.cn/default.asp

17 纪宝成在首届全国高校国学院院长论坛暨"纪宝成国学教育基金"成立仪式上的讲话。

18 北京大学国学研究院概况，内部刊物，第 22-23.

糊的、薄弱的、无从识别的弱关系。在整个过程中，国学场域中的知识资本外溢出学术界，普及教育的受众也不会成为国学制度化与否直接的利益相关者。相比之下，人大国学院如同其他国学培训项目一样，有着明确的受众群体：行政事业单位、国家机关干部（有些规定要处级以上干部）、企业家及企业管理者（有些明文规定要企业董事）。国学培训课程构建了一个将既有的经济资本（学费）、社会资本和象征资本（企业董事会成员）此过程中将转化为文化资本（了解中国人的内心、结业证书）和社会资本（结交关系）。市场培训可以为文史哲等相关场域引入经济资本，吸纳和争取研究资助，就成为许多国学组织成立的直接动力。[19]

三、制度化的教育

随着"国学"在权力场域中的地位上升，国学相关领域获得了越来越多的经济资本和象征资本。在国学教育的多种形式中，在大学发展制度化的国学教育尤具特殊意义与重要性，这同大学处于知识生产以及知识合法化的中心地位有关。高等教育系统中越来越多的人开始接受国学、宣传国学，为国学制度化的教育提供了契机。知识社会学和新教育社会学的研究普遍认为，作为知识的选择和组合，一门或一组课程的设置或消失反映了某类知识地位及其合法性的升降。知识作为社会建构的产物，课程中知识结构的变化是权力和信念体系角逐和博弈的结果。从这个角度看，国学课程在整个培养计划中比例的大小，既同国学作为专业和学科是否能为人普遍接受相关，也同相关行动者所能调动的资源密切相关。考虑到中国高等教育结构中本科生教学的重要以及国学相关知识资本积累所需的时间，本科设置国学专业在国学制度化的人才培养中最为人关注。

北大国学院凭借着已有成果和院长的积极争取，从 2002 年首次招收 5 位博士生开始，国学院每年有 4-6 个博士生名额，并在培养方案中加入了跨学科培养的取向，期望"在'中国传统文化'的大方向下，鼓励学生选择多方向交叉的博士论文选题，培养知识和视野较为开阔、能够进行跨学科研究的博士生"，这种跨学科的取向落实为每周五的两门课程："中国传统文化研讨"与"专书选读"，前者是讲座类课程，主要集中在文、史、哲、考古等领域，后者是精读类课程，主要由国学院导师讲解国学经典，十年来已经讲授了《周

---

19 源于受访者 CC-8.

易》、《尚书》、《论语》、《中庸》、《汉书·百官公卿表》、《晋书·职官志》等经典。除了这两门课程设置之外，国学院还会定期举办学术考察等活动，以促进不同学科间学生的交流。[20]

北大国学院作为虚体组织，它并不为教师提供教职以及由此而来的资本，因而它对教师的权力技术不及传统院系丰富，部分教师可能倾向于将优秀的生源分配在传统院系，而将国学院的招生名额视为补充。此外，由于缺乏实体性师资和学科专业的支撑，国学院只能在博士生阶段开设两门课程，国学院的跨学科课程内容之间的系统性和关联性较弱，更多作为学生专业课程之外的补充而存在。从课程的学分分配以及学生在此前的学术积累来看，国学院在人才培养方面仅仅取得了较低水平的制度化。它对学生进行知识规训和组织规训的技术亦较为贫乏。在一些学生看来，选择国学院是迫于招生名额的无奈之举，他们对国学的认同远不及对传统学科领域的认同，松散的课程对于他们搭建跨学科的知识框架收效甚微。这一虚体组织在组织课程、建构认同以及学生学术社会化等方面的效率和成果，都无法同传统学科及其所依托的院系组织相比。

国学热推动高校出现了设立国学本科专业的呼声和诉求，在北大，无论是袁行霈领衔的国学院还是汤一介负责的儒藏研究院，都只在博士生阶段获得若干招生名额，这些博士生主要依托于既有的学科院系进行学术社会化和知识创造。北大国学相关教育制度化的过程，充分展示了国学专业（不同知识的重新组合）以及研究生教育成长中的种种问题。受制于专业在中国的实体化倾向，[21]新专业（尤其是涉及到不同院系合作的跨学科专业）的成长需要在教师协作和生额分配方面做一系列调整，在相对僵化和保守的行政分配体制下，资源和利益的重新布局往往面临重重障碍，因而将国学教育从博士阶段前推至硕士生与本科生阶段，这一选择在北大乃至其它许多大学无奈只能停留于设想阶段。在大多数高校里，国学领域若想在人才培养方面高度制度化，模仿专业或学科的制度进行运作，最理想、最务实的道路就是建立专门的、实体的国学系或国学院。在国学领域未被学位办和教育部承认为学科和专业的前提下，成立实体性国学院，只能在具备了特殊社会条件的大学才可能发生。这种制度上的设想在人大国学院得到了实现。

---

20 北京大学国学研究院概况，内部刊物，第 22-23.
21 卢晓东，陈孝戴.高等学校"专业"内涵研究〔J〕.教育研究，2002（7）：47-52.

与北大国学院相比，人大国学院这一实体性组织在人才培养方面享有更广阔的作为空间。人大国学院模仿学科，建立了本硕博一以贯之的培养体系。从本科阶段开始进行系统培养，实行本硕连读制度。在拥有独立师资和独立生源的条件下，人大国学院在培养方案中融合了中国文学、中国历史、中国哲学以及西域历史语言文化四个主要的模块，且更多地聚焦于典籍。国学院的培养方案以"地域上的中国（中国传统文化+少数民族文化）"为组织课程的轴心，突破了文学、历史和哲学学科内普遍实行的中国与非中国的类别划分框架（如中国史与世界史，中国哲学与西方哲学，中国文学语言与外国文学）。国学——这一跨学科专业——在人大国学院的培养方案和实践中得到充分实现。由于国家还未设立国学学位，学院一个变通的策略是根据毕业论文的方向为学生颁发文学、史学或哲学学位。

这套跨越文史哲的课程体系为学生建构了在日常生活中涉猎多个领域的结构化空间。来自文史哲领域的教师通过课程营造了一个以古代原典为核心的知识空间，学生在课程学习和日常生活中将这些知识以不同程度内化，进而这些原本属于不同学科的知识在学生个体身上得到融会贯通的概率将会更大。

对于许多本科生和硕士生而言，数年日常生活和学习实践的沉淀，他们在身份归属上确立起对国学院的认同感，而院系组织同学科类别的强关联，他们在知识领域的认同上，也在不同的程度上从传统的文史哲学科偏向于国学。数位受访者表示，在需要告知他人专业背景时，直接说自己是"文学"、"史学"或"哲学"背景都有名不副实之感，往往会在学位类别之后补充自己是国学方向。浸润于国学院数年的学生们，单纯从教学和搭建知识框架的角度讲，比较认同国学院在本硕阶段的教育，多学科的课程模式为他们日后专攻某个领域的研究打下了较为坚实的基础，他们能在本科阶段掌握这些研究方向上所需要的集体资本，由此为未来纯粹知识资本的转化和生产提供了可能。例如金石学方向的研究者最好掌握历史、文字和考古知识，在学术社会化早期广泛的涉猎和学习有助于研究者及早入门。[22]与学院化的文史哲相比，国学这一知识场域更为强调中国传统文明的文化属性以及行知特征，场域的这一风格也通过试图制度化的课程传达至学生，引导他们惯习的培养，例如国学院特别增设了书法课。

---

22 资料来源于受访者 CC-3。

倘若这些课程不以专业的形式组织起来，学生也可能因着学习需要或兴趣而进行跨院系选课或旁听。不过，国学院设置国学专业的一个功能在于这种制度性和集体性的行动可以有效降低学生或学者个体进行课程组合的成本和难度，结构化的课程形成一条引导轨道，将偶然的、不确定的个体选择得以变成大规模和日常性复制的惯例。国学院的课程从制度上确保了每位学生都学习多个领域的知识；其次，这一场域空间也培育了学生们多学科涉猎的意识。如果想培养通各科之长以利于日后进行整体之学或跨学科研究的学者，这套课程体系不啻为一种值得尝试的模式。人大国学院的本科生具有不同于文史哲领域学生的知识结构，国学本科专业的教育同历史学、文学和哲学教育形成了较为明显的差异和侧重点。鉴于注重知识传递的专业同知识生产的学科并非同一事物（尽管两者相互影响），从理论上讲，国学具备作为一个本科专业的合法性。

与本科培养有所不同的是，研究生教育注重学术取向，尤其是博士生群体，他们通常被视为学术知识创造的一支重要力量，许多领域都要求博士学位论文具备知识的原创性。进入学位论文创作阶段的博士生，基本可以视为学术领域内的边缘从业者。当学生经历了基础性的学习之后，将分别进入具体的学科方向，国学院博士生所从事的学术研究在多大程度上可以区别于文史哲学科内的研究？通过对受访者的访谈和其他材料进行分析，对这一问题的回答恐怕无法保持乐观态度。文史哲这些学科在智识场域也进行着知识交换，国学院提倡跨学科的研究难以作为新的替代品或补充物。这点本文将在国学学科建构部分予以详述，在此不作展开。

我们可以看到实体性质的人大国学院按照学科下的院系培养人才，相比于虚体的北大国学院有许多实践空间和资源。人大国学院在教职、生源、课程以及其它种类的制度化学术资本的分配中得到基本保障，因而能够突破既有学科和院系在资源和知识上的边界，建立以"国学"为组织原则的实体国学院。这也是为何国学支持者将人大国学院的设立视为国学制度化进程上里程碑。其次，我们也可以看到两种模式国学院在文化认同和知识体系方面形成的差异。相较而言，学科化的人大国学院塑造了学生对国学院和国学领域的知识认同，而对传统文史哲的学科怀有矛盾、不贴切之感。

不过国学专业教育面临一个瓶颈性问题：由于《学科目录》和《高等学校本科专业目录》并未从制度上承认国学的学科和专业地位，既有国学专业和院系组织的设置都是一种"天时地利人和"的结果，有活动资源和威望的个体行动者在适宜的条件下才可能创建成功，同时还要协调生源、课时与师资多方问题，专业的设置充满着不可控性与偶然性。若国学被《学科目录》和《专业目录》识别，则专业发展、学科设置、院系成立、名额分配都将"有据可依"，也将免去重复协商与博弈之烦。

第四节 国学学科化：划界实践与学科"战争"

尽管越来越多的高校建立了国学的相关组织，但类似人大国学院的实体性机构并未大规模设立，目前影响较大的主要是人大国学院和武汉大学国学院。对人大国学院而言，尽管它已取得实体性地位，但其生存依然面临以下问题：（1）由于缺乏《学科目录》的识别，整套行政系统中制度化学术资本的分配缺乏合理依据，这为国学院长远的稳定发展埋下了隐患，对于一个新兴领域的院系组织而言，组织的稳定化和资源获得的合法化，是其生存与发展的重要关注。对于外源性的知识领域而言尤其如此，因为外在环境的变动就意味着各方面资源的增减。目前，人大国学院从成立到发展所需要的教师编制、学生名额等资源获得都依赖纪宝成前校长个体的关系网络和资源动员能力，根据国学院内部人士的说法，人大国学院的未来面临着"人在政在、人走政熄"的可能。将国学铭写入《学科目录》则可解决这一问题，国学的制度化之路将更顺畅和平坦。（2）尽管国学作为一门学科的学理性还未得到充分建构和普遍认可，但国学教育的必要性和重要性已渐被许多人所接纳。未被《学科目录》识别为一个学科，成为国学制度化的关键症结，这也成为国学学科化的重要动力。以人大国学院为代表的部分国学院趁着《学科目录》修订的机会，提议将国学设置为一级学科。为了将国学写入《学科目录》，在参考传统文化的知识脉络和近些年国学办学实践的摸索过程和经验积累的基础上，国学领域出现了下列几种国学学科化的方案。

（1）设置"国学"一级学科，考虑到其并不归属于文史哲任何一个领域，最理想的设计方案是成立人文门类，国学与文学、史学、哲学并列。或者另设一个"交叉门类"，国学置于交叉门类之下，也可避免从属于文史哲门类的尴尬。然而，这种设计方案牵扯到大规模和深层次的分类重构，考虑到《学科目录》调整及其运作过程中浓厚的行政色彩，可以预见这种重构门类的方案将引发更激烈的竞争和论争。因而，这一方案更多停留在相关行动者的构想阶段，远未付诸实施。在具体实践中脱颖而出的是第二种方案。

（2）以"国学"之名为国家所承认，国学为一个一级学科，下列分设经学、子学、国史、国文、小学、中国少数民族和边疆文化、国艺七个二级学科。国艺在实践中也可以考虑作为二级学科归属艺术学门类。至于中医、传统的天文地理，也应是国学的研究对象，但它们在现有学科体系中，已经分别归属于医学、地理学等学科，且割裂其固有学术传统和特质的问题不是很突出，因此，可不再作为二级学科纳入国学学科体系。

国学成为一级学科直接牵涉到其归属问题，它属于哪一个门类？从知识内容及其边界联系而言，国学同文学、史学、哲学都有很深的交叉，彼此之间并非统筹和所属关系，倘若归属于上述三者中的任何一个门类，都违背了国学作为整体之学的宗旨。然而，考虑到多方利益和整体格局重构的多重阻力，国学内部出现了将国学一级学科置于"历史学门类"（人大国学院）和"哲学门类"（武大国学院）的主张以为权宜之计。由于人大国学院正式提交了国学学科设置方案，因此在学科目录调整的过程中，国学学科的设计归于历史学门类。

（3）以"中国古典学"之名列入《学科目录》，这一名称更多地借鉴了西方古典学，意欲突出这一知识领域从"整体性"的视角对中国传统文化进行研究；其次，这一学科之名不再出现"国"之表述，淡化了"国学"名号的政治色彩，回避了传统文化同马克思主义在意识形态上的纷争纠葛，在一定程度上缓解了学科制度化进程中的压力与阻力。从学科间关系来看，古典学的学科边界也从文史哲的核心领地有所收缩，将其学科注意力和研究重心置于经典文本之上，这一知识边界的建构同文史哲相关学科场域交叉的社会空间减小，从而也缓和了学科间的冲突。因而这种学科制度化的方案在学科名称上更具学理性，相对而言，也较容易获得学界内的认可与同意。[23]

然而，"国学"从一开始就非单纯的学术称谓。在权力场域中，传统文化的形象和意义建构一直采用"国学"这一符号。权力的治理技术之一就是符号系统技术，相比这些学术界沿袭已久的学科称谓，国学在公众场合中同"入世精神"深刻地勾连起来，"国学"这一符号所呈现的意向、调动的情感和吸引到的资源，显然不是"古典学"、"经学"、"史学"、"哲学"所能实现的，

---

23 受访者 WH-1.

这些学科符号所传达的意向更多是远离喧嚣世界的阳春白雪。"国学"、"古典学"所传递的"社会角色"存有差异，相比之下，前者侧重了民族主义与政治上的地位，突出了传统文化同政治间的亲密性，而后者则更多转向学术界内部，淡化了知识的政治色彩以及市场色彩。若放弃"国学"这一象征符号所标示的社会角色，这对于传统文化研究领域在公众群体中已经建构起来的社会形象和资源获取能力上，存在潜在的威胁。因而，在学科目录调整的过程中，"中国古典学"始终不是人大国学院的首选，直到正式版本没有承认国学的学科地位之后，人大国学院才选择了这一折中性方案，其中不无妥协与无奈。知识领域的"名称"既受到学科内部知识逻辑及其认同的制约，同时也是知识场内部以及不同学科间力量角逐和博弈的结果，这一符号本身便是"权力"与"知识"互动的结果，同时也构成了二者互动的中介。

一、划界实践：新国学与大国学

在国学制度化的过程中，如何将自身建构为具备合法性的研究领域或学科，是相关行动者无法回避的问题。我们有必要梳理和分析学科建构者们如何通过划界实践而确立国学作为学科的合法性？他们赋予了国学哪些特征？在试图将国学建构为独立知识类别的过程中，行动者如何重构了国学与文史哲等学科的边界？他们得到了哪些支持？又遭遇了何种挑战？本文发现国学学科支持者们进行了如下划界实践以推进国学作为独立学科的合法性。

1. 新国学&大国学

当"国学"作为传统文化和学术的统称以便于日常沟通与交流，人们大抵不会深究其涵义。然而，当国学试图成为一个正式学科之时，围绕"国学"二字则生出许多争议与辩论。首先集中于"国"字，将传统学术与文化称之为"国"学是否恰当？其次，历史上儒家学说成为中华帝国的意识形态，影响着整个政治和社会的多个层面与角落，由此中国共产党在革命与建设新国家时认为儒家保守与反动。国学能否成为"国"学，是一个涉及到意识形态的问题。

在此情况下，人大国学院着重强调他们所建设的"国学"学科是"新国学"，以消除人们因"国"所引发的质疑。既有"新国学"，便有"旧国学"，新旧乃相对概念，具体涵义还须置于时空脉络之中。在20世纪整理国故运动中，已出现"新国学"这一概念，主要用来指称以科学的、分科的方式来整理国学。[24]在当今之语境下，"新"国学则主要指同马克思主义相融合的"国学"。武大大学国学院院长、哲学系教授郭齐勇站在儒学复兴的立场，淡化和融合马克思主义与以儒学为核心的传统文化之间的边界。在《儒学与马克思主义中国化及中国现代化》一文中，郭教授指出："马克思主义中国化的过程，其实就是在儒家文化的土壤上进行的。早期的，第一、二代的中国马克思主义理论家、政治家，无不具有儒家的品格。无论是早期中国共产主义者的社会正义观与社会理想，还是我们当下建设中国特色社会主义、建构和谐社会的伟大实践，儒家的仁爱、民本、民富、平正、养老、恤孤、济赈、大同、民贵君轻、兼善天下、和而不同、食货、德治主张、入世轻快等等，都是积极的思想资源……所谓'中国化'，在一定意义上就是马克思主义的儒家化。"[25]汤一介早在上世纪 90 年代就提出了要在马克思主义和儒学之间寻找结合点，"从而一方面使儒学得以吸收马克思主义而更加丰富；另一方面使马克思主义得以与中国传统文化相结合，而有中国化的马克思主义。"[26]这种结合建立在二者共享的契合点之上，如它们"都取理想主义的态度"，都是实践的哲学，都是从社会关系来看待"人"，都包含强调"和谐"的成分，儒学中有明确的"社会主义"因素。[27]这种"新"国学不是单纯的复古主义，而是有助于推动传统社会现代化转型的国学，是同马克思主义相融合的国学，"国学研究的目的是要为建设有中国特色的社会主义做出贡献"。[28]这种马克思主义化了的"新国学"在国学一级学科设置方案中得到明确表达："我们今天所倡导的国学是立足于马克思主义立场，反映时代精神和需求，引领文化建设正确方向的文化创新，是与时代思潮和谐共生的新国学。"[29]

　　传统文化和马克思主义相结合，是传统文化支持者的政治表态，它被国学学科建构者借用，以化解国家意识形态方面的争论。通过将二者结合，以

---

24 罗志田. 西方学术分类与民初国学的学科定位〔J〕.四川大学学报，2001（5）：75-82.

25 郭齐勇.儒学与马克思主义中国化及中国现代化〔J〕.马克思主义与现实，2009（6）：57-58.

26 汤一介.儒学的现代化问题〔J〕.天津社会科学，1991（2）：45-46.

27 汤一介.传承文化命脉，推动文化创新——儒学与马克思主义在当代中国〔J〕中国哲学史 2012（4）：5-8.

28 汤一介.传承文化命脉，推动文化创新——儒学与马克思主义在当代中国〔J〕中国哲学史 2012（4）：5-8.

29 资料来源：《国学一级学科设置说明》。

儒学为重要部分的国学成为马克思主义指导下的社会主义现代化建设过程中可以依赖的重要资源，此外，"新国学"这一概念也被用来表征国学同"复古主义"的差别所在。

"国学"欲作为被国家正式承认的学科，除了意识形态上的纠葛，它还面临"地域国界"同"文化"上的冲突。传统意义上的"国学"主要指"汉族"的文化与学术，若以"国学"指称汉族文化，如何处理中华人民共和国国境之内的其它民族？尤其 21 世纪以来，边疆问题日益严峻，部分少数民族离心倾向加剧，在此背景下，"国"与"汉"之间的张力为"国学"学科建构者提出挑战。消弭"汉族"与"国学"间的冲突，人大国学院的一个化解之策是突出了"大国学"这一概念，将其它族群的文化统括入国学之中，这构成国学划界实践的重要侧面。

"大国学"的正式倡议源自季羡林与冯其庸（人大国学院第一任院长）。季羡林头脑中国学的知识图谱以"国界"作为"国学"边界所至，地域文化和民族文化都属于国学范畴，儒释道是国学，敦煌学也是国学，满族学以及其它少数民族的语言、历史与文化都属于国学研究的对象。历史的不断发展与融入，也在不断丰富和生成着国学的研究对象与边界。"西域"这一历史上中西方文明交流、碰撞的地域空间随着时间的沉淀也转化为富含知识资源的"文化空间"与研究对象，吐火罗、粟特、藏传佛教、西藏、新疆、蒙古等等，都属"大国学"的范畴。这一边界的界定一方面缓解了"国学"的民族主义蕴涵所引发的紧张，从客观上也同季羡林本人的学问专长联系起来。

2005 年，季羡林和冯其庸向国务院上书，倡议在人大国学院设立西域研究所。胡锦涛和温家宝作出批示，要求财政部和教育部全力支持西域研究所的建立。最高领导人支持的背后至少是维持国家的稳定和领土统一。在边疆文化和少数民族研究界，一种普遍的看法是经济和政治的手段在国家认同的建构中并不充分，没有文化和精神上的亲和关系，依旧会有离心离德的可能。西域研究所获得国家领导人的直接批准，必须置于国家边疆局势的社会脉络中。西域研究所成立之初便获得了国家财政部的第一笔拨款——1000 万元的研究资金。之后，这一研究所一直得到国家财政上的支持，且在世界范围内也获得了许多资助，例如"汉藏佛学研究基金"的成立。

冯其庸和季羡林的"大国学"图谱被人大国学院接受，知识精英的知识边界转化为切实、具体的办学实践。西域研究所的成立不仅为人大国学院这一机构带来了数量可观的科研经费（这也第一次使得西域学、汉藏佛学制度化了），并且西域学、汉藏佛学在研究上的展开、相关语言课程的开设也成为国学院在国内外学术界的一个特色。更为重要的是，少数民族文化研究的纳入也成为国学应对政治上大汉民族主义批评的策略。

季羡林和冯其庸是沟通学术界与政治界的边界人物，他们的知识划界在社会建制上初步实现。然而，"国学"之"国"究竟以地域为界，还是以传统上的文化为界，在学者和大众的认知体系中依然偏向于后者。西域研究是不是国学的一部分，应不应该成为国学院的一个机构，即使在人大国学院内部也一直存有争议。这种争议真实地向我们再现了知识制度化的过程中——尤其是早期发展史，总是充满着争议。

无论如何，由于包含了"少数民族文化"的"大国学"在政治上的"正确"性，精英学者的划界实践也直接参与到国学学科的建构之中。国学学科设置的论证方案也正式表示国学"以传统的经、史、子、集诸学的传承和现代诠释为基础，同时又立足于中华民族'大国学'的概念与思路，进行开拓性、前沿性的扩张，比如优秀传统艺术、少数民族文化等也应纳入国学研究范畴"。[30]

"新国学"和"大国学"是"国学"在 21 世纪合法化自身的话语措辞。淡化以儒学为核心的传统文化与马克思主义之间的边界，国学避免了它在意识形态上的尴尬，为其发展赢得了广阔的发展空间。"大国学"在此也发挥着类似的功能，将少数民族文化纳入国学领域，服务于整个"国族"认同的建设。适宜地建构知识领域同政治之间的边界，对于这些意识形态和价值负载领域的制度化而言，是无法回避的工作。

2. 国学作为学科之优势与必要性

"国学"这一概念从诞生之日起就同民族主义结下了不解之缘，这种精神特质在知识本身的旨趣和知识生产的具体过程也得到体现。无论 20 纪初出现的"国学"抑或是今日之"国学"，学者们都试图在"中与西"之间寻求对话。不同的是，如果说 20 世纪上半叶"国学研究"的结果是传统之学进入到西方的学科体系，那么今日的国学则是试图在学科分类和学科体系之中建构一个从"整体性视角"出发研究传统文化的学科。国学的行动者们将国学学

---

30 资料来源：《国学一级学科设置说明》。

科的合法性置于"中国"与"西方"这一二元系统的对比和差异之中。

"中国的传统学术是一个整体，可以说是和中国文化息息相关的整体性的东西。你用各种学科把它分割之后，它就失去了很多原来的东西。它在那个体系中，是一种体系性的存在。你把它拉出来用各个学科去把握它的时候，就有可能失真。每一种知识，说到底实际上是我们人来把握世界的一种主观的图式。在把握世界的图式上，西方有它自己的长处，中国人确实也有自己的长处。比方说中国人讲的'通'，就是在整体上如何把握世界；比方说中国人很注重实践，知识一定要和自己的身心活动结合起来……国学提供中国人面对社会、面对学问的一种态度，是从整体性上掌握的一门学问。国学学科应当从文化特性，从社会、历史的整体性来看。"[31]

上述朱汉民先生的观点代表了国学界支持者的一种普遍看法。在中西对比之中，中国文化的"整体性"得到强调和凸显，这在知识上体现为经史子集各家之学的互通，在日常实践中则体现为中国的"知行合一"。这种互通性和整体性同西方形成了强烈反差。在西方，知识专门化为绵密分殊的学科，中国传统之学又何尝不分化？是不同分类方式的转换，而非分不分之别。学科划分是西方学术的产物，它代表着西方注重专门化和特殊化的思维方式。

在国学学科化推动者的叙述中，中西方学术界一个注重整体，一个强调分化，此种差异意味着传自西方的"学科制度"对于自成系统的"中国文明"必将带来自我贬义与削足适履的苦痛。承接这一逻辑，对中国之学在19世纪后半期开启的"学科化"之弊端进行"诊断"也随之成为设置国学学科的必要性所在。当"经史子集"的传统知识分类在近现代的世界体系中被置换为"文史哲"分类的一个后果便是"经学走向衰落，经学传统中断，被肢解到了不同的学科，经学的价值和意义也被否定了。"[32]国学学科合法化的过程中，行动者们对"学科"的看法和观点，对于既有的文史哲学科之隔而言，颇有几分"不能承受之重"的意味。经学传统的中断和地位的沉落，是整个知识形态与社会转型的结果，而非简单学科分割的结果。

文史哲分割的弊端这一套话语，存在着不同话语谱系的层层叠加，既

---

31 梁涛，陈来，黄朴民，吴光，龚鹏程，朱汉民，吴根友.国学是一门学科〔N〕.光明日报，2009/10/12，第12版。

32 梁涛，陈来，黄朴民，吴光，龚鹏程，朱汉民，吴根友.国学是一门学科〔N〕.光明日报，2009/10/12，第12版。

包括东西方文化碰撞之后知识转型的不适应，也含有二战之后日益被人所接纳的"跨学科"话语，后者在知识界愈来愈成为解决学术问题的一剂良药，日益成为学术界管理和公众宣传的新"意识形态"。作为意识形态的跨学科，具备了作为不同事物间因果关系的解释价值，尽管事物之间的因果关系有待探索与商榷。"研究中国古代文学、古代史学、古代哲学的，很多方面本来应该通的，结果不通，做中国哲学史的不懂得音韵训诂，文字很多解不通。我们有一个做西方哲学从国外回来的学者。他看到一篇写中国哲学的文章里面引了一大段古代文献，后面又不解释，他便当面质问作者，这段话引的是什么意思。那个作者说大概就是那个意思。他说我问你具体是什么意思，作者讲不清楚。就是说做中国哲学的，他连中国古文都讲不清楚，这是很大的问题。为什么会出这个问题？就是在我们的基本训练上出了问题。"[33]

国学学科化的支持者讲述了上述故事，在这一故事中，中国哲学的学者无法讲清楚"中国古文"，这其间可能存在多种原因，可能这位学者的文言文功底不过硬，也可能因为古文转译为现代汉语便流失了许多精妙之意，也可能那位西方哲学学者的理解出了问题。无论如何，这个故事中的因果"诊断"落在了"基本训练"上，而解决这一问题的路径就在于通过国学班来培养"通才"，"我们武大国学班，就是要补救现在人文方面文史哲分家的不足。通过培养通才的办法，弥补我们现在分科的弱项，这是我们基本的办国学班的理念。"[34]由此，"基本训练"上存在的问题是由学科分化及其致力于培养"专才"造成的，作为跨学科和培养通才的"国学"借助与此故事所提供的情境而具备了必要性和重要性。

"国学"的合法性建构于"中西之别"、"跨学科与分科之优劣"这两组互有关联的对立叙事上。这里依然存在的问题是国学的合法性并不必然导向国学的"学科化"，跨学科取径的支持者——北大国学院——在此方面并不与学科化路径存有差别。国学学科化的行动者们又如何进一步建构国学作为学科的合理性？

他们"求助于"西方，学科建构者们将西方"汉学"和"古典学"的存

33 同上。

34 梁涛，陈来，黄朴民，吴光，龚鹏程，朱汉民，吴根友.国学是一门学科〔N〕.光明日报，2009/10/12，第12版。

在作为 21 世纪中国国学作为学科的理据和支持。"国学确确实实是一个学科。我们可以做一个对照，就是西方的汉学。汉学在西方的发展也有一个学科的框架，被作为一个独立完整的学科来对待、来建制。法国是最早把汉学作为一个整体的学科来看待的。法国的典范影响了日本、荷兰和俄罗斯。今天来看，我们发现欧美的研究也不是像我们这样文史哲的建制分着来做的。就拿中国哲学来讲，我是做中国哲学的，在哲学系是理所当然的；可是你到欧洲，到美国，哲学系里基本就没有中国哲学，我们叫中国哲学这个东西人家就不在中国哲学学科里面研究。"[35]

作为历史情境的产物，学科从来就不单纯是抽象的、普适的。学科的具体内容受到其生长所处的文化系统和权力结构的制约，这是学科"地方性"的社会根源。具体到以人类精神和社会生活为研究对象的社会科学和人文领域而言，一个学科的研究旨趣、研究重点和学术传统更同其所发展所处的社会脉络密切相关。从社会学的角度来看，汉学在欧洲学术界毕竟不处于主流，专攻这一领域的人数远远无法同欧美诸国史学、哲学、文学领域的学者数量相比，进而其分化程度有限。即便如此，在汉学家内部，还是存在着专攻与分化，正如费正清说自己是汉学家内部的历史学家。杨联陞、何炳棣等美国汉学家也以史学见长。西方古典学作为学科的一个前提条件是以希腊和罗马文明和历史的"中断"，没有一个国家或地域直接从希腊与罗马绵延而来。尤其当现代学科分类同民族主义结盟之后，以"民族国家"为单位进行研究成为历史学、文学、语言学的"惯例"，希腊和罗马的语言、思想、文化、历史、艺术在上述学科内并不位居兴趣焦点，因此古典学的确立和制度化同文学、史学、哲学的竞争与冲突算不得激烈。说到底，每个文化体系都有自身的知识分类，跨越不同分类系统而具有相同名称的知识类别也可能具备不尽相同的内容，同一类知识其下所属的分类程度在不同地域也将呈现差异。法国汉学被作为整体之学的一门学科来对待，既同其缘起和发展背后的知识旨趣相关，也同这一领域从业者的数量和竞争密度不无关系。

在国学学科化的合法化话语中，支持者们以"西方的古典学"比附之时，怀有对欧美的异域想象，他们剥离掉古典学的历史脉络和知识资源，遮蔽了学科建构的时空性。另一方面，他们在强调中国传统文化的本土性特征时，却突出了知识及其分类的时空性，凸显了学科架构本身所蕴含的"西方"色

---

35 同上。

彩。从这两种相左的话语策略中，"西方"成为了一个必要且必须的参照体系，是国学得以成为"学科"的"重要他者"，"一个被任意打扮的小姑娘"。一方面，这显示出学科制度化和边界建构的"话语策略"特征，另一方面，也说明了西方的知识分类对中国学科正名在认知上的强大影响。

二、国学学科化的困境

将国学塑造为国家承认的一级学科，其划界实践主要的说服对象是国务院学位办负责学科目录调整的行政官员与专家工作组，其次是整个学术界。前者将直接直接决定国学能否以一级学科的身份写入《学科目录》，而学术界对"国学是学科"的接受程度关系着"国学学科"的合法性，学界的"公论"也在不同程度上左右着目录调整专家组的决定。尽管《学科目录》的调整带有浓厚的行政色彩，但这并不意味着学科的设置可以完全忽略知识领域自身的特性与发展基础，即使对于"马克思主义理论"这种中国特色的学科而言，也不例外。"行政领导"、"专家工作组"以及学术界的学者都有自身的立场和认知逻辑，权力场域与学术场域的逻辑与利益相关者自身的利益，决定着国学学科建构者与说服对象之间存在多大的对话空间，而这将影响划界实践转化为制度规定的难易程度与可能性大小。

1. "国学"的政治色彩

在国学近些年崛起的过程中，其提倡者不遗余力地宣传国学对于中国进步和崛起的重要意义，然而"国学中有糟粕"这一观念并未消失。上世纪20年代整理国故运动将传统文化中的诸多要素融入文史哲领域，这一学科化的背景是科学化。[36]科学化的结果是传统的学术中相当一部分内容被建构为"核心知识"，即在客观性、重要性和公有性上相对而言较强的知识，与此相对的是外围知识，则指那些未被普遍认可的知识。[37]按照科学知识社会学的看法，知识本身是信念体系，知识转型不仅重构了知识生产的方式和手段，它也变更了一整套知识话语，传统之学也被区分为"国粹"和"国粕"两类，并分别被扬弃。传统文化中被合法化为核心知识的内容已主要制度化入文学、史学和哲学领域。尽管文史哲领域无法像典型的自然科学一般对研究对象享有

---

36 李春萍.从"中学"到"国学"：中国传统学术的学科化路径〔J〕.北京大学教育评论，2011，9（2）：47.

37 刘珺珺，赵万里.知识与社会行动的结构〔M〕.天津：天津人民出版社，2005：57.

高度的控制和排他性，然而它们已经取得作为学科类别的合法性。另一方面，传统知识中的风水、命相之术等许多部分则被视为封建迷信和伪科学而被排除在高等教育场域之外，更多留存于民间。除了作为文史哲等领域的核心知识，国学领域尚涵盖了诸多未被合法化的外围知识，这些知识构成国学制度化所需合法性的重要挑战。在知识转型和建立现代化民族国家的进程中，传统文化尤其是儒家的生活伦理和政治伦理被视为保守的、压迫人的糟粕而得到批判。因而，随着一百多年来的政治运动和社会转型，传统文化多糟粕的观念早已深入人心，根深蒂固的观念并不会因政府近些年来的提倡而快速散去。

其次，尽管国学热及其在高等教育中的扩张得益于权力场域的提倡与支持，然而国学尚未跨越立场和观念的多方差异而获得一致支持。儒家在政治上的保守性同国家强权有了新一步的融合，这引起了自由派知识分子的警惕。[38]在党和政府内部，国学的复兴也远未取得全体性支持。政府内部的部分支持者对于国学和宣扬传统文明的文化民族主义也不无警惕，儒学思想有助于维持国家的强权和统一，却未必完全有利于中国共产党。[39]国学犹如带刺的玫瑰，政府态度暧昧不清，拥抱中有拒绝，尤其在中国思想界和政治集团分化的态势下，国学因其承载的政治色彩既意味着政治机遇，也意味着政治风险。国学同意识形态的亲密关系远不及马克思主义理论。

在事关学科制度化的重要事件——《学科目录》修订——的过程中，尽管划界行动者进行了社会动员，极力获得部委和中央政府官员的支持，然而在学科设置讨论的会议上，还是有官员直接表示"传统文化中有糟粕，谨慎为妙"（源于受访者的转述）。来自政府官员的表态传达了一种政治讯号，那些在学科设置论证书中签名的"国学家"纷纷表示签名是一种友谊性支持，并非深思熟虑的行为。[40]真乃成也因"国"，败也因"国"。权力场域的变动为国学场域注入了经济资本和象征资本，促进了国学场域在大学中通过课程、自设专业、虚体组织和若干实体组织的形成，然而在通往制度化最关键的步

38　这在中国目前的思想界论争中体现得很明显，在访谈中也能感受到这一点。

39　Guo, *Cultural Nationalism in Contemporary China: The Search for national identity under reform*, 74.

39　《中共中央关于深化文化体制改革推动社会主义文化大发展大繁荣若干重大问题的决定〔N〕.人民日

40　源于受访者 A-2。

骤——学科设置的过程中，行政系统却不会如支持马克思主义（与意识形态和党政具有高度亲密关系的领域）与艺术学（政治色彩相对淡薄，成功动员了来自政府高层的力量）一般支持国学，[41]它的政治属性不容忽视。

2. 学科间的战争与国学学科的建构

国学作为一级学科绘制的学科图谱挑起了学科间的战争。它下设的国文、国史、经学、子学二级学科同文史哲领域有着大量的知识交叉。作为传统文化的统称，"国学"过宽的外延使得它与相邻学科的"管辖权"之争中处于弱势。

学科的界定不是依赖于独一无二的研究对象、研究方法、理论概念以及有形的组织制度（如图书馆、期刊、教学、研究院系，等等），没有一个领域可以完全排他性地从事某个对象、方法和理论的研究。知识领域是否成为"学科"取决于这一领域在多大程度上能独立和区别于其相邻的领域，因而，不是"独一无二"而是与其相关领域的差别化程度，才是领域成为"学科"的关键因素，这是政治学、经济学、社会学和历史学和人类学这些知识领域独立为"学科"的奥秘所在，也是为何汉学、埃及学、古典学在西方学术界能制度化为类似"学科"的地位，因为在西方国家的文学、史学、哲学、语言学、考古学等诸多学科之内，以这些文明为研究对象并不占据主流地位。这种"差异性"正是当代国学学科制度化在知识上的最大困境。

国学将其学科合法性建立在中西之别的基础上（尽管中西之别本身即为充满了论争的命题），强调其跨学科性和整体性，并凸出它对于民族复兴和国家强大的重要性。如何把这些政治上、知识上的民族主义诉求和知识主张切实转化为知识生产和学科话语系统的"差异性"，成为国学领域学科化无法回避的问题。假使国学成为一级学科，这种"学科差异性"也将是其学科合法性之殇。遗憾的是，"国学是一门学科"缺乏知识生产过程"差异性"的支撑，因其将"传统文化"作为研究对象而同文史哲产生了激烈的边界冲突。

尽管经学在现代学科体系下丧失了它在前现代所享有的权威地位而逐渐被边缘化，但其毕竟分别遁入文史哲三科而加以保存。从个体知识积累和掌握的角度来看，恢复经学的一个重要障碍在于人才和治学方式的中断。一个学科场域显性知识和隐性知识的积累与传递是通过行动者对"集体资本"的

---

41 受访者 A-1、A-2。

掌握来实现的，集体资本转化为个体的文化资本，是以"时间"为条件的。传统经学的治学方式需行动者个体长期浸润其间，而现代教育制度至早从本科阶段才开始系统学习音韵、训诂、注疏等知识，现代学者很难达至传统学者的高度与深度。[42]无法回归传统的治学方式，亦无法在既有的分科治学之外提出经学知识生产的"新"技术，"经学"的更新和积累缺乏来自知识逻辑的驱动力，只能在外部"效用逻辑"的主导下推动其制度化，通过学术组织的设立而引导规制学者的"学术兴趣"。

如果说在知识交叉日深的今天，"边界模糊"是常态，那么国学与相邻学科的问题在于难以区别彼此，"国史"同"中国历史"、"国文"同"中国文学"在知识领地上存在着极强的"重合性"，学科间的边界不仅仅停留在"知识贸易区"的状态，而是有"吞并"之嫌。"国文"、"国史"、"子学"更是同文史哲在研究方法、理论概念的区分上乏善可陈，研究对象上难分彼此，甚至没有形成侧重点的分化，譬如在当代中国，"国史"可以统筹甚至吞并"中国历史"这一学科领域，这同欧美学术界中"中国历史"在"史学"中的边缘位置明显不同，中国史是我国历史学学科场域内的主导分支。类似的领域间关系也存在于"国文"同"文学"、"子学"同"哲学"之间。在学术场内，国学同文史哲之间的"知识边界"模糊不清，缺乏作为一个学科所具备的学科认同。因而，当国学学科化在学术界成为一种呼声之时，与此争锋相对的声音也从未断绝。

"知识差异"建构的不充分既体现于学者们日常的科研实践，也在这些实践中得以复制。例如，作为学科化最重要的呼吁者，人大国学院学者的发表和科研项目依然更多集中在传统的文史哲领地内（见表 5）。

表 4 人大国学院 2007-2012 省部级科研立项情况[43]

项目类别	项目名称	立项时间
国家社科基金青年项目	民国今文经学研究	2012
教育部人文社科项目规划项目	"韩（非）学"史略	2012
国家社科基金重大项目	中国孟学史	2011

---

42 这一观点也得到了诸位访谈对象 LG-4、CC-6、CC-4、CC-1、CC-2 的肯定。

43 http：//guoxue.ruc.edu.cn/displaynews.asp?id=682，2013/12/23

北京市哲学社会科学规划项目青年项目	北京地区古城址现状调查与保护研究	2011
高校古籍整理研究项目	《新唐书.艺文志》考证	2011
高校古籍整理研究项目	《清代燕都梨园史料》的增订、整理与研究	2011
国家社科基金重大项目	西域历史语言研究	2010
国家社科基金特别委托项目	十二五学科调查-历史	2010
国家社科基金一般项目	汉末三国两晋文学理论批评编年考论	2010
国家社科基金一般项目	《周易》与中国哲学研究	2010
国家社科基金青年项目	新发现"梨园花谱"与清代中后期戏曲的嬗变研究	2010
教育部人文社科项目青年项目	唐代民间俗体诗的文本整理及诗学研究	2010
教育部人文社科项目重大委托课题	中西文化背景中的西藏问题和对策研究	2009
国家社科基金青年项目	敦煌文献中的于阗文咒语对音研究	2009
国家社科基金一般项目	新出土文献与荀子哲学研究	2008
教育部人文社科项目青年项目	《孝经》学史	2008
国家社科基金一般项目	秦汉社会称谓研究	2007
教育部人文社科项目规划项目	北宋文学演变与科举制度	2007
教育部人文社科项目青年项目	宋代文体学研究	2007

　　上述研究课题可分别归入文学、历史学、哲学以及语言学领域，并且这些议题在传统的学科中也并非居于冷僻与边缘的地位。如果说科研项目囿于国家行政的规划色彩，无法及时、真实地反映学界在知识生产层面上"国学研究"的分化，那么国学领域内学术界的期刊也表现出同样的特征。

　　期刊是学术交流系统最重要的社会空间，一个新兴领域的分化和崛起通常以学术杂志作为交流阵地。目前以"国学"命名的较有影响的学术期刊是北大国学院的《国学研究》与人大国学院的《国学学刊》。[44]《国学研究》在学术圈享有较高的声誉，发表者来自于985、211高校中文、史、哲学、考古

---

44 作为国学学科化的重镇，人大国学院创办了《国学学刊》、《西域历史语言研究集刊》、《蒙古学研究丛刊》、《国学新视野》等刊物，其中《国学学刊》在2010年度《复印报刊资料》转载学术论文指数排名中，在人文社科综合性学术期刊中位列第六名，成为《复印报刊资料》重要转载来源期刊。

等相关领域的著名学者。而《国学学刊》的发表者则来源多样，不少文章的作者是非重点学校的学生。因而，在学术声誉上，《国学研究》远超《国学学刊》，后者远非学术领域最一流的期刊。更受学术界青睐的《国学研究》恰恰隶属于跨学科组织。虚体的、跨学科定位的北大国学院和实体的、学科化取径的人大国学院，在国学领域知识建构的维度上而言，并未体现出实质性的差异。在知识边界、学科差异、研究方法与交流网等方面，同传统的文史哲学科相比，国学依然缺乏清晰的面目与形象。

由于缺乏知识力量的推动，"国学家"在现阶段远未形成享有独立社会角色的学者群体。那些在公众宣传场合被认为是国学者如季羡林、陈来、汤一介、冯其庸、牟宗三、杜维明等学者，他们在学术界的角色更是哲学家、儒学家、红学家、美学家，这也从另一个侧面印证了国学目前在知识积累上的薄弱。柯林斯和本·戴维在对德国心理学学科形成的研究中提出，掌握了科学研究方法与技术的生理学家将其研究边界拓展至传统上属于哲学领地的研究对象，并且在此过程中逐渐脱离"生理学"而建立起对"心理学"的学科认同与身份角色，这成为一个学科形成的关键标志。[45]学者在不同领域间的"迁徙"以及由此引发的知识建构和重构（如某些知识领域的衰落或崛起、跨学科的发展）同样受制于利益驱动，在不同的情境中，利益可以来自学术界创新的意识形态压力，也可以是经济资本的获得或争取更好的生存机遇，但无论处于何种动力，知识界版图的重构都必须转化为学术界的话语方式，这正是学术场自主性机制的体现。通过对国学知识场内知识实践的分析来看，其"学科化"的制度化策略更多源于资源保证的生存竞争，因为缺乏纯粹学术资本的建构和积累，缺乏将其作为一个学科而加以制度化的知识基础。

《学科目录》调整的这一事件激化了国学与相关领域间的边界之争。在各大学零散设立国学学术组织的时候，国学同文史哲学科间的冲突和争议可以停留在学术讨论之中，无论是对中西之间的对比，对经学衰微的呼吁，都可算作学术争论的范畴，文史哲学科内的学者至少不会从知识推进的角度反对国学研究的开展（如果不考虑学者个体的政治倾向）。为了论证自身作为学科的合法性，国学不得不强调自身与现有学科体系的差异及学科的不足，且将相邻领域纳入到自身的边界之内，这就激起了相关领域内关心此事学者的

---

45 Joseph Ben-David Randall Collins, "Social Factors in the Origins of a New Science: The Case of Psychology," *American Sociological Review* 31, no.4 (1966):451-465.

激烈反对。国学的学科化缺乏知识实践的有力支撑，因而国学的学科化是一场被迫早产的学科化，其制度化的动力并非源自国学研究分化或积累为自成一体的、不同于文史哲的领域，而是源于教育推动，为了推进国学现有体制中的制度化，它没有第二选择。

在 2011 版《学科目录》的制定过程中，国学作为独立学科合法性的薄弱，是它成为没有被成功设置为一级学科的重要原因。在《学科目录》调整的最后阶段，国务院学位办就学科调整的方案征求学术界意见。历史学门类内拟设四个一级学科：中国历史、世界历史、考古学和国学，学位办向历史学内的诸多博导发放问卷，调查此四个领域可以将哪些学科设为一级学科，调查结果显示学者们普遍删去国学。[46]国学在学科合法性方面的薄弱成为其升格失败的重要因素。这是"知识逻辑"在类别生产过程中的典型运作，学科间权力和知识权力（体现为学术界对"何为学科"所秉持的标准）制约着知识领域的制度化进程。国学没有被《学科目录》识别为一级学科，在此之后，人大国学院退而求其次采取了"中国古典学"的设置方案，希望以此种更能被学界接受的方式推进国学的制度化。

第五节　本章小结

我们有理由认为，21 世纪以来国学在高等教育中的扩张是新一波文化民族主义的结果。上世纪 80 年代以来，强调中华文明的独特性以及从传统文化中汲取国家建设的伦理资源，这种声音在儒学研究者内部已经出现。随着国家治理的需要、经济发展以及中国更深程度地介入到全球化之中，政府也开始提倡国学，由此，文化民族主义从知识精英的世界外溢，进入权力场域，社会出现了"国学热"。

国学在权力场域的位置提升，推动着高等教育系统内国学场域的培育和形成。在整个社会信念系统的变迁下，项目资助、企业与个人捐助、针对政府官员和企业管理者的国学培训市场的资本涌向国学领域，国学组织纷纷设立，以期吸纳可能的资源。无论是政府自上而下的提倡，还是学术界精英自下而上的宣传，传统文化的兴盛对教育有着根深蒂固的天然需求。

在此种历史情境下，国学制度化存在两种可能的路径：跨学科与学科化，

---

46 源自受访者 A-1 的访谈材料。

这两种取向共同推进着国学在教育和科研两个方面的经验探索。在教育方面，中国现有的教学管理制度使得跨学科专业的发展很难获得空间，而学科化取向的国学教育，则在本科阶段的课程体系有效突破了传统文史哲分割的框架，以中国古代文明为组织课程的轴心，形成极有特色的、不同于文史哲本科专业的培养方案。由于研究生培养尤其是博士教育主要指向学术研究，因而国学教育的意义主要在本科阶段。科研方面，学科化的取向与跨学科相比，并未显现出科研方面的优势，国学研究也没有建立起与文史哲三科之间的显著差异，这种知识分化上的不足使得学科化的取径面临合法性的危机。

由此，国学制度化在国学场域内部面临着一组张力：学科化取向有利于国学教育和人才培养的推进，但却难以获得学术界知识生产合法性的支持。跨学科定位符合国学研究的现状，却无法推动国学教育的开展，也不利于国学组织的扩散与稳定发展。

这种张力植根于中国围绕《学科目录》进行人才培养和学科建设的一整套资源分配的行政制度。国学专业富有精英色彩，发展国学本科教育的动力不在于劳动力市场对国学人才的需求，也不来自于国学培训市场（这一市场的师资多是专门的研究人员）的推动，而是来自文化民族主义者理念的驱动，以及随着国学热而为高校办学培育出来的新的增长点。这种专业教育的扩散尤为需要政府自上而下的推动，最稳定和最有保障的方式就是将"国学"学科化，从而写入《学科目录》与本科的《专业目录》。国学的学科化又端赖于它在学术场上"差异性"的建构，无奈国学在这方面还未发育充分。国学的学科化，是一场被迫的学科化。

在我国的学科治理制度下，类似于国学的多学科领域，其制度化都可能面临着一场困境。在美国能顺利制度化和扩张的黑人研究、性别研究、地区研究在中国很难顺利制度化，它们制度化所能达至的最高水平至多为在零星一两所学校建立实体化机构，在数所大学以虚体组织的方式存在罢了。

总体而言，国学学科化受到了这一知识场域内部结构的极大限制。国学场域内部的行动者对于本领域是学科还是跨学科的定位存在严重分歧，这种分歧可能源于学者个体对于"国学作为知识统称"、"国学作为课程"、"国学作为专业"以及"国学作为学科"之合法性的不同判断，也源于学者所属机构的不同（供职于实体性的国学院，还是兼职于虚体性的国学院）。国学研究者也没有从相邻场域中独立出来，形成归属于"国学"的学科认同。国学场域内部的分歧甚至在国学推进制度化的关键环节演变为一场"内斗"。在本科专业目录调整之时，袁行霈——北大国学研究院的院长、致力于国学跨学科发展的著名学者、北大中文系教授——否认了国学专业的设置，他认为国学边界不清，内涵不明。

国学试图通过"学科化"以推进其制度化的案例告诉我们，即使在行政色彩浓厚、国家权力强大的系统中，来自知识场域内部的知识生产实践以及学术界判定何为学科的信念体系在学科建构中有着强大的力量。

第四章 "中国语言学"：知识生产与学科分类

尽管二战之后的知识生产界热闹非凡，知识更新和交叉以前所未有的速度进行，随之出现了越来越多的知识分支，然而学科世界的版图却相当稳定，这其中的一大表现即为世界各国的主要大学在院系设置上保持稳定，顶尖大学依然基本维持着文学、社会学、人类学、政治学、经济学、历史学、心理学等学科的基础地位，它们只迎接了寥寥数位新成员的诞生，语言学（linguistics）便是其中一员。[1]学科版图的这种变化意味着语言学已从原先所属的领域中独立出来，自成一体，这种学科组织上的变化是顺应其知识生产特征的结果。从二战之后，语言学作为一门尖端科学（a pilot science）的形象日益深入人心，语言学同心理学、生命科学、神经科学、计算机科学、人类学、社会学等学科间的密切交叉，已经成为学术重要的增长点，[2]这可从《自然（nature）》和《科学（science）》这两本杂志近些年来连续刊发语言学领域的文章窥见一斑。为了顺应语言学领域知识崛起的趋势，美国语言学系纷纷设立，这一跨学科领域逐渐制度化为一门新兴的"学科"。

在知识生产的全球化时代，今日语言学在中国依然同文学研究寄居在一起，此种现状引发了语言学学者的广泛质疑。在 2011 年最新版《学科目录》调整之际，中国语言学领域进行了相当广泛的社会动员，期望将语言学建设为独立的一级学科。2009 年 11 月华中师范大学召开了大规模的"语言学学科

---

1 Abbott, "The Disciplines and the Future," 220.
2 伍铁平.语言学是一门领先的科学 论语言与语言学的重要性〔M〕.北京：北京语言学院出版社，1994.

建设研讨会",来自北京大学、中国人民大学、北京师范大学、中央民族大学、南开大学、复旦大学、南京大学、浙江大学、中山大学、四川大学、吉林大学、山东大学等 48 所高校和中国社会科学院语言研究所的著名学者、语言学科负责人和部分学校、学院领导近 60 人出席了会议。[3] 在全国 2012 年学科评估中,"中国语言文学"这一一级学科在全国具有"博士一级"授权的高校共 54 所,[4] 由此可见语言学的学科设置在《学科目录》调整之际引起了整个语言学领域的广泛关注。会议上提议将中国语言学设置为一级学科的相关讨论在《语言科学》杂志上发表。[5] 学科调整工作组也认为相比其他学科,语言学学者更加重视学科身份的重构,并且为此做了大量努力。[6] 将语言学设置为一级学科,其合法性得到了众多《学科目录》调整小组工作人员的个人认可。然而,语言学的提案最终被否决,这一领域没有突破"文学门类——中国语言文学"、"文学门类——外国语言文学"的分类框架。

那么语言学领域为何会出现"学科升格"运动?在此过程中,它为何会形成大规模的学术动员?哪些力量参与进语言学学科身份重构的博弈之中?这将是本章着力探讨的问题。

第一节　知识分类:文学类别下的语言学

在民族主义的框架下,文学与语言学协同发展,二者形成一种极为紧密的关系。世界各国文学系中普遍包括语言学的相关组织和人员,中国也不例外。上世纪 80 年代初,中国恢复高校学科设置之时依然延续了文学与语言学共存的关系。在国家的知识分类中,语言学一直隶属于文学门类,文学门类下设"中国语言文学"与"外国语言文学"的两个一级学科中,分别下辖了若干涉及语言学的二级学科,语言学在《学科目录》中的具体位置详见下表。

3　姚双云."语言学学科建设研讨会"纪要〔J〕.长江学术,2010 (2):176-177.

4　2012 年全国高校学科评估结果,http://www.cdgdc.edu.cn/xwyyjsjyxx/xxsbdxz/〔OL〕.
　2014/1/13

5　杨亦鸣,徐杰.语言学应该调整为一级学科〔J〕.语言科学.2010,9 (1):1-9.陆俭明,沈阳.关于建立"语言学"一级学科的建议〔J〕.语言科学.2010,9 (1):9-14.刘丹青,张伯江.时势之必需,学术之大业——设立语言学一级学科的重要意义〔J〕.语言科学.2010,9 (1):14-18.

6　源于受访者 A-2 (《学科目录》调整人文小组秘书).A-1 (《学科目录》调整人文小组重要负责人之一),LG-9 (某 985 高校语言学教授,学科带头人).

表 5. 1990 年《学科目录》中语言学相关领域的学科位置

学科门类	一级学科	二级学科
文学门类	0501 中国语言文学 （含 12 个二级学科）	文艺学
		中国现当代文学
		中国古代文学
		中国民间文学
		中国文学批评史
		中国古典文献学
		语言学
		现代汉语
		汉语史
		汉语文字学（含：古文字学）
		少数民族语言文学
		新闻学
	0502 外国语言文学 （含 16 个二级学科）	英语语言文学
		俄语语言文学
		法语语言文学
		德语语言文学
		日语语言文学（附：日本文化研究）
		印度语言文学（附：印度文化研究）
		西班牙语语言文学（附：西班牙语国家文化研究）
		朝鲜语言文学（附：朝鲜文化研究）
		阿拉伯语语言文学（附：阿拉伯语国家文化研究）
		欧洲古典语言文学（附：古希腊、罗马哲学、历史研究）
		语言学与应用语言学
		专门用途外语
		世界文学
		比较文学
		翻译理论与实践
		其它国家语言文学

表 6. 1997 年《学科目录》中语言学相关学科的学科位置

学科门类	一级学科	二级学科
文学门类	0501 中国语言文学 （含 8 个二级学科）	文艺学
		语言学及应用语言学
		汉语言文字学
		中国古典文献学
		中国古代文学
		中国现当代文学
		中国少数民族语言文学（分语族）
		比较文学与世界文学
	0502 外国语言文学 （含 11 个二级学科）	英语语言文学
		俄语语言文学
		法语语言文学
		德语语言文学
		日语语言文学
		印度语言文学
		西班牙语语言文学
		阿拉伯语语言文学
		亚非语言文学
		外国语言学与应用语言学

  可以说，依托于二级学科的学科身份，语言学获得了基本的资源保障与组织空间。上世纪 90 年代之后，除了传统的汉语言文字学、汉语史等领域的持续发展，理论语言学、应用语言学也在中国学术界取得一定发展，部分学者也开始从事计算语言学、语音学、人类语言学等偏重自然科学、社会科学的语言学研究。不过，正如绝大多数学科领域内知识范式的更替，语言学在知识上的进展变化并未在我国官方的知识分类系统中有所体现。在《学科目录》中，语言学始终是"文学"类别下的重要分支，这意味着在科层制内的资源分配和公众认知中，语言学知识属于文学，它被视为文学——这一最典型的人文学科——中的一部分。尽管一级学科"中国语言文学"、"外国语言文学"的学科名称中"语言"与"文学"并置，且"语言"在先，但由于院

系设置、文凭类型都冠以"文学"、"中文"之名，在整个社会和公众的常识认知中，语言学缺乏独立的学科角色。语言学是人文学科，语言学属于文学，学科制度化的历史已经深刻积淀为社会的常识认知。

《学科目录》中将语言学分别置身于中文与外文两个一级学科，因而语言学在招生、教职聘任、教研室、科研评估等涉及制度化学术资源分配的一整套环节都依托于文学系/学院，致力于语言学研究与教学的学者主要分布于中文系/学院和外文系/学院。语言学相关的二级学科与文学共同构成了一个竞争制度化学术资本的学科群场域。其次，由于"中国语言文学"与"外国语言文学"的分设，语言学也在这两个一级学科之下分别成长起来，由此在语言学内部形成了"中国语言学"与"外国语言学"的二分结构，学科及其学术组织之间的壁垒，也降低了中国语言学与外国语言学之间的交流机会。

那么，在既有的学科生长位置与学科格局之下，中国语言学领域为何出现了"学科升格"的社会动员？既有的学科身份对语言学的制度化有何影响？它成为一级学科的动力和缘由何在？

第二节　知识生产与范式转移

在学科升格的议案中，学者们一致认为现有的学科身份严重制约了语言学的知识创新与研究推进，将语言学作为独立的一级学科来发展，是语言学新学科发展的关键一步。[7]文学成了语言学学科建构中的"重要他者"，无论是具有政治动员性质的学科升格，还是语言学研究者与学生的日常知识实践，他们都明确意识到了语言学同文学的差异。学者们将语言学同文学进行比较，重构着自己的学科认同。受访者无一例外地认为文学同语言学间存有极大差异。在语言学家眼中，"语言学是社会科学，甚至是自然科学"，这同重视个体性体验、地方性知识和本土性阐释的文学相去甚远。语言学与文学的差异可被视为"科学"与"人文"之差异。

首先，语言学领域的学者和学生普遍认为语言学绝不是人文学科。

"我们比较偏向理工科的学科，和文学不一样……语言学一定要和实际的语言现象结合，要观察啊、实验啊、调查啊，比较靠近社会科学。"（访谈对象 LG-5）

---

7 杨亦鸣，徐杰.语言学应该调整为一级学科〔J〕.语言科学.2010，9（1）：9.

"对文科来说，还用传统的方法，可能我们都研究不过古人，训诂啊音韵学，没有人能超过清代的学者，因为不是背古文出来的，肯定还是有缺陷。但是现代社会发展，许多人文学科肯定是用新的方法才能研究。语言学是最早用自然科学方法的，像语音学的话，X光出来之后就研究声道，声呐雷达出来之后，可以用语图来分析了。语言学进入自然科学领域了。"（访谈对象 LG-4）

"从学科定位上来说，它是一个理工科，比较偏理科，只不过说它研究的材料比较有人文气息，它研究方法以及研究的理念是理科的……语言学真的和文科差得挺远的，至少是社科。"（访谈对象 LG-8）

从上述访谈资料来看，语言学属于"文学"这一类别划分遭遇着知识上的挑战和质疑，此边界在今日知识界的剧烈变动中愈来愈不具备合法性。无论是自然科学范畴内的语言学，抑或是社会科学下的语言学，它同文学在知识生产的诸多方面呈现差异。

从知识旨趣而言，语言学延续了科学对普遍性的追求，重视理论的抽象性和普适性，对反例的重视和谨慎、对应用性的关注，都在当下语言学在中国的发展中得到清晰明确的表达。

"语言学比文学更国际化，因为它问题的普遍性更强一些，文学的问题民族性更强一些，语言学和其它的（领域）交互（更多）、评价标准更多一些，应用语言学更共同，所以鼓励国际发表。"（访谈对象 LG-2）

"语言学的结论能解释多少语料，解释得好不好，都非常关键。不能只为解释一个现象而设立一个理论，希望理论推广到更可能多的语料上……我们判断一项研究好不好，相对容易达成共识，有统一的标准，好坏对错，比较明确。文学批评相对来说，只要能自圆其说就好，不存在谁对谁错……"语言学是非常 universal 的东西。"（访谈对象 LG-8）

语言学注重普遍性和抽象性的旨趣体现在这一学科对不同语言进行比较的兴趣。在美国顶尖语言学系普遍对学生的语言学习做出明确规定，芝加哥大学要求学生必须通过两种语言的阅读测验，包括法语、德语、西班牙语、汉语、日语或俄语，这些测验最好在研究生阶段的早期通过。哈佛大学的研究生项目要求学生掌握两门非英语语言，学生或者选修一年的大学课程或者通过院系的阅读测验而达到要求，除此之外学生也需要掌握一门非印欧语系语言，这可以通过选修相关课程而得到满足。[8]香港中文大学的语言学系也要

---

8 http: //linguistics.fas.harvard.edu/pages/language-requirement, 2014/1/7.

求学生学习汉语与英语之外的语言。[9]这些院系对学生在语言上的要求清晰而有力地显示出语言学研究中超越单一语言的旨趣。美国和香港地区通过设立单独的语言学系而满足了对语言类型学和不同语言之共同规律寻找的需要，研究者个体成为这些语言进行可能的比较与类型产生的智识空间，此外，不同语言背景和语言专长的学者聚集在共享的学术组织内，这也便利了学者之间正式与非正式的学术交流。

语言学研究的跨学科色彩亦非常浓厚。计算语言学、认知语言学、语言学治疗、国际汉语教育等理论语言学和应用语言学的分支领域对跨学科的需求非常突出。访谈对象也普遍指出跨学科的重要性与必要性。

"语言学天生是跨学科的，人要说话，一说话就涉及到神经、生理活动、发音器官，你没有办法不跨学科。"（访谈对象 LG-4）

"现在世界上大的趋势是语言学要与认知、与考古学合作，（例如）我们要研究演化语言学，确定语言演化的时间，（离不开考古学）。"（访谈对象 LG-5）

语言学研究中对跨学科的需求是一种"刚性需求"。二战之后，跨学科、学科交叉成为学术界的流行话语，甚至被奉为知识水准的代名词。然而在知识生产的具体实践中，跨学科的实现方式及其发挥的功能却存在多种形态。一种类型的跨学科主要指跨学科间的交流（interdisciplinary communication），这种跨学科的知识生产依赖于研究者个体的知识积累，学科间的壁垒并不是高门槛的。当越来越多的研究者涌入科研世界的时候，处于"学术创新/差异寻求"的压力，他们彼此将研究对象扩展至其它领域，这种学科间的交叉与边界模糊实乃因为"学术拥挤"所带来的知识细分，跨学科间的交流可能为研究者提供新的启发与思路，然而掌握其它领域的理论概念、方法和技能并非知识生产过程的"必需"。尤其当跨学科成为当今学术界和知识治理中的"意识形态"时，跨学科在许多研究中成为了一种"有则更好"的点缀。与此相对，在另一种跨学科中，其它学科对于研究者而言门槛高，难跨越，学科交叉及其边界弱化需要研究者投入相当的时间与精力重新搭建自己的知识结构。跨学科是知识生产的"充要条件"，不同领域的知识对于研究而言缺一不可，跨学科是一种"刚性需求"，无怪乎多位受访对象提到"跨学科是非常必要，而且是非常迫切的"。[10]一位受访者谈到他最近几年"请了一个别的系的研究生家教，教地理信息系统"，[11]以

---

9 http: //www.cuhk.edu.hk/lin/new/en_prog_lin_ug_maj_sch.html, 2014/1/7.
10 访谈对象 LG-1，LG-2，LG-3，LG-4，LG-5, LG-10.
11 访谈对象 LG-1.

便于他方言地理学的研究。另一位应用语言学方向的带头学者坦言自己文科出身，为了研究的需要，他自学了编程与 C 语言，最多的一个程序写了四千多条命令，但由于没有受过专业的计算机训练，错误百出。[12]

关于跨学科领域内研究者的知识储备，受访者普遍认为"（最）理想的状态是一个人会很多种（知识），不一定每个方向都很厉害，在专攻某一领域的前提下，其它方面的知识也要达到相当水准……目前这种环境下，这个跨学科也能吸引到人去做，但很可能在一个浅层的情况下去了解一些，包装一下，攒一下，真正的学术性的贡献其实没有。"（受访对象 LG-3）

随着跨学科的需求越来越强，语言学从总体上而言日益转型为社会科学甚至自然科学，许多分支的知识生产同理工科有了更多的趋同。对于语言学的许多分支来说，跨学科知识需要研究者投入时间加以掌握，时间由此成为不同学科背景的知识资本转化为语言学的纯学术资本的重要条件。

在语言学朝向社会科学、自然科学的强劲转型中，有些分支的知识创造越来越依靠实验室与团队合作，进而产生对仪器、经费和人员的强烈需求。

"文学一个人做，语言学一定要和实际的语言现象结合，要观察啊、实验啊、调查啊，比较靠近社会科学，要大量合作。"（访谈对象 LG-5）

"方言调查不是仅仅靠买几本书就可以完成的，我们需要到田野里，一呆几个月，要来回路费、生活费，请人录音现在 100 块还可能请不到，这些研究都是需要一定经费支持的。"（访谈对象 LG-6）

尤其在那些自然科学取向下的语言学研究，它们的知识生产已经转变为资源依赖型，知识生产需要大量经济资本的支持。

"我们这个学科，导师不去拿钱，博士生基本没法做论文。我最近的学生……去大连，用人家的设备，做声道的，声纹鉴定的，司法那块，一次出去都要几万块，一般中文系的老师一个课题七八万的，根本做不起。"（访谈对象 LG-4）

在笔者访谈的两个小时里，这位学科带头人的办公室有三拨学生来访，他们汇报了实验室器材购买的情况，另一拨询问过实验室从校医院购买 CT 设备的进度，师生间简短的交谈也恰印证了这位教师研究的语音学领域对仪器和资金的依赖。

---

12 访谈对象 LG-4.

整个"中国语言文学"场域内的"文学"与"语言学"在知识生产上的差异，也体现学生知识学习和实践的"惯习"之中。

"我们这边有些专业的学生，他们连索引 index 是什么、impact factor 是什么都不知道，因为偏文科啊，确实不知道啊，包括我们系里讲学术规范，都不讲这些……理工科信息学院 W 老师的每个学生（对）索引、文章格式都特别熟，我们中文系显然和人家比不是国际化的、井底之蛙啊。我自己的学生写一篇博士论文，至少 3、4 百篇文献，我们都是用 endnote 来管理的，中文系其它学生连 endnote 是什么都不知道，他们国际文章少么，国内文章多，不需要通过软件去追踪国际前沿。"（访谈对象 LG-4）

总结而言，从语言学作为一个整体所具有的典型群像（typical image）而言，语言学与文学在知识生产的诸多特征上存在相当不同，具体对比详见下表。[13]

表 7. 语言学与文学知识生产特征的比较

	语言学		文 学
	偏重自然科学的语言学	偏重社会科学的语言学	
知识旨趣	对语言相关的现象进行解释和应用	对语言相关的现象进行解释和应用	个体性的理解与阐释
数据来源	实验室	各种言语行为、口头陈述，多在"自然情境"下进行搜集	在最低控制的情况下搜集起来的各种已存的文本和档案
对制度化学术资本的依赖程度	高度依赖	中等程度依赖	弱依赖
知识生产中的人员构成	团队合作	团队合作与个体实践并存	个体实践
对跨学科的需求	必须的硬性需求	必须的硬性需求与非必须的软性需求并存	非必须的软性需求
学科集体资本（学科核心知识）的特征	强架构	介于强弱之间	弱架构

---

13 这个表格的制定在些许程度上受到了下列著作的启发。〔美〕杰罗姆·凯根. 三种文化：21 世纪的自然科学、社会科学和人文学科〔M〕.上海：上海人民出版社，2011，3-4.

语言学和文学之间的种种差别，意味着这两个领域之间存在着截然不同的学科文化，研究者的惯习也呈现出巨大的差异。知识竞争和增长点的转移重构了语言学领域的图景，它同文学在知识理念、精神气质和学科文化间愈来愈远。

第三节　资本分配结构及其矛盾

语言学和文学在知识生产上渐行渐远，其学术组织却居于同一屋檐下，绝大多数语言学系/所/教研室设置在文学院/中文系之中。语言学属于"文学门类"，语言学与文学、文献学构成了一个竞争制度化学术资本的学科群场域。制度化学术资本的政治经济学分配受制于学科间力量态势的对比。在整个学科群场域中，文学更多地居于支配地位，语言学位于相对弱势的地位，这首先表现在语言学的规模远小于文学。以全国语言学最为强大的北大中文系为例，语言学相关的组织有三个教研室加一个实验室，共 27 位教师，而文学下其他学科分支的教师为 62 人。[14]在华中师范大学文学院——唯一一所拥有独立语言学系的学院，语言学相关的教师为 26 人，文学方向拥有 50 多位教师。[15]

文学领域的规模是制度化学术资本向文学倾斜分配的结果。招生名额、经费、教职、基础课程等资本的分配，有很强的历史惯性，往往参照往年的制度安排，可这些制度安排最初都源于《学科目录》中的学科设置。在 1990 年的《学科目录》中，语言学的二级学科数量占到本一级学科内 12 个二级学科内的 5 席，1997 年的《学科目录》中，语言学的二级学科占到 8 个中的三个席位，从二级学科的数量来讲，语言学不占优势。中文系的教研室设置以《学科目录》中的二级学科为参照，这种数量上的一致性也将成为资源分配的重要依据，中文系本科生中语言学的学生比例也会向文学倾斜。

语言学归属于文学门类，且在"中国语言文学"这一一级学科内不占优势地位，语言学在制度化学术资本分配的诸多环节依旧被视为"文学"类别。凭借着这种支配地位，文学在诸多方面都确立起按照自身逻辑而运行的游戏规则。语言学独立于文学的社会角色还未建构起来，在学科群场域的资本之战中，语言学处于劣势。在此情况下，也很难期待语言学诸多新兴的交叉领

---

14 http：//chinese.pku.edu.cn/jgyd/gdwxjys/index.htm, 2014/01/25
15 http：//chinese.ccnu.edu.cn/faculty.asp, 2014/01/25

域, 能够得到充分的重视与资源供给。一位计算语言学方向的学者不无无奈地说"我们（这个领域）好听的说法是'交叉', 另一种不好听的说法是'边缘'。"[16]语言学没有获得独立的一级学科地位, 而大学在招生、课程设置、科研评估等多个环节是以门类下的"一级学科"为单位的。既有的学科分类, 对于语言学而言意味着什么?

一、科研评价与语言学研究

科学社会学研究的一个重要的议题即科研评价以及奖励系统如何影响知识的创造与生产。作为学科场域内资本分配的重要机制, 科研评价渗入研究者的日常实践。尽管在科研评价上存在诸多标准和方式, 学术界基本达成共识, 即评价标准要基本符合知识生产的特点。

在语言学的许多分支中, 跨学科和团队合作的趋势已很明显, 知识生产早已突破个体模式。具体到科研成果的呈现形态上, 上述特征则体现为科研发表很多是多人署名。然而, 由于语言学在今日依然没有突破与文学裹挟在一起的状态, 且相对于文学又处于劣势, 因而科研评价存在着按照"文学"一刀切之问题。国内语言学的重镇 A 大采用了一套全国普通高校的科研登陆系统, 这套系统按照人文学科知识生产的特征设计指标, 其中最为学者所诟病的一条是只统计第一作者或独作的科研成果, 这引起了语言学学者的相当不满。这也反映出在科层制系统的认知中, 语言学一直被视为人文类别, 按照中文的标准进行统计和测量。

"研究成果第二作者不算的, 比如我们编一个教材, 我是第二作者, 那根本不算, 可是那个书是一人写一半的, 可是第一只有一个, 我们不知道为什么有这种规定。"（访谈对象 LG-1）

"一般语言学的文章不会只有一个作者……我们的评价只算一个作者的, 这是长期以来受到文学评价的制约。文学论文很少有合作的, 对吧? 但我们语言学大部分都是团队合作做出来的, 所以署名可能为两个人、三个人甚至更多。现在我们评价填表, 我们第二作者都填不上, 这是很可笑的事情……我猜理科不会有这个问题, （如果）理科不算第二、第三作者的话, 肯定早就哗然了。"（访谈对象 LG-5）

一位语言学内颇有声望的学者指出他在科研和学生指导方面已经深度

---

16 访谈对象 LG-3.

"自然科学化"了，"导师不去拿钱，博士生基本没法做论文。……学生都要用我的钱出去做调查……你拿来（经费）后一定要让学生去做课题，他们要毕业，要发表，第一作者都不是我，这个很奇怪的。"他坦言："我们的考评系统……和奖金什么都有关系，只有第一作者能登，这样可能我一年都白干了，理科肯定不用这套系统。自然科学这一块，博士自己做不了研究，他要靠导师的课题，我们和自然科学一样。按国际规定，导师是通讯作者，这是国际惯例，可是按照这个系统，我的成果就不能登了……每次导师一看，你们实验室拿钱做什么东西，你全是最后。"（访谈对象 LG-4）

科研成果只统计第一作者，对于许多语言学学者而言，不仅仅是奖金受损。对于那些依赖跨学科和团队合作的研究领域而言，许多受访者认为现有的评价体系将制约合作。

"评价体系其实是个很大的问题，你这样制约的话，你说怎么合作啊，你都不好意思和人家谈。今天你发第一作者，明天我发第二作者，好像也不是那么回事儿，长期合作的话就算了。既然体系不鼓励，那我们就做点儿别的。我们反映过很多次，没用。"（访谈对象 LG-5）

在知识生产和科研评价的张力之中，学者转圜的策略空间如何？总体而言，由于语言学和文学在知识上的交叉很少，语言学学者在规避评价体系方面的策略空间远不如人类学。众所周知，人类学在世界范围内是同政治学、经济学、社会学等并列的独立学科，不过在我国的知识分类中，它尚未成为一级学科，而是分别于社会学和民族学之中。然而，人类学在知识上同社会学、民族学有着繁荣的"知识贸易"，人类学家可以"借瓶装酒"，因此尽管面临种种限制，人类学家的策略空间相比语言学要宽裕得多，民族学研究也渐渐向人类学靠拢。相比之下，语言学同文学的知识交叉很少，且学科文化又颇不相同，在以文学为主导的场域中，语言学家很难将研究议题转化为文学研究。面对文学主导的科研评价之下，语言学家倍感无奈。

在社会支持有限和科研管理行政色彩较浓的情况下，研究者的变通策略只能是不计较、被迫"牺牲"，"不算就不算吧"。"好在，我也是教授了，再也提不上去了。（他们）说就说吧，还是让学生做好点儿"（LG-4）。[17]另一位学者指出："在制度的不鼓励之下，实际上我们自己有兴趣，该跨（学科）的还得跨，那没办法，不算就不算吧。这几年，我和我的老师一起作比较的研

---

17 LG-1 也有类似的看法。

究，需要合作，比如说我们出来了六篇文章，每个人三个第一作者，你吃点儿亏，就我个人而言无所谓，但长期的，你就给大家一个不公平的对待。你不能都靠大家的奉献……你不能把人都定位在高尚上面。（LG-5）"尽管科研合作受到学术文化和研究者个体因素的影响，但科研考评无疑不利于语言学的合作研究。

这种评价制度也成为一些研究者选题的考量因素。偏向社会科学范畴的语言学研究中，许多亚领域如方言学、古代汉语的知识创造依然可以由个体进行，因此尽管学者明确意识到了跨学科的需求、必要性和迫切性，也依然承认跨学科的障碍并非"致命"的，这些领域的研究主体还主要是学者个体，既然科研评估制度不鼓励合作，学者们有限的知识策略就转向个体可控制和承担的研究。"不过文科嘛，说实话还好，他主要是个体创造，他做不了大的宏观的东西，但就一些小专题、小课题的，一个人可以很好地做。但比如做大型的地图集，我们做不了，因为必须合作，所以会有局限的地方。"（LG-1）

不过，"将研究规模尽量控制在个体可控的范围内"这一策略并不能放诸四海，在许多偏向理工科的研究分支中，许多研究早已溢出个体能力之外，需要以验室和团队合作为依托。可以预期，这些领域同文学主导的评价标准间的社会冲突会更强，而这些领域或研究恰恰是语言学目前最有活力的前沿与尖端领域。此外，二者间的张力也受到学者所获得的资源以及个体性情和学术观念的中介。计算语言学在 A 大制度化得相对较为充分，中文系和计算机学院合作设立了实体性的计算语言研究所，有力保障了计算语言学领域的师资、生源和博士后科研人员。在学术资本分配相对充裕的空间里，一位年轻有为的学术带头人认为他个人并不太过于在乎成果怎么算，一个重要的原因在于科研中的许多成果无法衡量，即使要计算，也难于找到恰切的标准。这种"不关注"态度的背后无法为现有的考评体系正名，相反，这恰恰显示了研究者"学术理念人"的一面，个体的行为和态度并不完全由外界的标准和利益所决定。

二、人才培养与语言学的学科再生产

除了科研之外，语言学的专业设置和人才培养方面也存在诸多不适之处。一个领域/学科的教学和人才培养，事关自身的长远发展。一方面，学科的人才培养是学科内部与外部环境沟通交流的重要渠道，关系到知识领域的公众形象以及外部资源的流入；另一方面，人才培养也是知识领域培养未来从业者的重要空间，在学科的再生产中占据重要地位。国家的知识分类将语言学和文学并置，对于语言学的人才培养产生了哪些问题？

1. 新兴专业的困境

为了说明语言学在人才培养方面的境遇，本文选择某 985 高校的"应用语言学"这一新兴交叉专业进行分析，来反观和推测整个语言学的状况。这所中文系的本科专业分为文学、古文献、语言学与应用语言学（中文信息处理）四个专业。通常而言，本科专业的课程体系要参考《学科目录》的一级学科框架来安排，因此其核心课程的构成会受到学科身份的制约。语言学长期以来在学生培养中都归之于文学领域，按照课程设置的原则，中文系本科生的专业必修课由文学、文献、汉语和语言四个板块。

从 2002 年开始，此高校正式设立了应用语言学的本科专业（中文信息处理），此专业兼跨文理。计算语言学在当今语言学研究中是一个处于技术尖端的交叉领域，中文信息处理也是目前我国应用语言学中最为重要和颇受关注的一个分支，它在公众中的需求和效用形象也较为成功地确立。[18]由于其跨学科性，这一分支在院系设置层面上既可以依托计算机学院/系，也可以设置在语言学系，具体情况因时因地因人而异。这个专业的设立首先基于学术增长点的考虑，根据访谈对象的回忆："张先生在 80 年代是我们学科的领头人，他倡导成立语言学系，没成立，但学校考虑成立计算语言研究所……张老师、刘老师他们站的比较高，一直就想传统的语言研究、汉语研究理论研究要加强，应用研究也是一个驱动力……语言学研究要在传统的基础上有哪些新发展？其中有一个就是要发展应用语言，语言的应用研究。"[19]（访谈对象 LG-3）"要想积累专门角色的知识，社会必须按照能使特定的个体关注其专业领域的方式组织起来。"[20] 这一专业的设置可谓应用语言学发展史上的重要事件之一。

众所周知，人才培养或曰学生的学术训练可以开始于本科、硕士或博士

---

18 《中国语言学一级学科设置说明》.汪国胜.汉语学科的现状与发展〔J〕.长江学术.2008
　　（4）：111.

19 访谈材料中出现的姓氏为研究者所拟。

20 〔美〕彼得·伯格，托马斯·卢克曼.现实的社会建构〔M〕.汪涌译.北京：北京大
　　学出版社，2009：65.

阶段，因领域不同而有差异。对于许多领域而言，专业核心知识的积累和掌握需要耗费较长的时间，在这那些抽象性高、自主性强的领域内尤其如此，因此数学、物理、计算机为典型代表的自然科学和工程学科都在本科阶段开始了人才培养。具体到"应用语言学（中文信息处理）"这一专业，其核心知识包括语言学、数学、计算机科学等，知识跨度较大。

应用语言学专业的负责老师从自身跨学科学习和研究的经验出发，认为从纯学术的角度讲，在本科阶段开始专业的训练"很有必要……到了研究生阶段再进入这个领域的，整体发展的后劲也好，以后发展的高度都会受到限制。"[21]考虑到中文信息处理方向的交叉性，在跨学科研究的过程中，研究者对语言学、计算机科学的知识掌握是硬性要求，并且对这些知识应该"懂得越深入越好……理想的状态是一个人会很多种，不一定每个方向都很厉害，在专攻的前提下，其它方面也要达到相当水准。（访谈对象 LG-3）"相关知识的掌握"会让合作交流更有成效。你要有创造性的工作的话，不仅仅是一般层次上的交流，必须理解对方，要相互促进，要碰撞，要懂的比较深入才比较好。（访谈对象 LG-3）"在本科开始培养应用语言学领域的学生，是两代研究者经历跨学科研究中的种种局限和微妙之处的经验总结。在跨学科交流的过程中，语言学和计算机领域的学者在沟通中由于研究兴趣的差异而"很难融合在一起（访谈对象 LG-3）"受访者结合个体经历指出了本科生培养在学术上的出发点和旨归，这也反映在此专业的培养目标上："目标是使得该专业学生能够在本科阶段就打下计算机和语言学两方面的基础，从而在进入高层次研究阶段，开展文理交叉学科的研究工作时，能够更加得心应手，成为中文信息处理学术研究和产业发展需要的新型人才。"由于学术创新和已有积累的社会条件下，应用语言学本科专业终于迎来了自己的"诞生"。

这一专业于 2001 年正式设置，2002 年开始招生，每年招收 10 名左右的理科学生。这批学生进校后，按照应用语言学专业的教学计划，实行文理兼修的培养模式。这一专业的总学分为 146 学分，必修学分为 105 个学分，选修学分为 37，毕业论文 4 学分。其中计算语言学专业的必修学分为 24 个，包括高等数学（C）上、高等数学（C）下、离散数学（一）、程序设计、数据库基础、语言统计分析、计算语言学导论、语言工程与中文信息处理。除了上述必修学分，中文信息处理方向相关的选修课程包括离散数学（二）、线性代

---

21 受访者 LG-3，LG-6，LG-7 也有类似看法。

数、数理逻辑、人工智能导论、自然语言处理专题讲座。在这些课程之外，除去任何方向都必须完成的公共英语、体育和思想政治类课程（共 32 个学分）、16 个大类平台课程之外，应用语言学专业的学生同语言学专业的学生一样，还需要学习中国文学、文献学的课程。必修课程为 41 个学分，包括现代汉语（上）（3 学分）、现代汉语（下）（3 学分）、古代汉语（上）（4 学分）、古代汉语（下）（4 学分）、中国古代文学史的四门课程（每门课程三个学分）、语言学概论、中国现代文学史（4 学分）、中国当代文学（4 学分）、学年论文（4 学分）。

　　从上述课程安排来看，这些高中是理科背景的学生们既要学习语言学、数学、计算机此类核心课程，还要学习文学。课程并不仅仅是简单的教科书、知识与课程，而是包含着学科文化和实践特征的结构空间，在此过程中学生们构筑了自己的日常生活与专业认同。在文学、语言学和文献学所共同形成的学科场域中，居于主导地位的是文学，这一场域的主导文化和惯习，也以文学为主流。由于课程的整体架构必须按照一级学科来设置，因此偏向自然科学和工程学的中文信息处理的学生依然必须学习中国文学史方面的课程，学分高达 20 个。刚性的学分要求下，这一专业学生的学分在最初几年要比纯中文的要高 12-15 个学分。之后经由调整，课程得到压缩。不过，与学习负担重相伴随的，还有学习思维和整个文化氛围中的边缘感。"你知道你在学应用语言学，但是其实学的都是基础的课，计算机概论和信科一样，数学和城环一样，这两年你都是在接受基础课的训练，你既要学理科的课程，又要学中文系的，中间转换很吃力。如果你完全在一个理科专业，比如就是信科，可能任务量是一样的，你不需要来回转化，你预先在这个环境里了。假如你 10 点还在学文学史，12 点就要学高数了，有些人觉得高数很可怕，有些人觉得文学可怕。很多纯理科生上来不能接受。（LG-6）"课程学习的负担和压力之中，伴随着不同知识在学习方式上的差异以及文学对自然科学类的"抑制"，有教师谈到"这些学生每天和中文系的住在一起，别人都在看小说啊，他们就要上机完成编程的作业，感觉很另类。（LG-3）"[22]"中文系的学生不爱修这种带点理科色彩的课程，这需要他们动手，不像一些其它的课，课完了写个报告，两千字而已，网上一搜，一会儿就完了。我们这儿都是做实验，已经

---

22 LG-6，LG-7，LG-8 也谈到类似看法，他们均为语言学硕士生，本科就读于语言学专业。

做了很长时间了。(LG-4)"[23]在语言学教师的认知中，也许他们对文学及其知识生产的投入时间和难度有所低估，持有偏见，然而这种对比也从侧面说明语言学在学科群场域内生源竞争的"弱势"地位。这些需要投入大量时间又与个体研究所代表的知识文化颇为不同的课程，也成为一种筛选机制，大量学生不会选择这种课程，进而也就远离语言学进入文学或文献学领域。

在这种课程结构和学习方式差异之中，尽管中文信息处理方向已经发展十年，然而学生的流失率很高，每年 10 个理科背景的学生在最后选择计算语言学方向的学生呈递减之势，从教师和学生的访谈都可印证这一点。"从 06年开始已经有 6 届毕业生，总体状况我觉得还不错，但人数处于缩小的态势，并没有扩大。……一开始有 10 个人，这几年也就 5 个左右（LG-3)"，在 07级本科生中，最后真正进入计算语言学方向的只有 1 人，在大二下学期之前，已有 5 人转离这一专业，每一级的流失率都很大。[24]

这种高流失率实际上正是整个学科场结构的体现和结果，语言学相比于文学并不居优，而在语言学整个学科领域内，应用语言学也是作为新兴的发展方向而出现，与传统的汉语史、语言学、古文字学相比，依然属于新生事物，在学科规模以及学科形象方面依然步履艰难。与文学、古文献和语言学这三个专业相比，尽管这一专业发展已有 10 年，但依旧处于起步阶段。在目前的体制安排下，应用语言学只是作为一组课程而存在，挂靠在现代汉语教研室，还未得到实体性教研室的支持。从师资力量来讲，也是以一位计算语言学方向的教师为主，同时借助其他教研室对中文信息处理感兴趣的老师。这个专业在整个中文系不同学科（教研室）的资本争夺中处于劣势，系里多年也没有引进这方面的教师，长期以来只有一个人专攻于这一领域。这个专业的地位和其他三者相比很不成熟，受访者甚至指出"一些老师对这个专业没什么认识，说起来还是三个专业，忽视了我们这个专业（LG-3)"。无论是研究者聘任、生源竞争和社会认知等方面，这个新兴的专业尚有很长的路要走。它所面临的困境也代表了语言学领域内其它一些新兴领域的境遇，至于那些没有以专业方向组织起来的研究领域，则更加势单力薄。

2. 生源竞争与招生权力

语言学尤其是偏重自然科学方向的领域，其知识生产的方式同文学以及传统的语言学之间存在很大差异。中文系的本科生大部分在高中时是文科生，因此选择语言学领域内偏理工方向的学生很少。即使应用语言学本科专业招收了一些理科背景的学生，这些学生也逐渐被文学和语言学的传统领域所吸走。本科教育中语言学新兴方向的弱势，并没有在硕士和博士阶段得到太大改变。

招生何以关键？在学术研究的过程中，知识交叉的载体是"人"，学科交叉最重要的沟通机制是通过人的流动来实现的。跨学科领域的人员流动首先体现在学术劳动力市场中的人员聘用这一环节，例如管理学的许多研究者来自于社会学、经济学和心理学，教育学也会吸纳经济学、人类学和社会学的毕业生与研究者。除了在教师招聘环节引入其它学科训练的人员之外，在学科后备军的培养过程中吸纳来自其他领域的学生也是常见的实践策略。不同学科间的交叉和流动是通过人在知识网络中的流动和穿梭得以实现的，知识网络也在人员的流动过程中得以重构。对于语言学这种跨学科领域而言，一些分支领域存有对计算机、心理学、语言、地理学等其它学科背景学生的需求，而他们进入语言学场域的关键环节正是研究生的招生环节。

我国通行的惯例是按照一级学科进行硕士生招生，这意味着尽管学生入学后学习的专业方向有所不同，但在入学考试环节，他必须具备一级学科内其它方向的一些知识。因此，想进入语言学领域的学生，需要具备文学、文献学的知识。对于本科背景是中文专业的学生而言，这些要求并不算高。但对于其他学科背景的学生来说，考试范围则可能把他们拒之门外。心理学、理工科、社会科学等领域的学生想转入语言学领域的话，学习文学对他们而言是一道不可忽视的门槛。有些老师明确指出，"因为要考文学嘛，我们的硕士难考"。

由于语言学在整个高等教育中不具备独立的一级学科身份，"语言学"这一符号的流通大多限于中文与外文的学科场域内，这造成了在这些学科之外的人群中，很少有人知晓"语言学"的存在。在研究生阶段选择语言学的学生，大多数是中文系或外语系出身，未来的学术从业者大多来源于《学科目录》所框定的一级学科，这影响了语言学"人才库"的基数和构成。

当然招生方面的问题不完全来源于语言学学科身份的不独立，大学在招生权力上的行政化色彩也制约着语言学某些分支的发展，如少数民族语言。

硕士与博士招生中英语是必考科目，在当今学术国际化的趋势下，英语作为工具性语言的地位得以牢固地确立，然而这种一刀切的方式没有照顾到学科的多样性。在语言学研究中，语言知识与能力本身就是一项稀缺的资本，母语为少数民族语言的学生是稀缺资源，然而这些学生的英语成绩可能不高。招生制度上没有拿藏文、梵文等语言替代英语的安排，这些拥有特殊资本的学生就被排除在外了。

语言学被归类于"文学"，它在学位文凭上的符号是"文学"，这一用于表征知识客观化的符号显然与语言学许多分支领域内学生拥有的知识并不相符。文凭是知识与权力场域对接的强资本符号，知识上的分类同劳动力市场的行业分类存在对应关系，因此选择持有何种符号的文凭，对于学生而言，并不是无关紧要的。一位教师说他的实验室很难吸引到985高校中的好生源，"我们放在中文系这边，做的又是可以很自然科学化的东西，这导致我们本校好的硕士生源不会考中文，他宁可去信息工程学院，即使他对我们的东西更感兴趣，他有将来找工作的问题……当然我们中文系也很好找工作，但都是编辑、记者什么的，所以人家不愿意来（LG-4）。"[25]结果，博士生生源好多是"外边来的（LG-4）"，在"外边"与"本校"这样一组关系性对立包含着"好与差"的相对比较。

课程与招生，对于学科与权力场域的交流而言，是培养社会需要的人才。从知识领域内部来看，于学生而言是学术社会化，于语言学而言是学科场未来研究者资本积累、惯习养成与学科规训的过程，是一个关系到学科再生产的重要问题。不过，鉴于语言学领域在整个一级学科场域中没有居于主导地位，一些新兴的交叉学科在整个知识场域内则更加边缘与弱势，这种地位影响到了语言学"尖端部分"的知识研究与学科再生产。

语言学在权力场域和制度化学术资本分配的多个环节中面目不清，大学行政系统对语言学知识生产的特征和学科取向没有清晰的认知，不得不说是一整套学科制度安排的结果和历史沉淀。语言学学科再生产所需要的知识资本（文学之外的跨学科知识、非英语外语的掌握，研究者和未来从业者是此类资本的重要载体）、社会资本（团队合作）和经济资本（依附于文学所能获得的科研经费）、人力资本都受到了既有学科框架的极大限制，这一切对语言学领域内的前沿研究、新兴增长点的知识推进和后备人才的培养都施加了极

---

25 受访者LG-1（语言学教授）有类似看法。

大的束缚。无怪乎有学者认为将语言学和文学安排在一起，"语言学是吃亏的，不是吃一点点亏，是吃大亏的（LG-1）"。语言学许多新兴的方向深具知识创新和知识应用的潜力，"如果给一个好的平台和相应机制，研究空间非常大，非常大。我们有很大的前景，实际上非常可惜。十年如一日，新的想法也出不去，没有学生带，出不去。（LG-4）"

第四节 "中国语言学"一级学科建构

由上所述，制度化学术资本按照"一级学科"进行分配，越来越无法适应语言学的知识创造与学科再生产。2009年，借着《学科目录》调整的契机，语言学学者进行了广泛的社会动员，期望能突破既有学科体系的安排，为语言学争取一级学科的地位。关于学科调整与设置，语言学领域内出现了下述三种方案：（1）不改变"中国语言文学"与"外国语言文学"的一级学科分类，在此之下增设语言学相关的二级学科；（2）设立"语言学"一级学科，即所谓的"大语言学"，将原隶属于"中国语言文学"与"外国语言文学"的语言学整合在一起，成为独立的一级学科。（3）设置"中国语言学"一级学科，将"中国语言文学"领域内语言学相关的二级学科单独设置为一级学科，这种学科设置方案不触及"外国语言文学"一级学科内的学科调整，这种方案中的语言学也称之为"小语言学"。这三种方案都有自身的利益考量与可能性评估，学科身份变革往往重构着场域的内部结构和的知识边界，对于不同位置的分支来说，这将意味着不同的资本流入与相对优势的转移。语言学内部面对学科升格的不同态度，也成为展示场域内"边界"争夺战的案例。

一、增设一级学科还是增设二级学科？

在"语言学学科建设研讨会"上，与会学者大部分认同将语言学设置为一级学科，然而这一提案，在中国语言学内部存有争议。一种观点主张暂时保持目前"中国语言文学"一级学科的现状，但可以借助《学科目录》调整的机会增加二级学科的数量，通过提高语言学学科数量在一级学科中的比例，从而增加语言学在生源、教职和经费的分配中所能获得的资源。其次，围绕着二级学科也可以多设置硕士点与博士点，也不失为促进语言学分支领域制度化的一条稳妥途径。

提议增设二级学科的学者以北师大王宁、南京大学鲁国尧和北大孙玉文、宋绍年为代表。这些教授的专攻方向非常一致：古代汉语。这是一种巧合么？"古代汉语"这一领域一直是语言学研究中的传统优势学科，起源早，积累多，也涌现出诸多语言学大家。这一分支同古代文学、民间文学、文献学之间共享大量核心知识，它们对跨学科与团队合作的需求相对而言也较弱，因而同既有场域主导逻辑之间的冲突较小。科研考核、课程设置、生源竞争对于古代汉语发展的负面影响远小于语言学的其它领域。若语言学从"中国语言文学"学科中独立出来，按照惯例，课程体系将按照新的一级学科来设置，届时将有大量语言学的理论性、方法论课程，"古代文学"、文献学方面的课程在课程系统中的比重将大大下降，这一分支在学术人再生产可能面临不利处境。其次，随着语言学成为独立的一级学科，可以预期那些被现有制度压制的部分将会获得推进和发展，社会科学或自然科学范式的语言学研究很可能会逐渐占据主导地位，古代汉语存在相对边缘化的可能。不过，这种反对的声音被增设一级学科的意见所淹没，绝大部分学者支持语言学成为独立的一级学科。

二、"语言学"：语言学学科设置的"战略"

中国的语言学研究者分别位于中文系/学院与外语系/学院内，由此形成了语言学场域的两个分支。如同其它自然科学与社会科学，语言学对普遍性怀有与生俱来的偏好，这种知识旨趣下，语言学对跨语种的比较研究极有兴趣，以期促进语言学理论抽象程度的提高。美国语言学系中，对学生都有多种语言考核的要求，稀缺语言母语者的优势也被制度设计（如考试）作为为特殊的知识资本予以重视。将语言学按照语种分设于中文学院/系和外语学院/系，许多研究者指出这是人为设置的藩篱，且有违研究的学理。

为了与国际学术界接轨，同时也出于语言学研究的旨趣，以江苏师范大学语言科学学院杨亦鸣教授为代表的学者提出了增设"语言学"一级学科，将外文系与中文系下的语言学整合在一起。毫无疑问，这一方案将引发全国外语学界和中文学界的震动。倘若"语言学"一级学科设置成功，全国的文学院/中文系和外语学院将面临大规模的调整，不难想象这一议案所激起的反对。其次，在长期分割的状态下，外语界的语言学与中文界的语言学也形成了不同的研究风格，外语界的语言学以理论引介的研究为主，汉语学界的语言学则发展得较为成熟，做大量的实验研究与田野调查。从这种研究风格也可预见这两个分支下的学者缺乏学术交流与合作，因而将其凝结为语言学一级学科的迫切性和意愿并不强烈。

三、"中国语言学"：对行政权力的妥协

北京大学中文系、中国社会科院语言研究所的一些著名学者提出了设置"中国语言学"一级学科的方案，将外国语言文学领域的语言学排除在外。包含多种语种的语言学作为独立学科，从学术界的认知旨趣而言深具合法性，因而有学者认为这种学科划分的荒谬可类比为"物理学"与"中国物理学"，不过，考虑到由于学科分设而引发语言学内部分裂的既成事实，以及学科升格可能引发的冲突，中国语言学界只好退而求其次，选择相比之下这一更具操作性的方案。在中国语言学界看来，设置"语言学"还是"中国语言学"一级学科，是战略和战术的关系，从战略上讲，应该是大语言学（即语言学），但从战术上讲最好是先考虑小语言学（中国语言学），使语言学建成一级学科，等到时机成熟时再向大语言学迈进，二者并不矛盾。[26]

"中国语言学"这一知识划界承载了对行政权力的妥协与退让。通常情况下，拥有一级学科的身份是实体性院系组织大规模设立的合法依据，语言学成为一级学科势必会在大范围内引起院系调整。从一开始，语言学学者就意识学科调整来自行政系统的强大阻力。"分科不分家"成为语言学面对行政压力的缓兵之计。在中国语言学一级学科设置议案中，语言学家提出"'语言'从原'中国语言文学'一级学科分离后，'中国文学'和'语言'都将是一级学科，也都仍隶属于高等学校的文学/人文/中文学院（系）的教学行政架构内，即高等学校的文学/人文/中文学院（系）由原来只有一个一级学科变为拥有两个一级学科（类似于目前高等学校数学学院（系）和物理学院（系）各有若干一级学科的学科设置）。换言之，这一建议方案只涉及学科的'分科'，而并不涉及院系的'分家'。"[27]在中国语言学界的设想中，分科不分家的制度设计对其他学科影响不大，可操作性也更强，保证"中国语言文学"下的科研教学机构教师队伍基本稳定，而不至于造成现有行政架构的剧烈动荡和院系人员的重大变动，但会为语言学学科的发展奠定基础。

---

26 姚双云."语言学学科建设研讨会"纪要〔J〕.长江学术，2010（2）：176-177.

27 内部资料《中国语言学一级学科论证方案》

　　然而，"分科不分家"的措辞和制度设想仅仅是语言学学者一厢情愿的表态。在外语学界、中文学界和高校行政负责人看来，语言学从"分科"到"分家"是必然的趋势。语言学和文学在知识生产上的离心力越来越强，这同商学院内同时容纳"经济学"同"管理学"、环境科学学院内容纳"地质学"、"大气科学"等多个一级学科的情况明显不同，这些学术组织拥有多个"一级学科"具有知识上聚合的基础，这些学科关心类似的问题，且研究成果彼此之间有很强的相互支持与补充。语言学与文学的分设，也不同于"世界史"和"中国史"的分科，世界史和中国史的学者在学科认同上都归属于"历史学"这一更上位的知识分类，世界史一级学科的设置不会引发组织架构的剧烈变化，而中国语言学的分设蕴含着从全局改变知识分布和不同领域间力量对比的能量。

　　一级学科设置引发的格局变动，可能会重构学术组织内部的地位竞争和利益计算。由于学术组织内部利益结构和具体状况的差异，语言学的独立并非完全受到中文学界的一致反对。在一些文学院内，文学学者以默认的态度不反对语言学独立，然而一些组织并不如此。某所 985 高校文学系内的部分行政领导，尤其不愿语言学分裂与独立，这背后有资源获取、学科评估和排名的考虑。在一些支持语言学独立的学者看来，"文学领域"的"个别人"成为语言学升格失败的"罪魁祸首"："这事儿（指学科升格）就是个别人成天去教育部告状、成天去闹，搅黄了。（LG-9）"在语言学家看来："教育部太不合理了，因为某几个人的反对，就不顾多数人的意见，我们又错失了一个太好的机会。（LG-4）"这里关键的问题，不是某一组织内部之间的恩怨或者利益纠葛，更重要的是允许行政权力和少数人决定整个领域制度化命运的整套结构和制度。这份看似"荒谬"和"不合理"的背后，是学科身份背负了太多的资源，是整个国家在学科设置上实行了一套以"计划经济"为主的制度。《学科目录》调整和运作中的行政色彩为语言学升格的"失败"提供了制度温床。

　　全程参与《学科目录》调整的专家认为，语言学之所以没有设置成功，其障碍在于：首先是来自大学行政系统的顾虑，院系调整的顾虑成为最大的障碍，"中国语言学"这一"折中方案"，同行政权力的维稳逻辑依然存在抵牾与冲突。其次，外语学界的反对，是最强的反对声音。外语界除去几个大语种，每种语言下的学者数量就不多，再把语言学学者分出来，做纯文学的学者就更少了。[28]尽管"中国语言学"主动放弃了将外国语言学纳入版图，但在外语学界看来，"中国语言学"一级学科的设置也将动摇"外国语言与文学"的合法性，且增加了"外国语言学"未来独立而出的可能性，因此这一议案依然遭到了外语学界的强烈反对。最后，语言学没有在政府部门"找人"，他们没有动员来自政府的支持，语言学在这点上的"失败"恰是文学领域策略的"成功之处"。

第五节　本章小结

　　"中国语言与文学"学科内的"语言学"试图将自身建构为独立的一级学科，以期为本领域的发展争取更多的制度化的资本（包括教职、学生、培养资金），这是所有知识领域进行学科身份建构的共同动力——争取更多的物质利益。然而，语言学的学科建构，并不能简单地被还原为物质驱动。它之所以争取更高级别的学科身份，亦因其知识生产的旨趣、方式、所需资本以及研究惯习，都日益进入社会科学甚至是自然科学的范畴。在世界范围内，语言学同计算机科学、神经科学、心理学、社会学、人类学、教育学等存在广泛交叉，而与文学之间缺乏更多的知识交流。无论是语言学学者，还是其他领域的学者，都普遍承认语言学同文学之间的差异，这两个学科之间的符号边界（在认知系统里用于对知识进行分类的标准）已经普遍的、合法地确立起来。

　　另一方面，在院系设置、名额分配、学历符号等资源的分配以及在此基础上形成的社会认知中，语言学一直停留在"文学"类别，被视为"文学类"知识。在这种知识分类图式下，文学知识生产的"个体性"、"低资源依赖"、"纯粹性"以及"软性特征"在制度化学术资本的分配中被强加于"语言学"之上，与文学相适应的多种制度在微观、宏观层面上制约着语言学的知识生产、学科分化以及人才培养，由此产生了语言学学科升格的强烈诉求。

　　语言学期望通过重构学科身份而推进制度化的动力更多在于知识的演变。这与国学、管理学不同，后两者学科制度化的动力很大程度上源于权力场域对这些知识效用的识别。语言学在社会效用的逻辑中面貌不清（尽管语言学学科内的汉语国际教育在中国经济崛起的情况下其效用形象越来越鲜

---

28 访谈对象 A-1，A-2，A-3。

明，但它并非语言学内享有知识威望的分支）。语言学制度化主要受到知识生产的推动，而非单纯的资本攫取，许多学者和学生都能感受到既有学科分类所施加的制约。在《学科目录》调整的历史时刻，语言学领域召开全国性的会议进行动员，并获得了大部分学者的一致同意。出于知识驱动而希望升格的语言学，成功地建构起"语言学不同于文学"这一边界，并得到了《学科目录》调整专家组在学理层面的认可。

然而在整个过程中，语言学的"独立之途"受到了不同来源与性质的反对。首先，语言学成为一级学科，意味着大量语言学系或学院将纷纷脱离中文系/学院、外国语学院而设立，这将带来现有大学行政格局的大变动。这引发了相关负责人的顾虑。

其次，语言学内部也没有达成一致，这里面首先存在着中文场域和外语场域内语言学之间的隔离，长时期的院系分割使得这两个场域中的语言学家很少交流，且形成了不同的研究风格与侧重点。在中国语言学内部，也存在着古代汉语与现代汉语、应用语言学的对立。中国语言学与外国语言学之间的分歧，同上述院系调整的行政压力结合在一起，加大了语言学独立的压力。语言学内部的利益和地位之争也不利于语言学一级学科的设置。

第三，"语言学"缺乏为自身领域代言的"学术精英"。一级学科、学科门类的增设尤其需要能沟通和"说服"教育部行政官员的学术精英。这个最为关键的要素却具有高度的偶然性，这种偶然性实质上来源于中国围绕《学科目录》进行学科治理整套机制的必然逻辑。

语言学的案例向我们展示出高等教育中的行政权力如何制约了知识领域的分化及其制度化，从而压制着知识生产及其推进。中国语言学与中国文学在关键学术组织内的斗争也成为影响语言学发展的关键因素，二者长期共享着学科发展的社会空间，某个强势行动者的掌权可能会打破已经形成的平衡格局，这激化了学科之间的"矛盾"。

学科设置与管理的一个通行准则是学术资本的分配应该有顺应且有利于知识变化的趋势。《学科目录》为语言学所确定的邻近学科并非其知识交流与贸易的"近邻"，语言学在组织制度场域中的邻近学科同它在智识场域中进行大量知识交换的学科重合很小，这意味着对语言学而言，现有的学科身份所承载的一整套制度的弹性很小，尤其是某些自然科学范式下的语言学研究，其策略空间不可谓不逼仄。

第五章　多重场域逻辑与学科建构

在对数个案例的呈现之后，本章将通过跨案例的系统比较，分析哪些因素参与到知识制度化或学科身份建构的过程之中。为什么有些领域迅速发展，有些领域则面临困境？为什么有些领域能突破既有学科身份的限制而顺利推进其制度化，有些领域则不能？本研究认为"效用逻辑"、"学术资本最大化的逻辑"与"学术认知逻辑"三条场域逻辑对知识领域制度化发挥影响的具体机制，本章将对此三种逻辑详细介绍。

第一节　效用逻辑：政治权力与市场权力

知识在权力场域占据较高地位，或在权力场域中的位置上升，意味着其效用价值得到国家、市场或公众的认可与支持，大量资本将流向这些领域。为吸纳或竞争涌入的资本，与此知识相关的院系组织、教学专业可能会成规模地增长，管理学和国学的兴起典型地展示了这一点。权力场域对知识施加的主导逻辑是"效用逻辑"，在这种逻辑下，知识需要证明自身在社会中的功用性和实用价值。任何知识领域都试图宣传自身对政治、经济和社会的重要性与意义，并且通过专业服务（professional service）——如学位教育、项目研究、专业咨询——建立知识领域内部与外部的互动通道。知识不可避免地在权力场域拥有其效用角色，这一角色本身也成为蕴含着不同资本兑换能力的象征符号。知识的效用形象在相当大的程度上影响着知识领域所能获得学术资本，从而引发知识领域的地位变动、规模收缩或扩张。权力场域中最基础的资本是政治资本与经济资本，本小节对知识的效用分析将从"政治地位"与"市场地位"两个维度进行，探讨知识领域在整个权力场域的位置及其对知识制度化产生的影响。

一、知识在权力场域的位置

　　知识政治地位的高低首先源于知识本身所具有的"政治属性与政治功能"，一些知识对于维持整个社会意识形态的统一、维护国家安全、提供政府与治理的合法性而具有了政治上的"优先性"，因而可以相对容易地调动来自国家和政府的支持，例如国防科学技术、马克思主义理论在中国、冷战时期美国的物理学，这些知识领域凭借着政府和国家的支持而为其制度化赢得了较大的空间与经济资本。任何一种知识都具备政治属性，然而在国家和政府的逻辑中，不同知识的权力价值存有重要性和优先性上的差异。对知识领域政治功用的识别及其优先性的判断具有历史情境性，这种历史性和情境性也成为知识领域政治地位变化的机制。

　　其次，知识的效用也可以源于这一领域在市场上的地位。那些在市场上地位较高的知识领域，劳动力市场对这一领域的人才需求较大。知识领域在专业服务、知识应用等过程中形成了具有一定排他性的制度，这种排他性有两种来源，一种是知识内容本身具有的抽象性和自主性，另一种是制度安排，例如文凭和证书。对于那些基于知识本身而具备排他性的领域而言，其知识的应用性容易获得一致性同意，知识在满足应用需求的过程中占主导地位，如果需求无法得到满足，人们倾向于认为现有的研究水准达不到应用要求，而非动摇对知识领域应用价值的判断。此类知识与应用领域之间的封闭程度较高，知识内容的抽象程度高，进而能够有效排除他人的干扰与质疑。这种知识的应用价值同市场需求之间存在着直接的、难以替代的对应关系，问题解决和需求满足必须求助于知识的拥有者，例如软件工程师与软件开发的关系，计算语言学在计算机搜索、机器翻译、人机交互等领域中的应用价值。另一些知识领域应用的排他性介于高度排它与低度排它之间。这在软/应用类型的知识中最为常见。这种知识及其文凭的持有者也因知识的专业性而享有权威，但在应用过程无法像高度自主的知识那样享有绝对控制权和排他性。知识在应用实践中会遭受非专业知识（如经验、天赋）与其它知识（如经济问题的社会性）的挑战。知识领域在权力场域的专业服务拥有对接的服务行业或部门，如工商管理学之于企业、教育学之于学校，这种专业服务的"对接性"主要得益于文凭。作为知识客观化的符号，文凭在知识领域与其专业服务的对象与行业之间建立了制度上的"绿色通道"。文凭发挥着沟通学术界与非学术界中某一社会行业或工作类别的功能，并在不同程度上保障着知识应用的排他性。越来越多的软性应用学科选择这条途径建立一个对应的专业服务领域，试图增强知识与应用领域之间的联系与资源兑换。

市场地位较低的知识领域，典型地体现为劳动力市场对这一领域人才的需求较少，知识的应用性较弱，且在应用过程中缺乏排他性。知识同社会需求之间并不存在必然的、直接的对应关系，此类知识的应用价值本身容易受到质疑与挑战。学术界的知识生产者对知识的功效应用不感兴趣，另一种颇为常见的情况是知识潜在的应用性没有得到学术界大规模的实践和制度支持。知识及其文凭的持有者在劳动力市场上缺乏对口行业与岗位。这种类型的知识，即使它在学术界的学术声望很高，但缺乏来自劳动力市场的驱动，很难通过各级行政部分增加制度化学术资本的分配而获得发展。这种缺乏直接市场服务对象的知识领域和专业，其发展和维持就必须有赖于学术界内部的支持与合法性的建立。

"政治地位"和"市场地位"两个维度构成了权力场域的空间坐标，不同知识领域的地位不同。下图只是一个粗略的示例，而非精确测量的结果。例如国学在政治上的地位要高于其在经济上的地位，尽管围绕着国学热、企业家学国学而出现了国学的市场，然而这并未给国学培养的人才提供对应的就业市场。

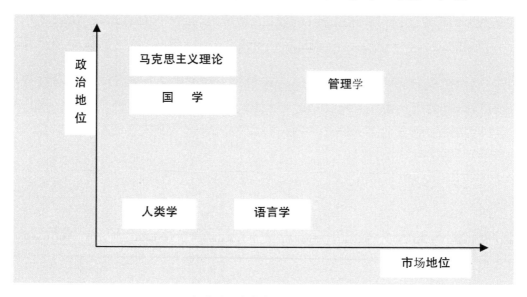

图 2.知识领域在权力场域中的位置

在此值得注意的是，知识的效用形象——即其社会角色，往往凝结为一个符号，支配着公众、政府和企业等相关行动者的资本分配。效用符号直观整体地呈现，调动或激发起人们的情感体验、价值倾向和想象，知识内部范式的多样化、旨趣的差异、功能上的分化往往被忽略。例如，语言学依然被视为"文学"之下的知识，公众很容易以文学的特征与形象来"推测"对语言学的理解。此外，"对外汉语"或"国际汉语教学"这一语言学的交叉领域的效用形象就比语言学要鲜明突出，不过"对外汉语"令许多公众联想到的是"中文"或"教育"，而非被文学遮蔽的"语言学"。语言学在权力场域缺乏明晰的、独立的社会角色，自然其效用符号的建构和识别也受到影响。

由于效用形象运作的直接性和整体性，知识在国家分类中的学科名或院系名称尽量同其效用符号保持一致，或将"学名"与应用性领域的名称联系在一起，都可被视为知识在权力场域争取资本的竞争策略，降低资本在知识领域内部与外部相互流通与转化的成本。国学在《学科目录》调整之时放弃"古典学"而沿用"国学"、图书馆学、档案学之下的院系在上世纪 90 年代纷纷改名为"信息管理"，背后皆有此虑。正因如此，学术组织的更名现象也频繁发生，例如一些学校历史学的学术组织之名常与"旅游"并列（如四川大学），北大地理系在 1988 年曾更名为"城市与环境学系"，以突出地理学的应用空间。知识及其学术组织的名称远非无关紧要的名号，它们拥有引导资本流动的魔力。

二、政治·市场与知识领域制度化

知识在权力场域的位置，如何影响着知识的制度化？对这一领域学科身份的重构将会有何影响？根据"政治地位"和"市场地位"两个维度，我们可以将知识领域分为下列四个类别，在勾勒出每个类别特征的基础上对知识领域的制度化进行探讨。

表 8. 知识领域在权力场域地位的类型划分

	市场地位高	市场地位低
政治地位高	管理学-MBA 公共管理-MPA	国学（21 世纪以来） 马克思主义理论
政治地位低	建筑学	语言学 人类学

第一个类别为"高政治地位–高市场地位"。此类知识在权力场域成功地

建构起效用形象，无论在政治议题上还是市场需求上，这些知识的意义和价值都获得广泛认可，它们在高等教育制度化的速度相对较快。这些领域同其应用场所或相关行业之间形成了比较清和稳定的连接，这主要通过人才培养、科研咨询等专业服务而实现。这类领域培养的人才具有相当规模的市场需求，市场信号被学术资源的分配者所感知，进而根据市场以及对未来的预测对这些领域进行倾斜式分配，这会促使知识领域在既有的学科身份之下实现规模扩张，与之相关的专业、学术组织（研究中心、学院、院系）纷纷成立。规模增长为这类领域学科身份的建构提供了坚实的基础。值得关注是学位教育在其中的关键作用，文凭确保了知识领域内部与外部的资本交换，稳定地建立起知识与经济资本、社会资本和符号资本的"兑换渠道"，例如专业学位往往承担着学术组织创收的功能。随着学术组织的建立、学位教育的发展，知识领域的规模随之扩大，这一方面为其学科身份的进一步构建提供了组织基础，另一方面，也有效增强了抵御外部环境变动的能力。

在本论文的案例中，在上世纪 80、90 年代的"管理科学与工程"是这一类型的典型。工商管理硕士（MBA）、高级工商管理硕士（EMBA）这些专业学位对于提升及巩固管理学/商学院在整个权力场域的地位以及资本的吸纳等方面，发挥了极大的作用。随着管理学门类设置，"公共管理"这一一级学科也实现了持续扩张，一方面它在行政系统和政府治理中的地位较高，另一方面公共管理硕士（MPA）学位的设置，也极大地提升了这一领域在市场中的价值。在全国第二轮学科评估中（2007-2009），公共管理学一级学科博士点为13，到了第三轮评估（2012）已发展至 35，它的增长速度和规模远远超过"农林经济与管理"、"图书、情报与档案学"这两个起步更早的学科。"对外汉语（国际汉语教学）"这一分支也属于这一类型，随着中国进一步融入全球体系，且成为世界第二大经济体，汉语热顺势出现，进而出现了大量对国际汉语教学和教师的需求。尽管"对外汉语教学"在《学科目录》中没有被识别为独立的学科，而是作为"语言学与应用语言学"二级学科之下的研究方向（三级学科）而存在，但在这一领域依旧实现了持续扩张，诸多学校已经建立起独立的对外汉语教育学院，成为高校中为数不多的没有一级学科身份支持的知识领域。[1]

---

1 申超. 一个边缘学术组织的成长逻辑——某研究型大学对外汉语教学机构组织变迁的个案研究〔D〕.北京大学，2013.

第二种类型为"高政治地位-低市场地位"。这种知识制度化的推进主要得益于它的政治属性，它们或能满足国家建构和政治权力的需要，又者或符合整个社会主导的精英理念。此类知识缺乏对口的应用行业或领域，经济产业或社会部门并未对此类知识形成稳定的、大规模的需求，因而政府、学校以及其它事业单位成为这些知识应用的主要领地。

这种类型的典型个案是马克思主义理论、21世纪之后的国学。仅仅考虑国学在权力场域地位的话，我们也会看到这一领域的崛起同国家和政府领导人在多种场合提倡传统文化的重要性有密切关系，政府各部门运用"仪式性活动"（如演讲、拜访孔庙、竖立孔子像）、"科研资助"、"教育宣传"等工具引导国学的发展。尽管在此过程中，全社会多个层面出现了对国学教育的需求，尤其是政府领导人和企业管理者学国学方兴未艾，然而高端的国学培训需求是由文史哲或管理学家通过"兼职"加以满足的。各大国学院宣称他们培养的人才致力于宣传国学、普及国学，送国学进社区、进企业、进政府，遗憾的是社区、企业、政府并未形成对"国学人才"的稳定需求，也缺乏一整套正式或非正式制度的保障。国学教育培养的人才主要是学术取向的，系统教育的实质结果是学术人的再生产。这种教育更适合少数人的、精英性的教育，"小而精"同整个权力场域依据效用价值来分配资源的效用逻辑相违背。由于缺乏来自市场稳定且强劲的需求，这类领域的制度化更多依赖政府和国家的推动，它就越需要在政治上证明自身的价值与合法性。因此，国学宣传同"民族复兴"、"民族精神"、"全球化"、"世界领袖"这些宏大叙事的结合便可预期了。

对这类领域而言，国家和政府运用越多的工具去支持其发展，其制度化程度就越高。"马克思主义理论"在2005年被设置为一级学科，其中重要的基础在于全国高校拥有大量从事思想政治教育的教师，在本科生、硕士生、博士生的课程体系中，政治课占有相当比重，国家运用"必修课"这一工具保证了思想政治教育教师的资源供给。"科学技术与哲学"现在是"哲学门类"下的一个二级学科，这一学科的发展也得益于国家的"课程工具"。1981年教育部正式发文确定自然辩证法类课程是全国理工农医科研究生的必修政治课。自然辩证法有了特殊的用武之地，也有了自己的学科建制。此后，几乎每一个招收研究生的理工农医科高校都设立了自然辩证法教研室。截至2006年，全国有26个科技哲学博士点，60多个硕士点，在哲学的二级学科中仅次于马克思主义哲学。[2]而国学在发展过程中尚未获得此种政策工具的支持，在课程设置上，仅停留于些许选修课，自设专业的学校也屈指可数——尽管呈上升之势。它远未制度化为高校中合法的课程，没有大规模的开展，专攻"国学"科研与教学的教师也寥寥，这同马克思主义在成为一级学科之前的发展基础不可同日而语。

第三种类型为"低政治地位-高市场地位"，这类知识在市场备较高的应用价值，但在政治逻辑中不具有优先性。那些政治属性相对中立的领域，可以享有一定的自主性与独立性，自然科学内的一些知识领域在这种类型中比较典型，这类领域可能通过市场的广泛需求及其效用形象的确立而实现规模扩张。此外，还有一些知识的政治属性同政府的政治理念或政治哲学相冲突，其发展很可能受到压制，如改革开放之前诸多的社会科学。本研究中没有符合这一类型的典型案例。

第四类知识领域为"低政治地位-低市场地位"。这类领域在权力场域中的地位偏低。在公众认知中，这些知识多是纯粹的、学术性的，它们难以建构出实用的效用形象。它们制度化的动力较少地源自权力场域，更多是学术界内部知识分化和知识竞争的结果，知识本身的进展成为其突破学科身份限制而推进制度化的主要动力。例如，作为整体的语言学在学界之外还未建立起广泛的公众认知，缺乏独立的社会角色，国家权力和市场权力在"中国语言学"一级学科的设置过程中相对淡出。由于这一领域长期以来的"纯学术性"，它很难动员起国家、政府和市场的力量来突破既有的学科分类框架。通常而言，囿于效用合法性较低，这些知识领域在学术资本的分配中也相对处于弱势，暂且不考虑历史存量和制度惯性的话，这些领域的规模相对较小，这反过来抑制了知识发展其应用价值、建构效用形象的潜力，这正是今天应用语言学的处境。社会需求不是被动地等待大学和学术界感知与识别，需求也可以是创造和引导的结果。

知识在权力场域的位置之所以关键，在于它决定着知识可能获得的资源，另外，这也同我国知识治理制度中权力的分配有关。在我国，政府是制度化学术资本（生额和教职）最重要的提供者和分配者，政府主要根据效用逻辑来分配资源，这种逻辑的强度在苏联模式中达到顶点。尽管改革开放后，国家治理大学和知识的方式有了相当多的调整，更为柔和，但这条逻辑依然没

---

2 吴国盛.中国科学技术哲学三十年〔J〕.天津社会科学，2008.

有本质变化。《学科目录》制定的初衷就是根据对社会需求的预测而进行人才培养，并在此基础上配备教职与学位点。在这一整套学科设置和管理的制度中，效用逻辑依然是政府调控高等教育的主导逻辑。知识的效用合法性在一定程度上决定了知识的社会声誉、学科设置的必要性和学科的规模，市场上需求较大、专业化程度较强、社会声誉较高的知识往往成为学科快速发展与地位维持的前提条件。这些领域在既有学科身份不变的前提下可以实现规模上的扩张，规模扩张到一定程度会增加这一领域学科身份重构的动力（如国学）与可能性（管理学门类）。知识在权力场域的地位构成了解释其制度化规模大小、进程快慢的重要因素。

第二节　学术逻辑：知识交叉与学科建构

"学术逻辑"指学术界内部纯知识资本积累和竞争的逻辑，学者主要根据学术认知的标准对知识的价值、声誉和合法性进行判断。知识领域的学术声望如何、是否拥有作为"学科"的合法性，并非无关紧要，它会在学科建构与学科制度化之中发挥作用。知识领域所承载的认知权威可以用于合法化既有的学科身份，也可以质疑学科身份的合法性与适切性。尤其对于许多新兴的领域而言，能否成功地建构出自身作为独立学科的地位与形象，将极大地关涉到它未来的发展空间（如国学）。

本研究的每个案例都展示出知识声望及其作为学科所拥有的合法性对制度化进程的推动或限制。尽管管理学在高等教育中的起步高调而华丽，但在初始阶段，这一新兴领域依然受到了科学界的质疑。据亲历者回忆，1981年中国科学院试图设立管理科学组（部），这遭到了大多数学部委员反对，其理由即在于他们不认可管理学的"科学"地位。之后，钱三强、钱学森、华罗庚、周培源、苏步青等24位学部委员签署了书面意见，表示愿意兼任或专任管理科学部的委员，最终才得以在中国科学院内部增设管理科学组，钱三强副院长兼任组长。尽管这一小波折没有抵挡管理学的高歌猛进，但这一插曲透露出知识领域内学术逻辑蕴含着影响制度化进程的力量。管理学顺利扩张且被学术界和公众广泛地接纳为学科甚至是学科群，离不开它成功地确立起自身作为科学与学科的合法性，这一方面得益于大量制度化学术资本的投入有力地促进了这一领域知识的积累，它与经济学、工程学、数学在知识上逐渐形成了较为清晰和容易感知到的学科差异；另一方面，管理学在西方学术界尤其是美国蓬勃发展，这为管理学在中国学术界的"正名"提供了极为有力的说服工具。学科合法性恰是国学学科化的尴尬所在。学者们多认为国学是一个多学科的领域，但无法接受将国学视为独立的学科，出于学术逻辑的认知和观念，成为制约国学学科身份建构的重要力量。

学术界的知识版图永远处于重构之中，这种变迁的一支重要力量来自知识生产界对于声望的竞争，这种声望建立在知识创新（自然科学）与得到普遍认可的知识差异性（人文学科与社会科学）[3]之上。研究者为了寻找创新点或知识增长点而激发了新领域的产生（如应用语言学），无论这种新增长点的出现源于何种社会性因素或社会机制。[4]从一项研究成果扩展为一个研究流派、

---

3 社会科学与人文学科的知识不具有类似自然科学的累积性与结构性，难以建立明确的、统一的知识评价标准。这些领域内的知识很难说是创新的，而是寻求一种差异性的解释。

4 关于新领域的产生，科学知识社会学界内有许多讨论，他们大多从知识生产界内部的社会性因素和机制入手，去考察知识的变化与新领域的产生。典型者如本·戴维和柯林斯的研究认为研究者为了寻找回报更高、生存境遇更好的领域，而将特有的研究技术与理念应用于新的研究对象，而产生新领域。普赖斯则认为在知识产量逐渐积累和剧增的状况下，每个研究者所能掌握的讯息有限，这促使学术研究不断分裂为一个个领域，进而通过将每个领域限定在一定规模之内，知识生产变得更为有效，详见 Derek J.de Solla Price, *Little Science, Big Science...and Beyond* (New York: Columbia University Press, 1986). 这些研究的对象有些是学科，但大部分集中于分支学科。这些研究侧重学术界内部的社会机制，很少将外部环境的变化纳入分析范围。这种对学术界内部的关注，也使得在对某一学术分支、研究流派的研究中尤为重视这些知识的认知权威及其所所负载的学术声望，较为关注微观层面上行动者的互动与策略。详见〔美〕托马斯·库恩.科学革命的结构〔M〕.金吾伦，胡新和译.北京：北京大学出版社，2013. Daryl E. Chubin, "the Conceptualization of Scientific Specialties," *The Sociological Quarterly* 17(4), (1976):448-776. Jonathan R Cole and Harriet Zuckerman,"The Emergence of a Scientific Specialty: The Self-Exemplifying Case of the Sociology of Science," In *The Idea of Social Structure: Papers in Honor of Robert Merton, ed. L.A. Coser* (New York: Harcourt Brace Javanovich, 1975), 139-174. Michael J.Mulkay, "Three Models of Scientific Development," *Sociological Review* 23,no.2(1976): 509-26. Nicholas C. Mullins, "The Development of a Scientific Specialty: The Phage Group and the Origins of Molecular Biology," *Minerva* 10,no.1(1972): 51-82. Nicholas C. Mullins, "The Development of Specialties in Social Science: The Case of Ethnomethodology,"*Science Studies* 3,no.3(1973):245-273. K. Brad Wray, "Rethinking Scientific Specialization."*Social Studies of Science* 35,no,1(2005):151-164. Scott Frickel and Neil Gross, "A General Theory of Scientific/ Intellectual Movements," *American Sociological Review* 70,no2.(2005):204-232. 西方

议题、乃至知识领域或学科，是一个由不同资源分配者和研究者在多个具体时空情境下集体行动的产物。不过，学科领域内不同研究范式的前后更替，分支学科和交叉领域的持续推进，并不必然伴随着新领域或者新学科的产生，既有的学科分类可以在相当程度上容纳知识生产的新动向与研究积累。这提示我们知识生产同学科边界及学科分类之间并不总是存在着不可调和的张力。那么，在中国现有的知识治理和学科制度下，知识领域或学科在何种情况下倾向于突破既有的学科边界与知识分类，期望成为一个新学科，或者重构自身在《学科目录》中的位置？

本研究提出了"知识交叉度"这一概念来分析学科建构的动力，这是我们理解其身份建构的关键。所谓"知识交叉度"，主要指知识与其在《学科目录》中归属领域或相邻领域间的知识融合程度或分化程度。

首先，学科交叉度关系到知识生产同既有学科分类体系之间的张力。知识领域同它在《学科目录》中相邻领域间的知识交叉程度越高，共享的知识资本越多，意味着这些领域知识生产和传递在同一个框架下运作的兼容性越强，下级学科从上级学科独立而出的动力就越弱。知识领域与其在《学科目录》中的归属领域间的交叉度越低，这两个领域间知识交流愈贫乏，学科文化的差异性强，现有的学科身份对这些领域的弹性也随之减小，因而它们重构学科身份的动力和迫切性就越强。

本文所研究的国学、语言学、管理学这三个领域同其所属及相邻领域间在"知识交叉度"上有不同的排序，语言学同文学的"知识贸易"最为薄弱。尽管"语言学"内部存在着众多议题和亚领域，纯粹性与应用性研究兼具，自然科学与社会科学范式并存，然而与文学相比，总体上语言学研究的标准化程度很高。文学很难为"语言学"提供知识生产的资本，且难以保障语言学在知识推进中所需要的知识资本与研究者的学术再生产。语言学在"文学-语言学"构成的学科群场域中处于相对弱势的地位，将语言学归之于文学的知识分类对语言学新领域施加着诸多限制，当语言学的课程体系、学术人员再生产、科研评价等涉及到知识生产的社会机制等方面遭遇困境之时，相关

社会学界关于知识动态变化与发展的研究，其分析焦点与侧重点同本研究存有差异。对于一个领域的制度化而言，学科间的"差异性"比知识领域在学术界的"高地位"更为关键，其次，知识领域的制度化必须进行内部（学术界内）与外部（权力场域）相结合的分析路径。

学者提出了将中国语言学设置为"一级学科"的呼吁与诉求，学科升格成为语言学家突破既定的知识分类框架、推进语言学制度化的重要策略。

与语言学相比，国学学科的合法性薄弱许多。在国学一级学科的设置议案中，它所划定的知识边界与史学、文学和哲学严重交叉，难以互为区别。在日常的知识生产实践中，国学还未拥有区别于文史哲的方法、视角和核心概念，"国学"暂时停留于一种包含价值倾向性的标签和口号，在学理上提倡对中国古代学术做整体性的关注，却难以将这种知识诉求转化为知识生产过程中具体的策略和技术。"国学"尚未建立起作为独立学科所必须的合法性，它在研究对象和研究技术上几乎没有独立于文史哲等领域元素。现有的国学研究不足以支撑国学同中国历史、中国哲学等学科间的差异。此外，国学用来类比的"西方汉学"、"古典学"也无法为国学的合法化论证提供强有力的支撑，国学这一领域的"国际化"也是以文史哲分割的方式实现跨国交流的。

其次，知识交叉度也是学科差异建构的重要基础。知识领域选择哪些领域作为差异化建构的对象，将影响到它作为学科的合法性。领域间差异性的程度同它们之间的知识交叉度密切相关，知识交叉度越低，越有利于其新学科身份的建构。

对任何领域而言，学科身份的重构将改变既有的知识分类系统，相关知识领域间的相对位置和关系将发生变化，因而学科升格需要在学理性上充分建构自身的合法性，厘清自身与相邻领域之间的边界与差异。这一划界实践的成败在很大程度上取决于知识领域同哪些领域进行差异性比较。语言学学者将自身领域与文学进行区分时，列举了大量的跨学科与团队合作，尤其提到了语言学与自然科学领域的交叉领域（如计算语言学、认知语言学），这种划界实践比较容易得到学界认同，然而，若将"计算语言学"与"计算机科学"进行划界，试图将其建构为一个独立的学科，其获得认知权威和合法性的难度将会增加。"国学"在推进其制度化进程中也面临这一问题，基于其边界划分，它将自己与中国历史、中国文学、中国哲学置于冲突之境地，倘若用"中国古典学"之名，则因其突出了对"经典"和"文本"的重视，从而可以缓解这一领域与中国史在研究对象和研究侧重点上的严重交叉。因而，"学科"是一个关系性的存在，是否为学科，学科合法性的高低，取决于这一领域相对于"谁"而言。

第三，"知识交叉度"是形塑研究者学科认同的重要因素，关系到学科身份建构的行动在多大程度上获得本领域学者的认可，这也从另一个角度反映出学科建构合法程度的高低。

通常而言，在那些同相邻学科的知识交叉度较低的领域，它们学科重构的动力更多源于知识生产，它作为"更高等级学科"的合法性越高，它在学术界的动员基础将越好，这将有效降低学界研究者和负责《学科目录》调整的行政人员的质疑，从而越有利于这一领域的制度化。而在知识交叉度较高的领域，学科身份重构更多源于学术精英或社会外部的需求。知识领域内能否就学科身份的重构达成共识，既可能取决于这一领域进行差异建构的对象（如语言学对于文学），也可能取决于知识研究者的研究议题在整个知识领域内的位置（如古代汉语在语言学中的位置）。学科身份的重构意味着它与相关领域间的边界也将重新划定，知识领域内部既有的结构也可能随之变动（如语言学成为一级学科之后，古代汉语的地位可能下降）。除此之外，知识领域内的学者是否开始具有独立的或新的"角色"意识，也意味着学科身份重构的基础，以国学为例，推动国学制度化的行动者，未必是国学作为独立学科的支持者（如北大国学研究院的学者）。另一种颇为常见的情形是某些知识领域作为"学科"的合法性已经存有争议，更遑论将其升格为"更高级别"的学科。

最后，本研究在不同个案中还发现，在知识生产全球化的今天，知识在学术中心的制度化程度也成为影响它们在中国学科建构的重要力量。

知识在西方学术界尤其是美国学术界的学科地位，成为中国学术界重要的参考对像。从日常的科研实践来讲，知识领域在国外学术界的研究推进通过学术交流而进入中国。引入和吸收美国和其他西方国家学术界的知识进展，也成为国内学术界学者竞争认知权威和纯学术资本的常见策略。西方知识资本的流入，也不断改变着中国知识领域的样态与地貌，在国际学术交流中，研究者对知识领域及其学科归属的认知不断地"美国化"。知识领域在学术界中心地带的进展也不断动摇着知识领域现有学科身份的合法性。对于那些经由跨学科发展起来领域而言，尤其如此。譬如语言学的学科升格，固然因其发展受到了我国按照一级学科分配资源、招生、考试与科研评价制度的压制，但语言学在美国制度化为具备学科地位和形态的知识领域，也加剧了学者对于现行制度身份的不满意，在一些学者描绘的学科前景中，可以清晰地发现美国样态。它在全球范围尤其是学术中心的学科化水平，加剧了语言学与其学科身份之间的张力。科学技术哲学在中国的发展也是如此。在 80 年代初期，这一领域的名称依旧延续改革开放之前的"自然辩证法"，随着学术交流日益蓬勃，自然辩证法与国外学界接轨，更名为"科学技术哲学"。在西方学术界的"同化"之下，这一领域目前也分化为"哲学学派"与"社会学学派"两大分支，他们分别对于这一领域在《学科目录》中归属于"哲学"门类还是归属于"社会学"存有争论。

本研究中三个案例领域的学科建构过程，均显示出学术逻辑深刻介入到知识制度化之中。知识生产的特点、进展与变迁将不断更改着知识界的版图地貌，这一过程可能塑造着这一领域从其所属学科中分化与独立而出的动力与知识基础，也孕育着新领域与新学科出现的可能性。

第三节　制度化学术资本的分配

尽管学科身份的重构可能出于外部权力场域的推动，也可能具有知识上的动力和基础，然而为了更恰切地理解知识领域通过学科身份建构而推进知识制度化这一策略性行动，我们更需要分析制度化学术资本在中国的分配制度。无论是权力场域涌入的资本，抑或是知识演进本身所引发结构变化的潜在可能性，都需要经过制度化学术资本的转换才能重构学科场域。

一、院系组织的学科化倾向

政府是整个高等教育发展中最重要的资本提供者，它根据效用逻辑分配资源，大学的目的和功能在于经济服务，为社会各行各业培养劳动者，这种逻辑的强度苏联模式中达到顶点。改革开放后，国家治理大学和知识的方式更为柔和，但这条逻辑依然没有本质变化，"人才培养"依然是政府发展高等教育的重中之重。国家依然延续了国家学位制度，并通过《学科目录》来保证大学的人才培养与学科发展在政府的掌控之中。各级政府和大学各层级组织，依据《学科目录》来分配生额、教职、经费，制定课程计划、组织教学、发展学科点与进行评估。[5]《学科目录》成为政府和大学人才培养与学科建设的基本依据，学科由此演化为制度化学术资本分配的重要单位，对高校学术

---

5 赵炬明.精英主义与单位制度——对中国大学组织与管理的案例研究〔J〕.北京大学教育评论.2006.4（1）：173-191.

组织的设置和人才培养产生重要影响，这突出地体现在"院系组织的学科化诉求"之中。

首先，在单位制遗产丰厚的高等教育内，根据《学科目录》层层进行制度化学术资本的分配，使得我国的"学科-专业（instruction program，而非profession）"与实体性的院系组织之间呈现出一种对应关系，我将此称之为"院系组织的学科化"倾向。实体性的院系组织（包括教研室、系、所）若想在大学中获取稳定的地位且实现大规模扩张，它所依托的知识必须在《学科目录》中占有一席之地，由此出现了一种"知识领域-学科-院系组织"的对应逻辑，一种知识领域需要被《学科目录》识别为一个学科，由此其学术组织才能稳定地发展。提高院系组织依托学科的身份等级，才能以普遍、恒常、惯例的方式保障自身领域的资源供给。这种分配的逻辑强化了知识领域凝结为"学科"的动力。

其次，学理意义上作为研究分化的"学科"同人才培养意义上的"专业"存在对应关系。我国高等教育本科生的专业目录即使没有严格对应于研究生教育的《学科目录》，但本科专业的设置在很大程度上参考"学科门类——一级学科"的分类框架，在专业设置的论证过程中，有非常强的"学科逻辑"。专业成立的背后是这一专业所表征的知识具备学科的特征，专业是学科的衍生品，在知识生产与传播的链条中居于下游。专业对应于学科，学科又在大学中对应某一个院系，因此"专业-学科-院系"之间形成了一种极强的对应关系，通常而言，大学的院系都包含一个或一个以上的学科与专业。

我国院系组织与美国相比，一个重要的差异在于中国院系的教师、本科生与研究生都归自身所有，跨院系合聘教师远未成为正式制度，我国在本科阶段也缺乏本科生院，学生直接归属于院系。本科生的专业教育、研究生培养、教师评估，都在院系的框架内进行。这种人员上的严格归属，增强了跨院系的科研合作与教育的阻力。因此，中国大学提供的专业和学科教育都是在同一个院系内部完成的，很少出现跨院系的专业教育。这种资本的分配逻辑也从心态上造成了我国大学中行动者此疆彼界的意识较强，招生、课程设置与研究都严格地局限在院系组织的边界之内。这种实体性色彩增加了跨院系发展新兴领域或教学专业发展的难度，即使在同一个学院内部，新设立一个专业也会因传统上资源分配严格对应于学科而困难重重（如语言学案例中的应用语言学专业）。

　　院系组织的学科化倾向以及"学科-专业"的对应关系，使得许多无法组织入一个院系内的跨学科领域或教学专业被迫学科化或学科升格，国学的学科化即在很大程度上受到了此种压力的驱动。国学在权力场域位置的崛起为国学本科教育（即国学专业）的设置提供了契机，然而国学专业的课程设置需要对文史哲学科内的课程进行大规模重组，在没有成立实体性国学组织的情况下，文史哲院系没有动力将自己的部分生源用于国学本科教育，这将引发原有生源分配格局的变动。多学科国学专业教育的发展，就需要依托院校中的强权人物打破院系间的壁垒，依托既有的文史哲院系提供国学教育，或更进一步，成立实体性的国学院。为了保证专业和学院的稳定性，制度化地开展国学教育，它必须进行学科化。国学作为多学科领域或作为一个教育专业，具有学术认知逻辑上的合法性，但国学希望成为一门"学科"，这种身份定位引发了它的合法性危机。

　　除此之外，对于那些已经获得学科身份的知识领域而言，它们也具有学科升格的动力。由于制度化学术资本的分配同《学科目录》高度挂钩，一个领域成为二级学科，随着硕士点、博士点的建设，这些领域的制度化程度也会提升。若一个领域成为一级学科，它其下分支领域的学科也可以获得独立的学科身份，如一个研究方向升格为二级学科。其次，一个领域升格为一级学科，意味着它在课程设置和科研考核方面的独立程度会提高，这些领域在一级学科的范围内引进人才、开设课程的空间会更大，从而促进这些领域的知识进步。

二、知识领域的组织基础与学科身份的建构

　　在我国制度化学术资本进行科层化和实体化的分配制度下，任何知识领域都有提升学科身份等级的资源驱动，但并非任何领域都会出现这一诉求。发出这一诉求的领域，也并不一定成功实现学科身份的重构。作为一个领域内的社会动员活动，学术精英需要对身份建构的必要性及成功的可能性做出评估。通常而言，知识领域学术组织的发展状况会影响到学科身份重构的可能性与成功概率的大小，具体包含以下几点。

　　第一，知识领域的规模。

　　在暂且不考虑其它影响因素的情况下，领域的规模越大，其学科升格的可能性会越高。数量逻辑将在学科身份的重构中发挥重要作用，《学科目录》

对学科身份的设置过程中，会考虑这一领域的发展基础。没有发展基础的领域，很难成功建构起新的学科身份。制度化学术资本按照《学科目录》进行层级化分配的方式，意味着国家对学科的数量要进行严格的控制，以防增加科层体系工作的复杂程度与任务量。因此，政府、学科调整小组以及大学的行政单位，都有控制学科数量的制度性动力，只有当增长到一定规模之后，知识领域才可能在《学科目录》调整中将小群体的问题转化为学术界内的涉及众多人的公共问题，引起相关工作人员的重视。

第二，知识领域与它在《学科目录》中的相邻学科构成了竞争制度化学术资本的场域，这一场域的结构影响着学科建构的难易程度。

知识领域在不变革学科身份的前提下，其学术组织的成立和扩张源于两种动力：外部资源的涌入与学术内部知识增长点的持续积累。无论何种原因，知识领域的学术组织与相邻学科的独立程度越高，将会减低学科升格时的阻力，降低学科身份重构的操作成本，从而提升其成功的可能性。学科身份重构引发的组织重构的压力越少，也越不容易激起高等教育内行政力量和学术界的强力反对，这也会增强学科升格的可能性。艺术学在 2011 年的《学科目录》中被设置为一个门类，在此之前，艺术学校、艺术学院等科研教学组织在很大程度上已经独立于文学系、文学院，在制度化学术资本的分配中，它们同文学领域的绑定程度远不如语言学同文学之间的关系。语言学在学科升格的过程中，遭受到了行政考虑的诸多压力，目前为止全国大陆高校中只有华中师范大学成立了独立的语言学系。语言学同文学在组织制度上的独立程度很低。管理学在成为独立的门类之前，一流大学里的院系设置也普遍将管理学院同经济学院分离。因此，学科现有的组织方式和组织的独立程度，将在很大情况下影响到学科升格过程中行政系统的支持与反对。

第三，学术精英的社会动员与历史抉择。

在知识制度化到一定程度之时，能否突破既有学科身份的框架，除了受到外在权力、认知权威以及学科组织基础的影响之外，它还受到少数学界精英的博弈与影响。在我国，学术精英身上兼具知识权威、行政资本与政治资本。这些学术精英可能调动大量的行政资本和政治资本以支持某些领域的发展，在《学科目录》调整的历史时刻，这些学术精英有可能通过自身在学术界和政府的社会动员，选择支持或阻碍某些知识领域学科身份的重构。在管理学、国学、世界史、艺术学、人类学等领域学科身份重构的过程中，都可以看到精英个体或群体的身影。

由此，学科身份的确定也存在着历史偶然性，而这种偶然性之所以存在，正在于我国《学科目录》调整过程中的委托——代理制度。政府委托学术界的学术精英进行目录调整，参与到《学科目录》调整中的工作人员既代表政府了解学术界的学科设置状况，又代表学术界向政府呈上学科调整意见。在此过程中，学术界的普通研究者并无在目录调整时期参与学科身份建构的权力与制度性通道。与此相对照，作为学术界和政府系统代理人的学术精英却有大量的策略空间有可能将自身的选择写入分类系统与文本。其次，由于《学科目录》的调整也是政府行为，负责此项工作的政府领导也会受到其它行政领导或更高级别官员的影响，政府内部资源交换的逻辑与规则也会被学术界的精英所利用，以推进自身领域学科身份的重构（如艺术学）。学科身份及学科边界的建构是知识领域已有发展基础同各方权力在历史条件下互动的结果，是必然性与偶然性交织下共同作用的结果。

第四节 多重逻辑与学科建构的多样性

基于对学科身份建构的动力及其过程的分析，我们已经看到一个知识场域如何在各种资本的争夺和积累中受制于多重逻辑。权力场域的"效用逻辑"、知识场内部的"学术逻辑"与"学术资本最大化"的三种逻辑共同对知识场内部不同位置的行动者施加影响，知识领域就是在这三种逻辑的共同引导下不断地制度化。在有些知识领域（如管理学），这三种逻辑相互促进，形成良性循环，协同推进领域的制度化；而在有些领域，这三种逻辑彼此间存有冲突，令制度化陷入困境（如语言学学科升格中的行政阻力与知识生产中的逻辑）。

知识领域在任何一个高等教育体制中的制度化都受到上述三种逻辑的形塑。然而，此三种逻辑对知识制度化的影响机制依体制不同而存有很大差异。具体到中国，国家和政府掌控着极强的资源控制权和学科设置权，在一些特殊的知识领域，基于知识对权力合法化的功用，国家可以暂不考虑知识领域在学术认知逻辑中的合法性，而运用必修课程甚至学科身份的工具去推进领域的制度化。此外，市场需求也只有经由国家识别和肯定之后，才能通过对生源和教师编制的倾斜性分配而影响知识领域的制度化。管理学在上世纪 80

年代的顺利制度化，即在于它的政治效用和经济效用被国家所识别和认可。

对于许多跨学科领域而言，其制度化的困境则在于上述逻辑间的矛盾。以国学为例，一方面，国学院或其他国学组织的纷纷成立，源于效用逻辑的推动；另一方面，一些类似院系的国学院为了保障资源供给，需要确立起自身作为学科的合法性。这种情况下，缺乏作为学科的合法性与制度化学术资本按照学科进行分配形成一对矛盾，国学制度化陷入困境。国学的制度化受到了受权力场域的驱动，它在高校中进行系统的教育又需要打破学科间的壁垒，这又需要它凝结为一个学科，这三个场域的逻辑相互抵触，进而国学学科化失败了。可以预期，未来国学的学术组织和教学专业依旧会增长，但缺乏国家认可的一级学科身份，仍会对它的制度化施加着不可忽略的限制。从国学制度化的经历来看，如美国大学中广泛存在的地区研究，在中国目前的制度下，很难生存，更难实现高度的制度化。在"学科-实体组织"对应的办学逻辑下，那些成功确立起学科合法性的领域，却也因为实体组织大量重构而遭到高校行政系统的反对（如语言学），纯学术资本的积累和创造受到了学科间对制度化学术资本争夺的限制。

正因为知识场域同时受到三种逻辑的牵引和塑造，一个领域内的丰富性和多样性就可以预期了。在纯粹性学科内，如人类学，也会发展出应用人类学；而在应用性较强的学科内，也会极力建构出具有学术声望的分支，如管理学领域内有关组织和制度理论的研究。[6]领域内知识旨趣上分化的根源在于它们同时受到效用逻辑和学术认知逻辑的牵引，在知识竞争激烈的学术生态中，朝向抽象性和应用性的同时推进是许多领域制度化的策略。

第五节　知识制度化的类型划分

一、知识制度化的类型学

知识制度化及其学科身份建构的过程是一个社会动员的过程，场域内的行动者在其位置上调动各种资本，以促进自身领域的形成、发展与地位提升。一个知识领域制度化过程中动员到的资本可以分为两大类：物质资本和智识资本，前一种资本主要由知识领域在效用逻辑和学术资本分配中的地位所获

---

6 Fourcade and Khurana, "From Social Control to Financial Economics: the Linked Ecologies of Economics and Business in Twentieth Century America." 121-159.

得，智识资本则主要是在学术认知逻辑的推动下参与学术界的知识竞争而获得。根据知识领域在"物质资源"和"智识资源"两种资本动员能力的强弱之分，本研究将知识领域分为四个类型（见下表）。

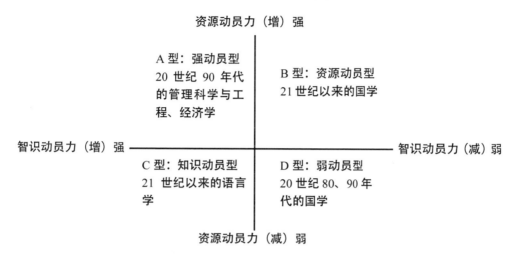

图 3：知识制度化的类型划分图

　　A 型——强动员型领域。这类领域在制度化的过程中，既能够成功吸引到大量的物质资本，又具有获取学术声望的潜力，在学术界成功建构起自身作为学科或者更高级别学科的合法性，因而将其称之为"强资源-智识动员型（简称"强动员型"）"领域，这类领域的典型代表是上世纪 80 年代以来的"管理科学与工程"。

　　从动态的角度来看，它们在权力场域的地位可能经历了显著的提升，它们的效用形象为国家和政府所感知，政府依据人才市场的预测对这些领域进行资源倾斜性分配，生源名额、教师编制以及培养经费都会在一定程度上偏向这些领域，政府依据效用角色进行的倾斜性分配促进了这一领域在既定学科身份下实现规模扩张，并在此基础上，知识领域在《学科目录》调整时期重构自身学科等级、重新划定与相邻领域间的学科边界比较容易获得成功。制度化学位教育的开展一方面有利于学科的再生产，另一方面文凭的持有者能够在权力场域占据较为优势的地位，这又巩固和稳定了知识领域在效用逻辑中的高地位。

　　在学术界内，这些领域也成功建构起自身作为学科的合法性。一方面，随着领域规模的较快扩张，许多职业性的研究者和博士生致力于这一领域的研究，促进了这一领域内的知识积累。这些领域在国外尤其是美国学术界的制度化程度较高，已经取得学科或类似学科的地位，其知识声望已为学界所承认。知识领域在国外学术界的学科地位和制度化程度，为这一领域在国内的制度化提供了大量可资利用的学术知识，也增强了知识领域作为学科存在的合法性。总体而言，引导知识领域的三种逻辑彼此之间形成了良性互动，鲜有冲突和抵牾，协同推动着知识的制度化。

B 型——"资源动员型"领域，以 21 世纪以来的国学、国际汉语教育[7]为代表。这种领域的形成及其制度化的推动力主要来自于学术界之外，得益于自身在权力场域的地位提升，诸多经济资本以项目经费、教育需求涌入学术界，促成了知识场域的形成和重构，这些领域的出现或地位兴起不是学者致力于追求学术界内纯学术资本的结果。

外界涌入的资本并不直接导致学科或新领域的诞生，这期间要经历一系列学科领域间关系的重构。学术界可以在维持相关领域学科框架不变的前提下，吸收和争夺权力场域涌入的资本，对资本的争夺主要包括个体化和组织化的方式。国学从上世纪 90 年代以来，许多研究和项目的进行都没有突破文史哲三科分立的框架，这个时期国学在学术界的兴起主要体现在学者个体或群体提倡国学所蕴含的伦理价值和事功价值。当越来越多的资本源源不断地进入学术界，对资本的竞争和转化开始以组织化的方式出现。诸如院系等实体性组织的建立，大大推进了知识领域的制度化，也产生了进一步制度化的诉求。由于市场需求的持续旺盛，这些领域的规模渐成扩大之势；随着学术组织的建立以及规模的持续扩大，也加剧了知识领域建构为"学科"的压力。这种压力源于我国制度化学术资本分配制度所形成的"院系组织学科化"的倾向。为了日后稳定的制度化而希望提升自身在《学科目录》中的学科等级，以获得稳定化、恒常化地进行人才培养和科研实践的合法依据，这些领域在承认自身的交叉性、边缘性特征的基础上，都宣称自身为一个"学科"。

不过这类领域制度化进程，从一开始就面临着来自于学术界认知权威的挑战和压力。这些领域不是出于学者占领知识竞争的高地而兴起，而是出于较强的效用驱动，因而生产创新性或者更具解释力的理论知识不是这些领域主导的知识旨趣（例如国际汉语教育），因而学科的学术声誉往往较低。另一

---

7 申超. 一个边缘学术组织的成长逻辑——某研究型大学对外汉语教学机构组织变迁的个案研究〔D〕.北京大学，2013。

种颇为常见的情况是，在既有的知识分类框架下，某一领域的发展拥有一定的学理性，也可能具备较高的声望，然而若作为独立的学科，则因难以成功的建构自身与相邻领域间的差异性（如国学）而引发纷争。在《学科目录》调整时期，一些知识领域也常因自身认知权威较低或者缺乏作为独立学科的知识根基，而无法提升学科等级（如国学），这使得在未来一段时间内，这些领域制度化的程度不会有太大提升。

此类学科中也有一些学科因其在国家治理中的重要地位，而直接被国家赋予了不同等级的学科身份。对于此种学科而言，它们在学科合法性的薄弱，也生成了一种制度性的"敏感"心态，如何在知识上合法化自身，建构自己作为"学科"的合法性遂成为不少学科精英热衷的工作，他们可能通过学术发表、报纸期刊等多种场合宣传自身的独特性与重要性，建构自身作为学科的必要性与价值。如何提升知识领域的知识声望，建构自身作为独立学科的合法性成为这类领域推进其制度化的困境。

C 型——"智识动员型"领域。这些领域崛起或从原有学科中分化出来的动力主要在于知识本身的学术声誉或知识生产范式的演进。在知识创新或寻找新的学术空间的驱动下，学者涌入某一议题领域，这些领域也逐步在科研行动者竞争学术声誉的策略性行动中得到发展。从学术界认知权威的角度而言，这类领域具备作为独立学科或提升其学科等级的合法性，其典型代表是21 世纪以来的语言学。然而，这些领域在权力场域和学术界内进行资源动员的能力较弱，它们在权力场域的地位较低，其效用性没有得到社会的识别和认可，也没有在社会中确立独立的社会角色，这使得它们的制度化缺乏来自国家和市场权力的直接支持。国家和市场权力的相对"缺位"，为学科间的竞争在学科身份建构及其制度化进程中预留了更重要的作用空间，相关领域围绕着制度化学术资本分配的争夺及场域结构就成为制约这类领域制度化进程的重要力量，如何在资本分配的制度上重构学科间关系，成为这类领域制度化的重要议题。

这类领域提升学科等级以推进制度化的关键在于：第一，本领域内部研究者的社会动员程度，他们能在多大程度上对新的学科身份及其知识边界和归属达成共识；第二，本领域的学科升级能在多大程度上获得相关领域的支持。知识领域内研究者对学科身份建构的关注程度和支持程度，深受这一领域知识结构的影响。通常而言，学者个体的研究方向同其在《学科目录》中归属领域之间的知识交叉度越小，越倾向于支持本领域学科身份的建构。而在那些同其所归属领域之间存有交叉或知识贸易较为频繁的分支内，研究者对于学科身份建构的态度会较为暧昧，他们可能倾向于反对学科身份的重构（如语言学中的古代汉语学者）。对于许多跨学科的知识领域而言，《学科目录》中的知识归属的层级划分也会令知识领域内部的行动者陷入为难。

本领域学科身份的重构意味着学科边界的重新划定，制度化学术资本的分配将随之变动，由此可能引发相关学科间的反对，这种反对的强度取决于学科等级重构在多大程度上威胁到已有制度化学术资本分配的格局。那些越可能引发大规模院系变动的领域，其学科升格与制度化进程越可能会受到大学内部追求稳定和惯例化的行政权力的制约。

D 型——"弱动员型"领域。这种类型的领域在权力场域的地位及其在学术界的知识声誉地位较低或趋于稳定，这意味着此类领域在难以动员起权力场域和学术界中的支持力量去提升学科等级以推进其制度化，其发展速度和规模都难以扩大。本研究没有专门研究此类领域中的典型个案，不过在新中国至上世纪 90 年代之间的国学、21 世纪之前的语言学在中国的发展可划入这一类型。对这类领域而言，权力场域中的资本不会在短期内大量流入，国家权力和市场权力没有提供这些领域提升其学科等级的驱动力。同第三类领域类似，国家和市场权力的相对"缺席"，使得学科间的竞争对于此类领域的学科升格及其制度化具有更大的影响。

这类领域在学术界的知识声望并无显著提升。这些领域作为某个学科的分支领域和亚学科的地位，可能已经广泛地确立起来，但将它们将其从原先所属的学科中独立出来，从而成为一个更高级别的学科类别，还无法获得来自认知权威的支持（例如将性别研究设置为独立的学科）。它为提升学科等级所进行的一系列划界实践，也难以获得学术逻辑的认知与支持。这一方面制约了它在本学科内部对研究者的社会动员，另一方面也难以获得相邻领域的认同。学科间关系对其学科等级提升所形成的压制，既出于学术界认知逻辑中判断何为学科的标准，也出于学科间争夺优势地位和制度化学术资本的竞争关系。

由于缺乏外部世界的需求推动和知识生产实践中的认知推动，这类领域的制度化更多在既定学科身份的框架下进行。若此类领域在最初被《学科目录》所识别，那它们就会在此学科等级的身份下进行制度化，难以动员本领域内部和外部的力量去提升其学科等级。若这些领域还未进入《学科目录》，那么它们也很难取得制度性的认可，更多作为学术界中某一个学科之下的一个研究方向、研究议题而存在。尽管这类领域在制度化过程尤其是学科升格之时难以调动起大量资本和力量的支持，但这并不意味着它们注定不会提升其学科等级。在一个行政权力强大的学科治理结构中，"学术—行政"精英的个体或群体有可能将自身的意愿写入《学科目录》之中。

二、知识领域类型的转化

类型划分的标准是一个在强度上有变化的连续统，一个领域在物质资源和学术认知方面的动员能力在具体的历史情境下会有变化，知识的制度化进程，可以在这些不同的类型中转化。例如，"管理科学与工程"在 20 世纪 70 年代末 80 年代初期属于"资源驱动型"领域，凭借着在权力场域的高地位，它在知识积累相对薄弱的情况下在高等教育系统和中科院开启了其组织化和制度化进程。至 90 年代初期，它在知识上已经具备作为学科的合法性，此时它已经由"资源驱动型"转化为"强动员型"。国学在高等教育中的制度化开始于上世纪 90 年代，这一时期它还未进行学科化的建构，它此时主要属于"弱动员型"领域。到了 21 世纪之后，随着文化民族主义的崛起，它在权力场域中资本动员的能力上升，由此转化为"资源动员型"领域。语言学也经历了从"弱动员型"到"认知动员型"的转化，语言学在 21 世纪之前，尽管也认识到自身同文学的差异，但"语言与文学"并置的分类框架基本能够容纳语言学的知识生产。近些年来，随着语言学的跨学科性越来越强，它独立为一级学科的划界实践，在日常科研和教学实践中对学者的认知动员日益增强。

这种类型学的划分及其转化也可适用于其他学科或知识领域。譬如，"高等教育"这一学科在 80 年代被列为《学科目录》中的二级学科，它基本可归入"资源驱动型"领域。它学科等级确立的结构性因素在于教育是整个国家社会整合和社会控制的重要系统，而高等教育又在教育系统中居于重要地位。这一以学术界的认知标准来衡量不被视为"学科"的跨学科领域被国家识别为二级学科之后，它的学者在学科建构方面做了大量的合法化努力，"高等教育学是一个学科"成为高等教育学界上世纪 80、90 年代重要的研究议题。近些年来，高等教育学界出现了将其提升为一级学科的呼声，在此情况下，高等教育就从"资源动员型"的类型转化到"弱动员型"一类，它在权力场域的地位和在学术界的知识声望并没有大幅度提升，它还没有充分建构起独立于"教育学"的合法性，难以调动本领域内以及相关学科领域内的支持。

　　本研究沿着从无到有、从小到大、从低到高的线性顺序探究了知识领域建构为一个学科以及提升其学科等级的动力与过程，然而这并不意味着知识制度化的动态过程是单线性的过程。一些领域可能在《学科目录》中消失，其规模可能缩小，地位也许会下降，这些过程也可以借助前述部分关于多重权力和知识领域的类型学得到解释。知识在权力场域和学术界的认知地位有升有降，国家权力、市场权力、认知权力以及学科间的行政权力在强度上的强弱变化，并不意味着它们对知识领域制度化影响机制的变化。在不同版本的《学科目录》中，二级学科层面的学科变化较大，一些学科合并，一些学科取消，一些学科更名，其制度化可能会遭遇瓶颈，陷入低谷，这可能源于这类知识在社会中的效用降低，社会对其培养的人才需求较少，它在学术界的规模也较小，这种类型的学科组织较为容易被合并入新的学科之中。厦门大学的人类学系在 1994 年被学校撤销，一个重要原因即在于学生就业困难[8]。制度化遭遇困境也可能由于这些学科以学术界的认知标准来看，它们作为单独二级学科的必要性较低，或者它们知识生产的范式已大大更新。这种情况下，学科被合并或取消的可能性较大。从不同版本《学科目录》知识分类体系的变化来看，二级学科遭遇较大的调整和变动，一级学科和学科门类相对保持稳定，这也证明了取得"一级学科"地位的学科领域，它们更加深刻地嵌入到高等教育以及整个社会之中。学科门类、一级学科相比二级学科，对外界环境变迁和内部的知识更新具备更强的应对能力。

---

8 胡鸿保.中国人类学史〔M〕.北京：中国人民大学出版社，2006.

第六章　结论与讨论

第一节　知识、学科与权力

本研究通过对"管理学门类"、"中国语言学"以及"国学"学科身份建构的案例研究，探讨了知识制度化的动力和过程机制，为什么有些知识领域能够突破学科身份的限制而推进自身的制度化，而有些领域的制度化则陷入停顿或困境。

在场域的视角下，知识制度化就是场域内部的行动者在资本竞争中使得场域不断生成和重构的过程。场域边界是场域斗争的焦点，边界之所以重要，在于它蕴藏着改变知识场域内部结构和引导资本流动的潜力。从这个意义上讲，学科身份的建构可被视为重构本知识场域边界的过程，身份建构的直接目标就在于通过重新划定本领域与其它领域的边界，进而为本领域争取更多的资本。

本研究的主要研究结论如下：

第一，知识领域的制度化受到三种逻辑的形塑：学术界外部的"效用逻辑"、学术界内部的"学术认知逻辑"和"学术资本最大化逻辑"。"效用逻辑"强调知识领域的实用性，一个领域需要在社会中建构自身的功用形象，才能为本领域的发展吸引到大量的资源。不过，这些来自宏观社会的资源并不能直接转化为知识领域学科建构的资本，它们需要经过学术界内部结构的中介才能发挥影响。知识领域在学术界内部的资本竞争则受制于两条逻辑：学术资本最大化的逻辑和学术认知逻辑。前一种逻辑致力于为本领域争取更多的教职、生源和经费，其中教职与生源被认为是学科场域中最为重要的资本，它们主要通过制度化的人才培养和实体性的学术组织得以保障；后一种逻辑则强调知识的创新与推进，强调学科的学术声誉以及与其它相关学科的差异。

第二，这三种逻辑同时对知识领域的建构发挥影响，当这三种逻辑形成良性互动时，就有利于推进知识领域的规模扩张，也有利于学科身份的成功建构（如管理学）。若三种逻辑之间存有抵触，知识的制度化就会陷入困境，由此知识领域可能提出提升学科身份等级的策略，以推进其制度化（如国学），但其学科身份建构也会因逻辑之间的相互抵触而失败（如国学、语言学）。

第三，知识制度化及其学科身份的建构过程都是资本动员的过程。知识领域追求和动员的资本可以分两大类：物质资本和知识资本。根据知识领域在物质资本和知识资本两种资本上的动员能力，知识领域可以被分为四种类型：强动员型、资源动员型、知识动员型与弱动员型领域。这四种类型的知识领域，在制度化进程中的动力和过程机制有所不同，需要解决和应对的问题也有所差异。

案例展示出，学科从来不是一个自发的自然存在，也不是知识研究者根据知识原则而划分的纯逻辑产物。学科形成和进一步植入现实世界的过程，是多方行动者竞争与妥协之下的产物。

竞争更多的资本是学科场域内行动者行动的动力，由此资本的分布及其流动轨迹引导和形塑着行动者的策略性行动，从而形成了资本分配者/拥有者与相关行动者之间的权力关系。在此意义上，权力不具备实体性，而是一种对行为引导和可能性的操纵。知识领域制度化的推进，需要获得教职、学生、经费、学术声誉等一系列资本，这些资本的提供者和分配者包括国家、市场、高等教育行政部门以及学科间和学科内的同僚，由此知识制度化受到了国家权力、市场权力、行政权力与知识权力的多重塑造。

国家权力和市场权力在学科制度化中发挥着重要角色。什么知识有用？它们因何有用？哪类知识应该获得更多的资助与更高的地位？这些问题的答案将关涉知识的"效用角色"，也将关系到哪些知识相对容易获得政府和市场较多的物质资源。知识的"效用角色"既可以是经济性的，也可以是政治性的，同时还是观念性的，"效用"总是经由这三者的筛选和折射。譬如，20世纪80年代之前，国学被认为是封建糟粕，而在21世纪以来，国学又被建构为民族复兴的精神资源。国学在新世纪的"效用形象"既包含着政治性，同时也得到市场力量的强化（如围绕"国学"文化市场的兴起、高校可能日渐丰富的研究资源），这两种力量共同建构着公众对于国学所持有的信念。

文中的三个案例也展示出，在一些情境下，学科间与学科内部的权力可能比政治和市场的力量更为关键。国学尚不具备成为独立一级学科的合法性，其中相当重要的障碍就在于它如何处理与文史哲等学科间的边界与位置。"中国语言学成为一级学科"这一提议，也并非得到了语言学场域内行动者的一致承认，尽管语言学内部的不同意见并非其一级学科身份建构失败的根源，然而这也足以说明学科边界的重构，孕育着学科内部资本获取和相对位置改变的可能，由此也可能引发学科内部不同行动者的竞争。学科间或学科内部的"权力"关系既可能出于行动者对物质资源争夺和学科再生产的考虑，也可能是观念性的产物，行动者在更深刻的认知层面上不认同知识领域具有作为学科或更高级别学科的合法性。

知识生产层面争夺"纯学术资本"的学术竞争引导和限制着研究者科研实践的可能范围与倾向，由此知识研究对于其研究主体——研究者，也具有权力关系。语言学在 20 世纪后半叶以来知识生产范式的转型，对学科未来的从业者要求进行更有力量的控制和规训，希望通过更系统化和更丰富的课程体系对学生传递未来能用于知识创造和学术声誉争夺的资本。知识生产塑造了学科领域内行动者的思维习惯、工作方式，等等，这种微观的日常生活使得语言学家很难认同自己是文学家。在更上位的层面来看，语言学范式的转移动摇着"文学——语言学"这两个学科在历史上形成的场域结构，语言学同计算机、物理学、心理学、生物学、社会学等学科间的知识日益交叉。知识的转型固然是学术界为争取知识创新而竞争的结果，但另一方面也在于语言本身在本体论意义上并非按照知识界的学科分类而分割性地存在，"语言"既涉及到生理基础（如发声器官、神经），也包含有社会性的习得与传播，故而对语言的研究进行的诸多"跨学科"的努力也是源于研究对象本身的特质。从这个角度看，知识探究的研究对象对研究者本身也具有权力关系，语言本身的"跨学科"特征在具体社会条件下被转译为新的研究方向与研究范式（如计算语言学、语言治疗），知识生产的日常实践重塑着研究者的学科认同，由此威胁着学科历史进程中所形成的"语言学"与"文学"间的"亲密"关系，学术界既有的学科分类框架受到来自知识生产实践层面的挑战。

多种权力影响着知识成为学科的规模大小、速度快慢与地位高低，它们也绘制着学科的知识边界。例如，语言学在建构一级学科的过程中，剔除了有关外国语言学的研究，国学在传统的经史子集之学中纳入了西域学和边疆之学。由此可见，学科边界的绘制是行动者在具体历史情境下行动的沉淀，权力、观念、利益渗透入边界的确定过程。从学科的形成过程来看，与其说"先有学科，再有不同范畴间的边界"，毋宁说"先有边界，才有学科"，学科形成于边界的重构过程。

　　不同来源的资本经由不同的途径和方式共同流入知识领域，共同塑造着知识的制度化，这些权力关系经由复杂的互动和竞争共同筛选和建构了哪些知识领域可以制度化为不同级别的学科。哪些知识以较快速度取得较大规模和较高程度的制度化，是一整套社会制度的结果，一个社会如何选择、分类、分配、传递和评价它认为具有公共性的知识，反映了权力分配和社会控制的原则。

第二节　中国学科形成和设置的特点

　　围绕政府制定的《学科目录》进行学科设置、学科划分、院系设置、资源分配、学科评估等学科治理的相关工作，是中国区别于世界上主要国家的一个"独特"之处。在以"自上而下"的顶层设计为主导的学科设置制度中，学科的形成和设置也呈现出一些与此相应的特征。

　　第一，学科的设置不必然以知识上的"合法性"为前提。

　　在中国，由于国家权力和行政权力可能在学科的识别和设置中发挥关键的作用，因此我们会有一些被《学科目录》识别为学科，但在智识标准看来却不享有与其学科等级或学科归属相符的"合法性"。在西方学术竞争为主导的制度下，学科的出现和形成是知识制度化到一定规模和程度的结果，它是研究者在资源、利益和观念驱动下竞争的产物，因此，知识制度化为学科往往意味着它们拥有成为"学科"的合法性，学科的牢固确立与其合法性建构是同步进行的。而在中国，成为学科并不意味着它知识合法性的获得。对于此类学科而言，获得学科身份之后，就会有出现不少学科"合法化"的话语实践，努力从研究对象、方法、理论体系上将自身建构为一个"典型意义上"的学科，以"合法化"其学科身份。

　　第二，无论是单学科的，还是多学科的、跨学科的知识领域，都有被

《学科目录》识别为学科且在其中占据更高位置的动力。

进入《学科目录》成为"学科"，是知识领域推进其制度化的社会条件。在此种资本分配的规则下，学术界对本领域"是否为学科"、是"哪一级别"的学科就体现出一种相对急切的关注和敏感。

对于一些能够广泛动员起物质资源和智识力量进行制度化的领域而言，它们首先需要被确认为学科或更高级别的学科，才有可能获得制度化的学术资源，尤其是固定的专职教席、生源，并以此为基础设立学术性的组织。被《学科目录》识别为学科就成为知识领域能在更大规模和更深程度上推进其制度化的先行条件，这种体制性的安排使得"学科"在中国获取资源的重要性得到强化。在西方，"学科"更多是学术界内部劳动分工和专业化的结果，而在中国，在劳动分工和专业化之外，它还具有了行政级别和资源保障的含义。知识领域都难免期望自身尽可能被《学科目录》识别为更高级别的学科。因此，从理论上讲，在资源基于"学科身份"进行分门别类和层层分配的规则下，知识领域产生出"学科化"或"学科升格"的制度性动力。不过，另一方面我们也需要承认，《学科目录》对于许多学科领域而言提供了基本的资源保障，能满足许多领域基本的资源需求，这也是为何许多领域并没有出现学科升格行动的原因之一。

如果说，资源基于"学科"进行分配培育了"学科化"的制度性动力，然而，这种制度性的动力在一定程度上被这套体制的制度性阻力所冲淡或抵消。制度性阻力主要源于我国学科设置和发展过程中的两个特点：（1）科层体制对数量控制的诉求；（2）学科高度标准化背后强大的行政动员力/阻力。

首先，政府通过《学科目录》进行资源分配是典型的科层制运作，这套自上而下的分配体制增加了科层制层层分配的负担。出于简化工作程序和任务的考虑，政府和高校行政系统有控制学科数量的诉求和动力。对学科数量的控制降低了知识领域成为学科或提升其学科等级的可能性，增强了学科化或学科升格的难度，这种可能性评估反馈至知识领域内部，很大程度上弱化了学科身份建构者的动力。因此，尽管存在着学科化或者学科升格的制度性动力，但是许多领域并不会将此种资源争夺的动力转化为具体的行动，甚至不会进入学者或学术管理者的"观念"之中。

其次，《学科目录》的运转使得我国的学科制度化呈现出高度标准化的特点，这强化了行政权力在学科设置中的阻力/动员力。

《学科目录》承载着极为丰富的资源，依托于资源的分配和流动，这一知识分类系统对各高校的办学行为具有非常强的引导性。《学科目录》支撑着全国各地、各层级高校的科研和教学实践，它被广泛地应用于不同领域。学位办、各大学发展规划部、自然科学基金委员会、院系领导、学者会在日常工作中参考这份目录进行工作。基于此目录，来自不同部门的行动者在整个高等教育的众多部门和环节建立起一个资源分配与流通、知识控制与管理的机制与通道。在《学科目录》的引导下，我国的学科设置呈现出高度的标准化和一致性，因此一个领域学科身份的变化，将可能引发全国高校的院系重组、学位点调整和格局变动，这种"牵一发而动全身"的制度安排强化了行政权力在学科建构中的影响力。

面对可能的大变动，政府和高校的行政权力的"惰性"成为某些领域学科身份建构的最大阻力，来自行政层面的阻力又强化了学科身份建构的难度。而若知识领域成功地被《学科目录》所识别或成功重构其学科身份，行政权力则又会成为这些知识在大范围内快速推进其制度化的助力。

说到底，我国学科形成与设置中的上述特点，源于政府通过《学科目录》进行全局和大规模的资源分配制度，这套制度与西方相比，国家权力、行政权力和市场权力得到强化，而学术权力却被削弱了。

第三节　研究贡献与局限

本论文在知识社会学、科学社会学与科学知识社会学这三个互有交叉和差异的社会学分支的基础上探究了知识领域在中国的学科建构过程。本研究的创新之处如下：

一、本研究为国内高等教育学界内关于学科的研究引入了新的视角和理论范式。本论文借鉴了西方学术界对于知识的社会科学研究，综合了知识领域所处的社会环境及其在社会中的地位、知识内部的范式变迁与知识生产实践、以及学科间关系等多个层次和多种来源的权力，建构了一个融合宏观与微观、学科内部与外部的解释框架，以分析知识领域在中国如何制度化为《学科目录》中不同等级学科的动态过程。

国内已有研究较多注重宏观层面的社会和经济变迁，侧重于国家权力在学科设置中的任意性和功利目的，或从国家权力的角度解释学科的设置，或者延续了简单的结构-功能主义，侧重社会经济发展的变化，将学科、专业在《学科目录》中的变化视为社会变迁的结果。这些研究尽管提供了一种解释，却忽视了学科内部的知识逻辑和结构，也忽略了学科间的关系对于学科建构的影响。这种只见"森林"不见"树木"、只见"体系"不见"具体学科"的研究，较多停留在描述、文献整理的阶段，缺乏针对某个学科的深描与解释，学科的多样性和差异性被忽略，学科（专业）设置的复杂性被简单化。本研究将已有研究中国家自上而下的学科设置问题转化为学科建构的问题，将学科在《学科目录》中的地位形成置入整个知识领域制度化的历史脉络中，由此纳入了多方利益和观念逻辑的博弈及其对学科及其等级的共同建构，弥补了过去研究中将学科设置和学科发展割裂的裂痕。

第二，本研究也有助于加深和丰富对我国《学科目录》的认识。目前学界内不少研究认为学科设置以及学科分类体系应以知识的内在联系为上，应以逻辑为准设置，并以此来评价《学科目录》对部分学科归类的不合理性。[1]本研究继承涂尔干脉络的知识社会学研究。涂尔干及其继承者早已指出分类的社会基础，[2]分类体系的结构及某一类别在其中的位置，并不单纯是知识逻辑推论的结果，而是多种社会因素（包括权力、知识）等互动的产物。本研究为《学科目录》中某一学科及其相关知识分类的调整提供了微型例证，个案研究揭示出《学科目录》中看似简洁清晰的知识类别，在实践之中经历着不断的挑战和质疑，看似稳定的类别背后，都有多重逻辑的博弈和权力的暗流涌动，维持或改变着知识的类别。《学科目录》所划定的学科体系，学科之间的所属和归类，并不是知识逻辑的单纯反映，而是多种权力在历史具体情境下的沉淀。忽视了学科设置或曰学科建构的动力和机制，就难以理解为何《学科目录》中对一些学科的归属和定位并不符合知识之间的内在联系和逻辑。

其次，许多学者在研究中已经简略谈及《学科目录》的功能及其重要性，[3]但没有深入探讨《学科目录》对学科发挥影响的过程机制。一个知识领域在

---

1 叶继元. 国内外人文社会科学学科体系比较研究〔J〕.学术界，2008（5）: 34-47.

2 爱弥尔·涂尔干，马塞尔·莫斯.原始分类〔M〕.汲喆译.北京: 商务印书馆，2012. Geoffrey C. Bowker and Susan Leigh Star, *Sorting things out : Classification and Its Consequences*（Cambridge, MA : MIT Press,1999）.

3 王建华.教育学: 学科门类还是一级学科？〔J〕.复旦教育论坛，2012, 10（2）: 5-9. 刘仲林、程妍."交叉学科"学科门类设置研究〔J〕.学位与研究生教育，2008, 6: 44-48. 沈文钦、刘子瑜.层级管理与横向交叉: 知识发展对学科目录管理的挑战〔J〕.

《学科目录》中的位置如何影响这一领域的发展，尽管这一问题并非本论文的核心关注，但在对每个个案学科建构的努力和过程中，也已间接涉及到对这一问题的回答。例如长期以来我国依托《学科目录》成立学术组织和提供学位教育，这培育了学术界内科层系统在分配资本时秉持一种"学科——实体性学术组织"的对应逻辑，在此逻辑下，跨学科、多学科领域被迫采取"学科化"的策略以推进其制度化，"学科化"就成为知识领域在中国争夺资源和制度化空间的一种制度性策略。再比如，知识领域在《学科目录》中的位置和等级既可能压制某一领域的发展，也同样可被用作支持和推动某些领域发展的工具，压制和支持的逻辑是同构的。以上只是对《学科目录》影响与功能的一种侧面分析，它并非本论文研究的中心问题，因而关于我国《学科目录》本身的研究，有待日后进一步探究。

在上述两点创新之处以外，本论文也存在一些不足之处。

首先，在材料搜集方面，囿于时间和精力所限，研究者对案例的资料收集不够充分、详实，一些细节资料并未饱和。在案例选择的过程中，除了本研究所呈现的三个案例之外，研究者了解过"科学技术哲学"、"马克思主义理论"、"艺术学"、"世界历史"、"高等教育学"、"人类学"这些学科领域。诸多领域的涉猎尽管有助于研究者进行一个更为普遍的解释框架，然而在有限的时间下，这种分散用力影响到了研究者对本研究的三个主要个案进行更详实、更丰富的资料搜集。每个个案的访谈做得并不充分，也没有利用这些学科的档案材料。资料的不够详实影响到了案例部分的叙述，故事的理论性和解释色彩胜过叙述性。资料细节的缺失影响了研究者从更为微观和日常的层次去观察和理解学科的建构与制度化进程。资料的不够充分也影响到"场域"和"划界实践"这一概念理论解释力的发挥。这两个概念都很强调行动者实践中的策略性，都注重将行动者"有意识"和"无意识"的行动结合起来。本研究在现阶段的材料还无法精彩呈现出行动者在知识制度化进程中的多种策略性。

北京大学教育评论，2011，9（2）：25-37. 郑晓齐，王绽蕊.我国研究型大学基层学术组织的逻辑基础〔J〕.教育研究，2008，（3）：56-59. 王泉根.评教育部《学科专业目录》中有关文学学科设置的不合理性〔J〕.学术界，2004（2）：100-106. 王泉根.学科级别与"国学学位问题"——试评《学科专业目录》〔J〕.学术界，2007（6）：82-86.

第二，对材料的理论性分析和提升亦有很大的进步空间。第六章对多个案例的比较部分做得较为粗浅，尽管论文用"场域逻辑"来进行跨越个案的比较在一定程度上揭示出知识领域制度化的一些机制性和结构性问题，但对逻辑的分析胜过了对位置间关系结构的分析，偏离了"场域"这一概念所侧重的动态结构性。理论、材料和最后的分析没有做到最大程度的融贯性（coherence）。

第三，本论文的案例没有涉及典型的自然科学领域，尽管"管理科学与工程"、语言学下的部分分支可以归入自然科学领域内，但它们并非最为典型的自然科学案例。自然科学同社会科学、人文学科相比，其知识架构的结构性更强，知识范式的更新速度更快，对资源的依赖程度较深，自然科学领域的这些特点使得它在多大程度上区别于本领域所研究的案例，尚不得知。本论文所提炼出的解释框架和类型学在多大程度上能够分析它们学科建构的动力和过程，还有待进一步验证。

尽管研究在现阶段还有许多不足之处，但这一探索过程也为下一步研究奠定了基础。未来可以搜集更多更丰富的材料，以丰富和充实现阶段的解释框架。其次，除了进行跨个案的比较之外，也可以对每个案例进行单个案研究，这样每个个案由于进行跨个案比较而不得不暂时放弃的"独特性"、"情境性"就可以更丰富地呈现出来（例如国学领域体现了福柯意义上权力的生产性）。

附录一：多个案比较法及其对高等教育研究的启示*

摘要： 作为教育研究的重要方法，多个案比较法擅长采用比较不同个案的异同来建构或展示解释性理论。多个案比较法分为个性化比较、普遍化比较、涵括式比较与多样化比较四种模式，它们在比较目标、个案确定、理论旨趣等方面各具特色。密尔逻辑中的求同法、求异法与共变法广泛运用于多个案比较的因果理论建构之中。基于多个案比较产生的解释理论多为中层理论，具备叙事性和开放性等特征。多个案比较法对高等教育研究深具启示意义，适合探讨宏观与中观层面的高等教育现象，有助于提升研究的理论深度与强化个案研究的方法论意识，在高等教育研究中具有广泛的应用空间。

关键词： 个案研究　多个案比较　比较模式　因果逻辑

长于理论建构的少数量多个案比较法（small-N case studies），是社会科学领域的重要方法，这种研究不是探讨一个个案，而是选取数个案例（通常不超过 10 个）进行深入分析，通过对不同个案的反复比较，以揭示社会现象或

---

* 此文正式发表版本详见于《高等教育研究》2016 年第 11 期，第 39-50 页。我的博士学位论文使用了多个案比较法，这篇文章是对这种方法进行理论探讨的产物，收入本书时略作修改。

社会过程的因果机制。涂尔干、韦伯、马克思等学者就是通过对不同社会与文明的反复比较而提出了重要的概念与理论。多个案比较法在历史社会学、政治社会学等领域素有传统，近几十年来，此种方法也扩散至高等教育研究领域，并产生了许多经典著作，如本·戴维（Ben-David）、伯顿·克拉克（B. Clark）等学者的代表作就运用了此种方法。

尽管教育学界采用多个案比较法的研究愈来愈多，然而针对此法的方法论分析依旧寥寥。一项研究中为何选择"数个"而非"一个"个案、不同个案在整个研究中的位置和功能是什么，多个案研究的长处是什么，诸如此类的问题依然缺乏讨论，本文力图在此方面做一番尝试。本文主要在研究设计的层次上探讨多个案比较法，至于如何从个案的资料一步步得出概念，建立框架，得出理论，以及作为个别与特殊的个案如何推论至整体或一般，本文暂不涉及。

一、个案：经验与理论的统一体

在关于何为个案的理解中，斯塔克（R. Stake）的界定较有代表性，他在路易斯·史密斯（Louis Smith）的基础上，认为个案是一个有边界的系统。[1]所谓边界，指的是个案与其他个案及其环境之间存有区别，在时间、空间上是一个相对独立的单位或过程（如一个班级、学校、或者是一项特定的政策）；所谓系统，则指个案是一个自成一体的复杂单位。个案的边界性意味着个案是具有某种特定功能的事物。针对这种时空界限系统而进行的深入研究即为个案研究。

然而，这一理解并不全面。个案不仅仅是具有时空边界的单位，它还构成了一项研究试图去解释某种现象类型。作为一种研究方法，个案研究的意义在于通过研究者对个案深入全面的分析来指示个案所代表的类别或蕴含的抽象机制。从这个角度讲，个案不仅是一个有边界的系统，它还是某种社会现象或某种抽象之物的例子，是这些类别中的一分子（a member as representative）或典型的示例（typical exemplar）。[2]

维韦奥卡（M. Wieviorka）认为，个案涉及两个要素，其一是"实践的历

---

1 Robert E.Stake, *The Art of Case Study Research*(Thousand Oaks, CA: Sage Publications, 1995), 2.
2 Abbott, *Time Matters*, 129.

史统一体（unity）"，如 19 世纪主要国家的教育制度、21 世纪以来中国的国学、某项教育政策等；其二是案例的"理论基础"。[3]理论基础在此是宽泛意义上的，它可以是不同程度的抽象构造，譬如一个简单的属性特征（如是否为有编制的教师）、一个概念（如什么是学科）、一个理论视角（如阶级复制）或一个分析框架，它有助于研究者识别或划定出一个系列或种类，个案只是其中的例子。[4]维韦奥卡的"理论基础"不仅关系到案例选择，还关系到对个案的分析、理解与呈现。

托马斯（G. Thomas）继承了维韦奥卡对个案"历史实践统一体"与"理论基础"的二分法，并将两者进一步发展为"个案研究的主题（the subject of the case study）"与"个案研究的目标（the object of the case study）"。[5]前者即为研究者所重点探讨的个案——有时空边界的系统，而后者则是研究者期望通过个案所探讨的现象、研究的问题或发展的理论。例如在《科学家在社会中的角色》一书中，本·戴维分析了英国、法国、德国和美国四个科学中心的个案，他真正期望探讨的问题是科学组织如何从 17、18 世纪的学会演变成现如今的大学和研究院模式，在此过程中科学家如何由业余的知识分子小组转变成专业科学家，这些问题归结起来即为"科学活动是怎样增长并怎样采取了它现在的结构的"[6]。由此可见，个案本身非目的，"个案主题"与"个案目标"互为表里，构成完整的个案研究。个案研究的目标有可能在一开始就清晰明确，也有可能在探究过程中涌现。在两者互动中，个案成为连接事实与概念、材料与假设的一个共同建构，研究者基于材料与既有的理论进行对话并发展理论，又通过理论框架的滤镜来审视个案。在此过程中，研究者对个案的理解逐渐深化，而研究的目标也逐渐得以澄清。

许多研究者意识到从"历史实践统一体"的个案走向"理论抽象"的过程中，个案研究的真正对象实乃"个案"所承载、反映或蕴含的属性（变量、

3　Michel Wlevlorka, "Case Studies: history or sociology?" *In What is a case? Exploring the foundations of social inquiry*, ed. Charles C. Ragin and Howard Saul Becker (New York, NY: Cambridge University Press, 1992), 159.

4　Alexander L. George and Andrew Bennett, *Case Studies and Theory Development in the Social Sciences* (Cambridge: MIT Press, 2005), 69.

5　Gary Thomas, "A Typology for the Case Study in Social Science Following a Review of Definition, discourse and Structure," *Qualitative Inquiry*, 2011,17(6):513-515.

6　约瑟夫·本·戴维.科学家在社会中的角色〔M〕. 赵伏苓译. 成都：四川人民出版社，1988：28，329.

因素、参数）。研究者通过对个案属性的探究来建构概念与发展理论。根据上述阐释，如果研究者对某一时空下有边界的系统仅停留在梳理和解释研究对象，而不在此基础上进行抽象和超越，那么，此类研究并非真正的个案研究，因为研究者本人并无从个案走向理论抽象的诉求。

研究者在个案的经验材料及其理论抽象之间来返往复的研究过程中，必然涉及个案之间、理论之间以及个案与理论之间的反复对话与比较。不同研究者将个案置于"同质性——异质性"、"普遍性——特殊性"、"简单性——复杂性"这一系列二元连续统的不同位置。有些研究更侧重个案同其他个案之间的同质性和可比较性，其独特性和复杂性不被关注，个案特征对于个案的意义和地位也被忽视，一些研究者可能会研究几十个案例，更侧重对变量或要素的组合，甚至当个案数足够大的时候会进行一些统计检验。[7]而另一些研究中，研究者着力点于个案本身，他们期望对个案的独特性、复杂性和整体性做出解释，极端者认为个案之间不可比较。个案不再被简单地切割为多种无意义的变量，它的历史脉络、情境性以及行动者的意义世界得到关注与重视。[8]这两种对个案不同的认知方式与研究倾向被称之为个案研究中的"变量导向（variable-led）"与"个案中心（case-centered）"两种类型。[9]

不过，这两种倾向之间并非泾渭分明、不可调和。本文所讨论的多个案比较研究，试图化解"普遍性与特殊性"、"同质性与异质性"之间的冲突，并力求兼顾。一方面，研究者秉持着一个隐含的前提观念：个案及其特征允许研究者将它们视为同社会现象或抽象理论进行差异或相似比较的例子，[10]另

7　Andrew Bennett, and Colin Elman. "Qualitative Research: Recent Developments in Case Study Method,"*Annual Review of Political Science* 9, no.1（2006）:470.

8　这种划分使得学界对于何为个案研究也出现了多种理解。有些研究者认为个案研究法主要是对于"研究什么"而不是"如何研究"的界定，研究者可以采用定量、定性或混合的方法研究选定的个案。而一些研究者则认为对个案的特殊性、整体性、复杂性、历史性和情境性做出探究才是"个案研究"作为研究方法的关键特征，个案研究是一种高境界的质性研究。(详见潘绥铭，黄盈盈，王东. 论方法：社会学调查的本土实践与升华〔M〕.北京：中国人民大学出版社，2011：200-202) 由于关注个案的"整体性"，个案内部的结构与层次也得到凸显，因而那些定性研究中的受访者也不可被称之为"个案"(潘绥铭，黄盈盈，王东. 论方法：社会学调查的本土实践与升华〔M〕.北京：中国人民大学出版社，2011：195)。

9　Thomas, "A Typology for the Case Study in Social Science Following a Review of Definition, discourse and Structure," 512.

10　Charles Ragin, "Cases of 'what is a case'," In *What is a case? Exploring the*

一方面，研究者也重视对案例本身进行深入研究，关照案例本身所处的情境及其复杂性和整体性，个案内部的结构和层次也得到凸显。

简而言之，个案具有二重性，它是由经验世界的实践统一体与其背后的理论框架共同建构。个案具有揭示的功用和价值，研究个案的目的在于通过对某一经验系统的深入探讨而达至对某种现象或某一抽象理论的研究。从经验观察走向抽象理论，这是个案研究作为研究方法从一开始就带有的"生命基因"，而非质性研究在量化研究攻击下的自我澄清和反击，这是它作为研究方法的必然逻辑。

二、多个案比较的四种模式

蒂利根据个案研究中经验观察和理论间的关系，对个案研究进行了一个类型学的划分。他首先界定了类型划分的两个维度——普遍性和多样性。前者指由经验观察所得的理论陈述由多少例子所共享；多样性（multiplicity）则指经由比较而得出的理论陈述具有一种或多种形式，一个现象的所有例子存在一种还是多种样态，例如马克思主义认为人类社会的发展可分为原始社会——奴隶社会——封建社会——资本主义社会——社会主义社会五个阶段，如果说所有社会发展都沿着此五个阶段逐次发展，那么这种理论形式就是单一的，如果有些社会可以跳跃式发展，则这种理论形式为多样的。这两个维度交叉，形成下图 1 所示的四种比较模式。[11]

需要强调的是，这个分类取决于个案研究中经验和理论的关系，而非个案数量的多或少（如一个还是多个）、简单还是复杂，动态或是静态等特质。如果研究者极力使研究中所有的个案都遵循同样的法则，这种比较就是普遍化的，若研究者试图表明不同案例有不同的因果机制或发展过程，则这种比较就是多样取向的。本文将在蒂利划分的基础上，借用经典研究来进一步说明这四种比较模式的一系列特征。

---

foundations of social inquiry, ed. Charles C. Ragin and Howard Saul Becker(New York, NY: Cambridge University Press, 1992), 1.

11 Charles Tilly, Big Structure, *Large Process, Huge Comparisons* (New York: Russell Sage Foundation, 1984), 81.

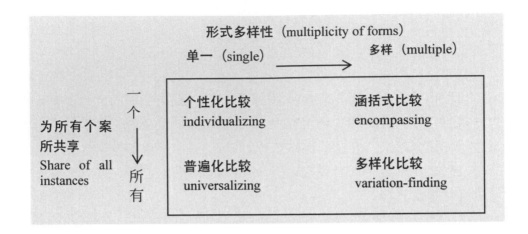

图 1：个案比较的类型划分

1. 个性化比较

个性化比较的研究目的在于识别个案的独特性并对此加以解释。[12]这种比较模式视每个个案为独特的存在，基于比较为每个个案所提出的理论解释也只适用于此个案。确立个案的特殊性有两条途径：第一是以归纳为主的路径，研究者将个案同其他个案相比，通过多个个案的异同对比而识别个案的独特性，并试图对此加以解释。第二条则是演绎的路径，个案在抽象理论的映射下，其独特性得以凸显。这两条路径并不互斥，一项研究中可以综合运用此两者。

个性化比较研究的经典案例是韦伯有关新教伦理的讨论。为什么只有西方社会发展出资本主义精神，此乃韦伯内心深处的关切所在，这个问题首先来自于西方在经验层面上同其他地区等发展的分殊。韦伯的解释是加尔文教派的伦理提供了资本主义精神发展的重要动力，根据教义，上帝通过人们在现世的成功与否来决定人们是否可以获得救赎。加尔文信徒通过努力工作、节俭以及致力于经济成功来寻求救赎，他们不将金钱浪费于俗世的享乐，而将其投诸于经济活动之中。[13]为了对这一结论进行检验，韦伯相继研究了犹太教、中国和印度的宗教，他发现这些宗教中缺乏支持资本积累的教义，由此增强了他关于新教伦理在资本主义精神发育中所扮演的角色的结论。[14]当然，

---

12 Tilly, *Big Structure, Large Process, Huge Comparisons*, 82.
13 马克斯·韦伯.新教伦理与资本主义精神〔M〕.康乐，简惠美译.桂林：广西师范大学出版社，2012, 15.
14 马克斯·韦伯.中国的宗教〔M〕.康乐，简惠美译.桂林：广西师范大学出版社，2010.

这种多个案研究并非在一项研究中完成，研究者可能在某一问题意识或理论假设的指引下先后完成数项研究，探讨数个个案。

演绎逻辑在个性化比较中也有广泛运用。个案的独特性可以在诸如理想类型等理论的映射下得以凸显和确定。[15]例如斯科特（J. Scott）在《弱者的武器》一书中，将马来西亚一个村庄中村民劳作中的磨洋工、抱怨等日常生活世界的常见行动视作出弱势阶层的"反抗"，这种反抗显然不同于传统马克思意义上以暴力和集体冲突为典型特征的反抗。这一研究促成了既有理论的修正，丰富了马克思主义关于阶级斗争的理解。[16]毫无疑问，正是得益于马克思关于阶级斗争与反抗的理论，斯科特笔下村庄的独特性得以建立。

一项多个案研究可以同时运用上述归纳和演绎的路径。伯瑞吉（M. Burrage）通过医生、律师和工程师三种专门职业研究了现代职业教育（professional education）在英国、法国和美国的发展。在现代社会，专业教育的总体趋势是大学教育在不同程度上取代了传统社会的师徒制，并与在工作中的"做中学"相结合，共同塑造着专业人。然而，不同国家体现出相当大的差异。基于对英国、法国和美国现代专业教育发展过程中行动者的博弈及其产生的影响，作者提炼出专业教育的专业（profession）模式、国家模式和大学模式三种理想类型，分别对应英国、法国和美国。在不同模式中，专业职业、国家和大学在专业教育中的权力不同，由此使得专业教育的起始阶段、大学在专业培养中的认可度和话语权以及文凭在从业者任职资格的垄断程度都存在差异。[17]一方面，作者在多个案比较的基础上归纳出三种模式，另一方面，在三种理论模式的演绎下，在英国、法国和美国专业教育的差异得以明晰。

2. 普遍化比较

---

15 Theda Skocpol, and Margaret Somers, "The Use of Comparative History in Macrosocial Inquiry", *Comparative Studies in Society and History* 22, no.2(1980) :179.

16 詹姆斯·C·斯科特.弱者的武器〔M〕.郑广怀，张敏，何江穗译.南京：译林出版社，2007.

17 Michael Burrage, "From Practice to School –based Professional Education: Patterns of Conflict and Accommodation in England, France and the United State", in *The European and American University since 1800: Historical and Sociological Essays*, ed. Sheldon Rathblatt and Bjorn Wittrock (Cambridge: Cambridge University Press, 1993),142-187.

普遍化比较的目的在于建立适用于每个个案的理论。[18]在教育研究中，安迪·格林（Andy Green）用"国家形成理论"来解释国家公共教育制度的建立是此类模式的经典研究。从 18 世纪末到 19 世纪，英、法、美、德都逐步建立了现代国家教育制度，表现为强制、免费的初等教育制度开始形成，中等教育吸收现代科技教育内容，国家逐步强化了教育的管理和控制。既有的理论无法很好地解释英、法、美、德、日五国的教育体制，例如普鲁士政府的专制色彩最浓，其国家教育体制建立最早；英国政体相对民主，但国家教育制度的建立最晚，因而用民主与平等这些自由主义的传统理论去解释国家教育制度的确立就难以适用于普鲁士的情况，研究者需要发展一种新理论来填平既有解释与研究现象间的断裂。通过对个案及其相关理论的反复比较，格林发现现代国家教育制度与现代国家几乎同时发展，进而将公共教育制度的形成置于国家形成的概念之中。现代国家的形成"不仅包括政治行政部门以及组成'公共'范畴的所有政府控制的机构的组建，也包括使国家权力合法化、巩固民族和民族'特点'的意识形态和集体信念的形成"[19]，而教育即为实现国家目的、满足国家意识形态需要和文化霸权要求的重要工具。各主要国家公共教育制度的建立源于国家形成，而国家形成方面的差异也构成了教育制度建立在时间和方式上的诸多差异。"国家形成"理论能够跨越不同国家在宗教、政体、经济以及社会结构方面的差异，为公共教育制度的建立提供普遍的理论解释。

在普遍化比较中，研究者所追求的是能够对不同个案提供统一的解释。个案确定的主导原则是尽量选取结果相似的个案。不过，个案间的相似性并非不证自明，研究者需要超越诸多差异而把握甚至建构其中的相似。同时为了检验理论的适切性，修正和提升理论的普遍性，研究者也可能适当引入反例。在进行普遍化比较的研究中，个案往往是独立的，彼此之间没有联系与互动，或者它们之间被假定为独立，其关联不为研究者重点关注，例如格林的研究忽略了英、法、美、德、日诸国在教育体制方面的模仿与学习。

3. 涵括式比较

在涵括式比较中，每个个案所展示的现象及其背后的因果机制不尽相同，

---

18 Tilly, *Big Structure, Large Process, Huge Comparisons*, 82.
19 安迪·格林.教育与国家形成：英、法、美教育体系起源之比较〔M〕.王春华等译.北京：教育科学出版社，2004：88.

通过比较所发展的理论形态存在多样性。在这种模式下，研究者认为不同个案位于同一系统的不同位置，或者是同一规律在不同时空下的具体运作，个案的特征即为个案同整个系统互动的结果。[20]个案间的相似性可以追溯为它们在整体系统中的相似位置，或者曰同一规律在相似时空中的运作，而个案间的差异则可从它们的位置差异中得到解释。探讨多个个案的意义即在于挖掘或展示整个系统内部丰富的机理。

涵括式比较的典型首推沃勒斯坦的世界体系，他根据资本主义世界经济体系中收益的不平等分配，建构了"核心——边缘"的体系结构，分别探讨了处于不同位置的欧洲、美国、拉美、亚洲诸国，对各个案例分析的最终目标在于理解"现代世界体系"的变动及其内在运作。[21]布迪厄毕一生之精力所研究的核心问题即权力和资本在整个社会的不平等分布及其再生产。在《国家精英——名牌大学与群体精神》一书中，布迪厄通过巴黎高等师范院校、国家行政学院等个案的研究指出法国名牌大学内部存在着知识型大学（如巴黎高师）与权力型大学（国家行政学院、巴黎高等商学院）的对立，这些大学资本总量的构成具有差异，巴黎高师拥有的文化资本更多，而经济资本偏少，国家行政学院、巴黎高等商学院则与此相反。巴黎高师的学生更多来自教师家庭，而权力型学校的学生更多来自行政官员和企业管理者家庭，学生毕业之后也将流入与其学校与学科所对应的工作群体。知识型学校和权力型学校在神化精英学子的制度仪式、实践策略、学生群体的惯习都存在不同，这种差异源于他们在权力场域中所处的位置不同。尽管名牌大学内部存在着种种差异和竞争，但它们在整个权力场域中处于"资本总量"较多的位置上，其学生更多来自社会的支配阶层。相似的地位使得他们具有相对一致的利害关系，进而将他们联合在一起。与普通大学相比，它们均采取相对严苛的入学标准，倾向于排除来自外省和较低阶层的子弟。[22]通过对巴黎高师、巴黎高等商学院等几所学校对精英学子吸引力的权势转移，布迪厄深入且有力地展示出法国权力场域的结构性和历史性变迁。

---

20 Tilly, *Big Structure, Large Process, Huge Comparisons*, 82-83.
21 伊曼纽尔·沃勒斯坦.现代世界体系〔M〕.郭方，夏继果，顾宁译.北京：社会科学文献出版社，2013.
22 P·布尔迪厄.国家精英：名牌大学与群体精神〔M〕.杨亚平译.北京：商务印书馆，2004，231.

布迪厄的上述研究显示出涵括式比较具有明显的结构主义和建构主义色彩，个案处于同一系统或结构的不同位置，个案与整体、个案与个案之间存在着互动（正如不同类型的名牌大学之间在争夺资源上具有的优势地位，它们也分别同整个权力场域存在互动），这些关系"构成了解释相似与差异的关键变量"。[23]个案与个案之间的互动、个案与整体的互动为一种"互生关系"，同时建构着整个系统与个案本身。正如布迪厄的研究所展示的，名牌大学受到了整个权力场域的塑造，同时，名牌大学的运作也维持且重构着权力场域本身。涵括式比较的旨趣决定了个案选择时在总体上注重差异，同时也关注个案间的关系，以展现作为整体的社会系统内部的多样性与丰富性。

4. 多样化比较

在多样化比较中，研究者系统分析并解释不同个案之间的差异，确立某一社会现象在特征或强度方面产生差异的原理（principle）[24]。研究者通过对个案的比较，提炼出一些要素或概念，这些要素在多个个案中均有呈现，因此理论适用于多个而非一个个案；另一方面，这些要素在不同个案中以不同强度、不同组合的形式出现，因而理论又具有多样性。这种比较模式的主要目标在于对不同个案呈现出的多样性进行系统解释，因而研究在选择案例时注重个案的差异性和丰富性。

伯顿·克拉克对现代大学中"科研—教学—学习"的结合体所做的跨国研究是多样化比较的典型案例。克拉克发现在不同国家的大学模式中，这三者结合的程度和结构均有不同。那么，"科研—教学—学习"是如何结合在一起的？克拉克指出，这一连接体的维系中同时存在着分离和整合的力量，分化的力量有三种来源，分别是科研活动本身、大学规模的扩张以及国家与工业界的利益。分化的同时，连接体也受到了整合力量的维系。这些整合的力量可以分为全国、高校与基层院系三个层次，譬如院系层次中编码知识与缄默知识的传递依赖科研的参与过程，由此尽管存在着分化的趋势且存在诸多障碍，但整合常常克服了分化，使得"科研—教学—学习"的结合体得以维系。[25]分化与整合的力量共同存在于不同国家之中，但在每个国家具体的表现

23 贝弗里·J.西尔弗.劳工的力量：1870 年以来的工人运动与全球化〔M〕.张璐译.北京：社会科学文献出版社，2012：36.
24 Tilly, *Big Structure, Large Process, Huge Comparisons*, 82.
25 〔美〕伯顿·克拉克.探究的场所——现代大学的科研和研究生教育〔M〕.王承绪

不同，因而不同国家之间既存在共性也存在差异。

类型学理论（typological theory）或者说解释类型学（explanatory typology）是一种典型的差异化理论，其目标在于识别因果模式（causal pattern）的多样性，试图确定在何种条件下某种模式会发生。各类型根据数个变量的组合划分而成，每个用于分类的变量都是导致某种结果出现的社会因素，这些要素通过不同组合，对某种结果进行因果性和机制性解释。[26]

费孝通先生对中国乡村土地集中的研究是类型学的典型案例。他基于开弦弓村的田野调查，发现现代工商业冲击了农民的手工业，而手工业是农民重要的收入来源。随着传统手工业的萎缩，农民收入降低，入不敷出，从而导致了土地向地主集中，由此，费孝通提炼出"现代工商业"和"土地集中"之间的因果关系。[27]考虑到中国乡村的多样性，费孝通以"现代工商业"和"传统手工业"作为维度，划分出四种类型，并据此选择村庄。他的研究团队相继在云南研究了易村、玉村和禄村，最后发现易村和禄村没有出现土地兼并与集中，而玉村则如同开弦弓村一般，出现了土地集中的情形。[28]在这四个案例中，不同村庄发展的结果有同有异（见表1）。

表 1：费孝通乡村研究的类型划分

	受现代工商业冲击	没有受现代工商业冲击
有传统手工业，工农结合	开弦弓村	易村
无传统手工业，以农为主	玉村	禄村

从上述研究来看，类型学理论识别了因素之间的不同组合，依据划分类型的变量，研究者可以对分类矩阵中不同象限的个案进行反复比较，并对不同要素及其组合形成的理论假设进行反复检验。[29]云南三村的研究就是对开弦弓村所得理论假设的检验。类型学理论的另一个优势在于它为所有可能的个案提供了初步的分类框架和进一步探究的认知地图。按照涂尔干的说法，"以

译.杭州：浙江教育出版社，2001：242-276.

26 Bennett and Elman, "Qualitative Research: Recent Developments in Case Study Method," 465-467.

27 费孝通.江村经济〔M〕.北京：北京大学出版社，2012.

28 费孝通.云南三村〔M〕.北京：社会科学文献出版社，2006.

29 George and Bennett, *Case Studies and Theory Development in the Social Sciences*, 233.

数量有限的类型代替数量无限的个体，这是分类的首要目的"。[30]类型正是连接无穷无尽的个体与整体（无论是实质性还是关系性整体）、千差万别的特殊性与普遍性的理论建构。在呈现高度特殊性的现实世界，借助类型学的方法，人们可获得对一般性的认识。

总之，上述四种比较模式只具有逻辑分类的意义，在实践中一项研究以一种模式为主的同时可以涉及多种比较。例如在普遍化比较的过程中，研究者也可能对不同个案的特殊性粗略涉及或深入分析，只是个案的特殊性可能并非研究者关注的重点；又如，个性化比较与差异式比较亦可糅在一起，研究者经由多样化比较所提炼出的类型学理论，可以进一步抽象成理想类型，每个个案可作为理想类型的具体例子。无论以哪种模式为主，研究者都面临着简化研究的策略性抉择，难以对每个个案的各个方面都平均用力。研究侧重解释个案的共性还是差异，选择个案侧重它们的相似性还是多样性，是否对个案之间的边界和关系进行分析，这些问题的处理方式都受研究问题、理论关怀以及材料掌握情况的制约。表 2 列出了四种比较模式的主要特征。

表 2：多个案比较四种模式的主要特征

	个性化比较	普遍化比较	涵括式比较	多样化比较
理论解释的目标	注重某个个案的特殊性并予以解释	提炼出适用于每一个个案的理论	对不同个案所同属的系统、结构或规律进行解释，关照个案的异同	系统解释个案间的差异及相似的理论
个案确定的主要原则	以个案间的差异为主	以个案间的相似为主	注重个案间的差异性和多样性	注重个案间的差异性和多样性
个案间的关系	个案彼此独立	个案彼此独立	个案彼此联系	个案彼此独立
研究问题示例	为什么相比于英国、法国、德过等其他发达国家，美国的高等教育很早进入大众化阶段（始于 20 世纪 30 年代）？	为什么法国、英国、德国、日本、韩国、中国等国家的高等教育均得以扩张，进入大众化发展阶段？	美国、中国、印度如何参与到学术人才的全球性竞争之中？这三个国家在人才的培养与竞争中处于何种境地？	中国、美国、法国、德国、英国、日本这些国家高等教育大众化的机制有何异同？这些异同该如何解释？

30 Emile Durkheim, *The Rules of Sociological Method*, Translated by W.D. Halls,(New York:The Free Press, 1982), 111.

三、密尔逻辑与多个案比较中的因果探究

1. 密尔逻辑

前文所举的经典研究显示出多个案比较长于建构解释性因果理论，这正是科学研究的深层目标。那么，通过比较建构因果理论的逻辑是什么？解答这一问题需要我们回到密尔逻辑（也称"密尔四法"）——现代科学经由经验观察提炼因果规律的核心逻辑。这四种方式分别为求同法（method of agreement）、求异法（method of difference）、剩余法（the method of residues）和共变法（the method of concomitant variations）[31]。求同法指如果一种现象 X 所涉及的两个或多个案例中只有 Y 是一致的，那么 Y 就是现象 X 的原因（或结果）。[32]求异法指的是"若例子 A 中欲研究的 X 现象发生了，例子 B 中 X 现象未发生，而 A 与 B 除了在 Y 方面之外其他方面都相同，那么 Y 为 X 的原因或结果，抑或是引起 X 的原因中不可或缺的一部分。[33]斯考波切和萨摩斯（Skocpol& Somers）曾用图直观地表达了个案比较中求同法和求异法逻辑的精髓（见图 2、图 3），[34]求同法中的"关键一致之处和求异法中的关键差异之处即存在因果关系。

个案 1	个案 2	个案 3	
C F H …	D F J …	E G K …	总体区别
A B	A B	A B	关键一致

正例	反例	
C D E …	C D E …	总体相同
A B	非 A 非 B	关键差异

图 2：求同法(method of agreement)　　图 3：求异法(method of differences)

---

31 密尔四法具体释义中的字母，由笔者为方便读者理解而自行添补，密尔原文中并未出现。

32 John Stuard Mill, *System of Logic, Ratiocinative and Inductive: Being a Connected View of the Principles of Evidence and the Methods of Scientific Investigation* (London: John W. Parker, 1843), 454.

33 Mill, *System of Logic, Ratiocinative and Inductive: Being a Connected View of the Principles of Evidence and the Methods of Scientific Investigation*, 456.

34 Skocpol and Somers, "The Use of Comparative History in Macrosocial Inquiry," 184.

剩余法是指从所研究的现象 X 中剔除掉部分 C 得到剩余部分 D，而经过前期的归纳得知 C 为先行条件 A 的结果，那么 D 就是其余先行条件 B 的结果[35]，此处隐含的一个前提条件为 A 与 B 共同引起 X。用符号表示即为：若（1）C+D =X，（2）A+B—>X，（3）A—>C，则 B 引起 D。共变法（method of concomitant variation）指每当现象 X 无论以何种方式发生变化时，另一个现象 Y 随之发生变化，那么 X 与 Y 之间存在直接或间接的因果关系。[36]

密尔逻辑成为科学研究抽取因果关系最精辟的总结。尽管社会科学研究无法对其研究对象实现严格的控制，然而求同法、求异法和共变法依然在多个案比较法中得到了隐隐的模仿与广泛运用（剩余法因其对因果推论的精确要求而主要运用于自然科学领域）。多个案比较研究的整体逻辑即为基于对不同个案相似或差异的比较，综合运用求同法、求异法以及共变法，识别出最重要的因果关系并对其进行机制性的分析与解释。

2. 多个案比较中的求同法与求异法

在多个案比较中，求同法和求异法常常被研究者综合运用。继续以格林关于公共教育体系建立的研究为例，他在提出国家形成理论之前，相继批驳了自由主义、功能主义等理论解释，这些解释无法恰切地适用于英国、法国、德国、美国等案例国家。如果说工业革命所带来的经济起飞是"因"，公共教育系统的建立是"果"，根据求异法的规则，工业革命进展滞后的国家则不会出现公共教育系统的大发展，然而这一因果推论同法国和普鲁士的历史实践相冲突，欧洲大陆各国的教育体系都是在工业加速发展之前就建立了。自由主义也因对英国有解释力但无法解释德国教育制度早期浓厚的专制色彩而被抛弃。[37]基于求异法原则，格林通过比较不同个案，有力地证伪了自由主义和功能主义的解释；另一方面，格林还向读者展示出尽管法国、德国、美国和英国在政体、宗教、工业化和城市化进程等方面存有不同，但这些国家都是在现代民族国家形成的过程中逐步确立起公共教育系统，国家形成过程的差异造成了公共教育系统的差异。这里运用的是求同法的原理，其关键点在于

---

35 Mill, *System of Logic, Ratiocinative and Inductive: Being a Connected View of the Principles of Evidence and the Methods of Scientific Investigation*, 466.

36 Mill, *System of Logic, Ratiocinative and Inductive: Being a Connected View of the Principles of Evidence and the Methods of Scientific Investigation*, 471.

37 安迪·格林.教育与国家形成：英、法、美教育体系起源之比较〔M〕.王春华等译.北京：教育科学出版社，2004.

从个案的不同之处抽取到相似之处成为欲解释现象的原因或结果。在这项研究中，求异法与求同法互相配合，前者通过反例的引入推翻既有的理论解释，后者又通过不断纳入新的个案证实且强化了国家形成理论的解释力。根据个性化比较和普遍化比较的主旨，我们大致可以认为在前一种比较模式中，因果理论提炼以求异法为主，而普遍化比较的主导逻辑则为求同法。

求同法和求异法在多样化比较中也有应用，上文提及的费孝通关于中国乡村土地集中的多类型个案研究，即运用了这两种逻辑。费孝通首先基于开弦弓村的研究发现现代工商业造成了土地集中，他希望通过其他三种类型的村庄（见表2）的探究来确认两者间的关系，结果发现同样受到现代工商业冲击的玉村出现了土地兼并，这是运用了求同法，而易村和禄村因受现代工商业冲击较弱，没有出现土地兼并，这体现了求异法的逻辑。不同个案的引入，强化了现代工商业与土地集中之间的因果关系。

密尔逻辑中的比较——尤其是求同法和求异法——是建立在研究对象"相同（类似）"与"相异"的基础上，显然社会科学无法严格满足这一条件，那么个案间可比性从何而来？概言之，个案之间的相似性、相异性或其程度之别，并非基于严密的数据测量与统计，而是源于研究者的理论洞察和概念界定，研究通过理论对经验资料进行归类整理，从而确立起个案的可比性。当然，由于理论抽象程度或研究视角的差异，个案的相似与差异也在不同程度上接近或远离常识性的经验认知。关于这点，笔者认为最有启示意义的当属《国家与社会革命：对法国、俄国和中国的比较分析》一书。斯考切将1787～1800年的法国革命、1917～1921年的俄国革命和1911～1949的中国革命作为"社会革命成功"的相似例子。而在国外学界的研究中，这三场革命分别被视为资产阶级的民主革命、无产阶级—共产主义革命以及第三世界的民族解放运动（其间包含着资产阶级革命和无产阶级革命的复杂更替和叠加），无论作出何种革命的定性，这三个案例很难被归为"同类"。作者一反"常理"认为，成功的社会革命不仅指通过暴力而实现政府的更迭，而是成功的社会变迁，国家政权、阶级结构以及国家影响力在此过程中都发生了重大变化。[38]作者由此"发现"了三者的共同之处，例如革命的结果之一是产生了"一个中央集权的、官僚制的以及将大众结合为一体的民族国家，而且这

---

38 达西·斯考切波.国家与社会革命——对法国、俄国和中国的比较分析〔M〕.何俊志、王学东译.上海：上海人民出版社，2013：2-5.

个民族国家在国际舞台上作为大国的潜在能力也得到了提高"[39]。出于作者的重新梳理，原先被视为不同的革命转化为相似性案例。我们再以高等教育研究中的学科分类为例，当研究者强调学科知识内部较强的结构性与累积性特征时，数学和计算机同属硬学科，当研究者将"应用性"投注于学科之上时，计算机科学则属于应用类学科，相比之下的数学则更多地属于纯粹性学科。由此，我们可以看到个案的相似性或差异性并非自动呈现，而是基于研究者的概念或理论来"建构"。

3. 多个案比较研究中的共变法

共变法作为一种重要的因果逻辑，也大量运用于多个案比较中。涂尔干曾明确指出，共变法更适合社会科学探究。社会现象过于复杂，研究者无法完全排除或割裂某个因素，共变法避免了这种尴尬。在共变法中，研究者无需控制或剔除某个因素，而是挖掘不同要素是否随着具体情况的变化而发生有规律的变化。[40]研究者并非在不同个案中发现哪些因素存在或缺失，而是关注某些因素在个案中的多寡、强弱及其互动以及由于其变动所产生的规律性结果，这些要素的不同组合和变形使得个案呈现异同。譬如，在布迪厄关于国家精英生成机制的研究中，以巴黎高师为代表的知识型高校与以国家行政学院为代表的权力型高校学校共同拥有文化资本和经济资本，但是二者的构成比例不同。一个群体或一个组织所持有的文化资本越丰富，越倾向于表现出非经济逻辑的惯习。在这种比较中，布迪厄并不认为在权力场域中占据不同位置的学校及其群体只拥有经济资本或文化资本，而是努力去挖掘随着资本总量及其构成比例的不同，不同的群体会有怎样的生存心态与实践策略。

在共变法中，个案的可比性不局限于相似性与相异性的定性区分（即有或无），而是不同概念或要素在程度/强度上的差异，案例之间的相似或差异进而转化为变量在一个连续统上的程度变化，因而案例确定不再拘泥于案例的异同之分或某一要素存在还是缺失，其选择范围得以扩大。[41]阿博特（A. Abbott）在那本被誉为"职业社会学的巅峰之作"中，将图书管理、社会工作

---

39 达西·斯考切波.国家与社会革命——对法国、俄国和中国的比较分析〔M〕.何俊志、王学东译.上海：上海人民出版社，2013：42.

40 E·迪尔凯姆.社会学方法的准则.北京：商务印书馆，2011：143.

41 E. GENE Defelice, "Causal Inference and Comparative Methods," *Comparative Political Studies*, 1986, 19(3):426-429.

等半专业性职业同医学、律师等典型的专业性职业（profession）共同纳入分析范畴，正是基于他模糊了专业性职业与半专业性职业的性质差异，将专业性职业界定为"将不同程度的抽象知识应用于特殊情况的排他性群体"。[42]半专业性职业并非反例，典型职业也非正例，知识的抽象程度以及群体的排他性更多是程度之别，而非有无之分，任何宣称自身为专业性职业的群体都可能成为案例。

概要而言，求同法、求异法和共变法在多个案比较中运用广泛，很难说哪一种比较模式完全对应于哪一条因果推断的逻辑。在任何一条因果逻辑下，理论的提炼不仅仅是简单的经验归纳，而是包含了理论想象力的飞跃及其演绎，研究者的理论图式参与其中。研究者综合运用归纳和演绎两种逻辑，基于某几个个案归纳提出的理论演绎至其他个案之中，检验理论是否恰切，同时进一步修正、完善，以增强理论的解释力。

四、多个案比较法与理论建构

1. 多个案比较法的理论建构优势

从上述对经典研究的简介和分析中，我们可看到新个案的不断纳入，有助于研究者识别新的理论要素，或判断某些理论概念在强度或形式上的差异是否会对个案结果产生影响；另一方面也有助于研究者进行理论检验，证伪已有的理论或证实研究中提出的新理论。一般而言，学术界普遍认为多个案法在建构概念与发展理论方面尤为擅长[43]，这也是多个案研究相比于单个案研究的优势所在。

从单一个案提炼理论，面临着抽象度过低或过高的问题。通过单个案研究去检验、修正或精细化已有理论的前提是相关理论经由多年积累而得以发展。在理论欠缺的情况下，具体现象的因果分析有难度[44]，单个案研究所产生的理论往往具有较低的抽象程度。阿博特明确指出，单一个案研究的困难不在于方法论，而在于理论和概念的产生及其抽象所能达至的程度。[45]马丁·特罗（M. Trow）针对美国教育大众化的研究即为一例。通过将美国同西欧诸国、

---

42 Andrew Abbott, *The System of Professions: An Essay on the Division of Expert Labor* (Chicago: The University of Chicago Press, 1988),8.

43 Abbott, *Time Matters*, 156.

44 彭玉生.社会科学中的因果分析〔J〕.社会学研究.2011（3）：14-15.

45 Abbott, *Time Matters*, 156.

日本、瑞典等发达国家比较，特罗发现美国在 20 世纪 30 年代就步入高等教育大众化阶段，并且在于在大众化高等教育之前就拥有了大众化高等教育的框架，如 20 世纪 20 年代开放社区学院就已形成。[46]特罗将美国高等教育这种大规模、多样化的特征概念化为高等教育中的"联邦主义"，并从美国殖民地时期的经历入手来探索这种独特性的根源所在。[47]特罗的解释更多是一种历史叙事，这种理论解释的目标主要定位于对美国经验进行阐释，其抽象程度并不高，也很难推广至其他国家的案例中。

与此相对，由于缺乏不同个案的系统比较，单一个案所得出的结论可能面临着抽象度过高的问题。例如，柯林斯（R. Collins）在《文凭社会》一书中回答了美国的教育规模为何会扩张，为何在此过程中教育文凭通过对职业机会的影响而成为美国阶层化的重要手段。作者指出，在美国联邦政府对教育控制较弱等历史条件下，文凭成为优势群体用来置换精英职位的工具，文凭系统的兴起和发展是美国多种群体间地位竞争和相互效仿的产物，由此导致高等教育规模的扩张。[48]地位竞争由此也成为许多学者用来解释高等教育扩张的经典理论。随之而来的问题在于这一结论可以解释其他国家的教育扩张吗？为何唯独在美国，群体的地位竞争导致其教育系统的规模早于二战之前就已开始扩张？因此将地位竞争理论推广至其他国家时面临着过度抽象的可能，研究者需要考虑这一结论成立的诸多前提。当然，柯林斯本人无意于将美国作为教育扩张的案例，他本人亦注意到联邦政府对教育的弱控制以及多族群移民等地位竞争理论成立的情况条件，然而由于未将美国同其他国家做系统的比较分析，其研究结论成立的历史前提和社会条件就容易被忽略。若其他研究者引入法国、德国或其他国家作多个案分析，此种过度抽象的情况或可避免。

多个案研究可以提炼出较高抽象程度和更具解释力的实质理论。[49]因而，

46　马万华.多样性与领导力——马丁·特罗论美国高等教育和研究型大学〔C〕. 北京：教育科学出版社，2011，69-70.

47　马万华.多样性与领导力——马丁·特罗论美国高等教育和研究型大学〔C〕. 北京：教育科学出版社，2011，83-106.

48　兰德尔·柯林斯.文凭社会：教育与阶层化的历史社会学〔M〕.刘慧珍等译.台北：桂冠图书股份有限公司，1998.

49　Doetrich Rueschemeyer, "Can one or A few Cases Yield Theoretical Gains?" In *Comparative Historical Analysis in the Social Sciences*, ed. James Mahoney, Dietrich Rueschemeyer (New York: Cambridge University Press, 2008), 320.

在缺乏解释理论存在的情况下，研究者可考虑进行多个案比较的研究设计，以发展出更具解释力和亲和性的理论。殷（R.K. Yin）明确表示："如果有条件（和资源）的话，你应该选择多案例研究设计，而非单案例研究设计。哪怕是你仅能完成一个只包含两个案例的'双个案'研究设计，你成功的机会也比单案例研究设计大得多……从两个或更多案例中总结出来的结论会比从一个案例中总结出来的结论更扎实、更具说服力。"[50]为了验证理论的解释力及其适用的边界，研究者应进行多个案研究，正如自然科学倾向于通过多次重复试验来证实或证伪假设。

2. 多个案比较法所得理论之特征

研究者在多个案比较中既注重个案本身，又通过个案间的比较，尝试提炼或展示因果理论。这使得多个案研究提炼出的理论具有下述特征。

首先，多个案比较发展出的理论更多属于中层理论。通过对数个个案的比较，理论的抽象程度在经验材料的反复对比中得以提升，具备了一定的解释力和普遍性，同时囿于对个案的关注，理论解释并未脱离个案的具体性和复杂性。由于兼顾了经验材料，理论不再是不可验证的宏大理论，而是可以衍生出一系列用于解释个案的假设，理论既可以被个案所验证或推翻。这种理论超越了普遍性与特殊性、概括性的社会学理论与叙事性的历史主义之间的冲突。上述这些特征正符合默顿（R. Merton）对中层理论的理解[51]，而这种既能对现象做出因果解释又能得到检验的理论，在默顿看来更具价值。

第二，多个案比较研究所产生或展示的理论大多具有叙事（narrative）的特点。多个案比较者秉持着"以案例为中心"而非"变量导向"的研究旨趣，关注案例的情境性与复杂性，对个案进行尽可能详尽的叙事和分析。因而，多个案比较所建构或展示的解释性理论并非因素理论（这种理论指的是收集一系列的自变量，并确认这些变量或理论要素间的相关性和因果关系）[52]，而是一种具有叙事性的解释理论。大部分研究者通过多个案比较致力于发展一套能解释多个个案的解释框架，研究者避免讲具体的故事，而是倾向于分析

50 罗伯特·K·殷.案例研究：设计与方法〔M〕.重庆：重庆大学出版社，2004：59.

51 罗伯特·K·默顿.社会理论与社会结构〔M〕.唐少杰、齐心译.南京：译林出版社，2008：51-56.

52 罗伯特·K·殷，案例研究方法的应用〔M〕.周海涛等译.重庆：重庆大学出版社，2009 年：23.

结构，倾向于分析形塑事件结果的因果要素及其机制，它有利于一些故事出现，又会压制某些情况的发生。[53]当这种叙事性的解释框架与具体的个案相遇时，融入人物、时间、地点，就充实了个案的具体内容。在此过程中，理论的要素及其互动也具有了情境性，因果解释成立与否，也随之受到社会条件的制约中。因而，每个理论要素在不同个案中的意义、地位及其影响得到关注，理论的边界及其适用的条件得以界定和澄清。

第三，在多个案比较中，理论基于分析性归纳而非统计性归纳，因而它无法说明某类现象下个案的数量及其出现的频率。个案的选择并不追求样本对整体的复制，而是注重每个个案所承载的信息含量与丰富度，研究者根据理论强度、典型性（typical）甚至是极端性而非根据代表性（representative）来选择个案，个案的抽取标准和过程决定了个案研究所发展出的理论无法说明某些现象或某种因果机制发生的频率、概率或规模。[54]此外，理论没有经过大样本的测量和检验，因而它无法排除"概率"对于个案的影响，也无法回应交互影响等以大规模样本为支撑的研究问题。[55]

第四，多个案比较研究的理论具备开放性，尽量避免轻易否认其他因素可能产生的影响。多个案的比较研究可以识别共性、差异性以及影响因素，但由于个案可能在某些因素上体现得较为充分，而在另一些因素上不明显，因而通过求同法、求异法有可能遗漏某些重要的因果关系。[56]除此之外，囿于研究条件和研究目标的限制，研究者无法对每个个案中所有的因果关系进行面面俱到的解释，而是需要进行一系列的简化研究。上述研究过程决定了研究者需要在认知上保持理论的开放性和警惕心，正如韦伯明确指出新教宗教信仰所塑造的"经济心态"与资本主义精神之间的关联也只是因果关系的一个侧面，其他力量也渗入资本主义精神的培育之中。[57]

总体而言，基于多个案比较建构的理论处于从特殊性到普遍化的中间阶

---

53 Andrew Abbott, *Time Matters* ,154.

54 Lieberson Stanley, "Small N's and Big Conclusions: An Examination of the Reasoning in Comparative Studies Based on a Small Number of Cases," In *What is a case? Exploring the foundations of social inquiry*, ed. Charles C. Ragin and Howard Saul Becker(New York, NY: Cambridge University Press, 1992), 105-118.

55 George and Bennett, *Case Studies and Theory Development in the Social Sciences*, 236.

56 Stanley, "Small N's and Big Conclusions: An Examination of the Reasoning in Comparative Studies Based on a Small Number of Cases," 113.

57 马克斯·韦伯.新教伦理与资本主义精神〔M〕.康乐，简惠美译.桂林：广西师范大学出版社, 2012,15.

段，它可以进一步向上发展出更具普遍性和抽象性的宏大理论，也可以针对个案作具体性的运用与展示。它在材料与理论之间保持平衡，既能避免研究脱离经验而滑向理论佐证的困局，也避免了对材料本身做出简单、平面的呈现。此外，后续研究者亦可通过纳入更多的案例分析甚至进行定量统计，以对多个案研究所提出的因果解释理论进行修正、检验和测量。这也是为何有研究者认为少数量的个案研究更可能产生新的范式或理论，而大数量的个案研究或定量研究则更多地出现在理论较为丰富的研究议题域中。

五、多个案比较法对高等教育研究的启示

上文讨论了多个案比较法的模式分类、因果逻辑等问题，亦提及此种研究法在理论建构方面的长处，这对我们当前的高等教育研究深具启示。

1. 多个案比较法有助于研究者在繁复多样的教育经验中提炼关于高等教育的中层理论，提升研究的理论深度与解释力。

理论性不足一直是中外高等教育研究面临的合法性危机之一，我国也不例外。不少个案研究流于材料的梳理与介绍，在理论分析上缺乏深度，其原因之一是扎根于教育经验的理论不够丰富。另一方面，高等教育研究多运用其它基础学科的理论与概念，这些理论多源于西方，因此理论与经验材料之间存在着"基础学科—高等教育现象"、"西方理论—中国经验"之间的断裂与隔阂，这又引发了高等教育研究中理论的适切性问题，即源自西方的、其它学科的理论在多大程度上能够恰切解释中国的高等教育经验。例如高等教育中的"大学生就业"、"学科（discipline）"、"教学专业"、"专门职业（profession）"、"同行评议"等重要的实践和理论概念，在中国与它国的组织形态和意义内涵千差万别，西方理论在提供一定解释的同时，也难免隔靴搔痒或言不尽意，甚至引发出诸多误解与争论。

与此相对的是教育现象的丰富与复杂。我国高等教育体制同西方国家存有差异，发展历程上也出现了诸多亟待整理与分析的现象，诸如教育体制改革、高等教育的扩招机制及其影响、科研体制建设、一流大学建设、独立学院等，这些丰富的现象均不是简单套用西方的既有研究就可进行分析，而是需要结合本土经验提出理论或修正加以解释。理论与经验现象间的断裂为多个案比较法提供了广阔的应用空间，此种方法在理论提炼过程中通过对数个个案的反复比较、逐级提炼与假设检验，能够弥合经验材料与理论间的距离，

避免单一个案研究抽象程度不够的弊端，有助于建构更具适切性和解释力中层理论。

2. 从研究议题的角度来看，多个案比较法尤为适合探讨宏观和中观层面的教育制度、教育组织、教育政策等议题。

从前文的引介和讨论中，我们可以发现多个案比较法适合研究宏观或中观层面的教育现象，诸如国家宏观教育制度、治理制度的权力结构、大学学科与专业、大学课程、教育政策的生产过程、不同类型的大学治理等。这些教育现象或研究对象数量有限（如学校类型不超过十种，大学主要的学科也不过几十种等），并且内部机制过于复杂，彼此之间差异极大，难以进行全面准确的操作化测量，也不可能进行精准的控制实验，因而特别适合用多个案比较法而非数量统计、实验法等进行研究。至于那些较为微观的分析单位，如当前大学生学习这一研究热点中的学生，因其数量足够多，既可以用定量的方法来测量其行为，也可以采用质性阐释学的方式来挖掘其观念和意义世界的内涵与形成机制，对多达几十甚至上百个受访者进行访谈以形成理论性解释。

3. 从方法论的角度讲，多个案研究法有助于强化个案研究的方法论意识，提升高等教育尤其是比较高等教育研究的深度。

随着我国高等教育研究日趋规范，个案研究作为一种重要方法也占有一席之地，多个案研究也愈来愈多。遗憾的是，不少多个案研究在方法论的讨论中较多提及个案研究长于处理难以测量的研究对象、长于理论展示等特点，却很少涉及为什么要研究多个个案，每个个案具有何种功能、在研究中居于何种位置等问题。多个案比较法的讨论有助于我们在研究设计和方法论的意义上思考个案的选择与比较，提升研究者的方法论意识和研究的规范化程度。

此外，多个案比较在方法论意义上对比较高等教育研究尤具启示意义。为借鉴高等教育强国的发展经验，比较研究在改革开放后迅速发展为高等教育学的重要分支。然而，这种发展背景一定程度上也造成了这一分支普遍重视某一国家或地区的经验整理和介绍，重视对策建议，却缺乏实质意义上的"比较研究"。王英杰教授曾在《再谈比较教育学的危机》一文中指出："比较教育研究是教育科学知识的源泉。"[58]没有"比较"这一研究环节，就很难有真正的教育研究。多个案比较法恰可以弥补此间不足，为如何开展不同地

---

58 王英杰.再谈比较教育的危机〔J〕.比较教育研究.2007（3）：15.

区的比较教育研究提供方法论意义上的借鉴，启示研究者提出以跨国比较为基础的研究问题，指导比较研究的推进，这将有助于引导高教研究者遵循伯顿·克拉克、本·戴维经典研究的路径，突破既有的经验介绍范式，进入探究规律或理论的社会科学范式。

总而言之，多个案比较法在理论建构、研究议题和研究方法等方面对高等教育研究均具有较大启示，在教育研究领域有广阔的运用空间。研究者需要综合考虑研究目标、研究条件、理论旨趣、材料的可获得性等因素，以决定进行单一个案还是多个个案研究。事实上，研究过程遵循着一种"权宜的逻辑"，而非仅仅是理论上种种严密的逻辑原则。因而，在研究设计而非研究技术的层面上理解多个案研究更为恰当。相比于单一个案的研究，它意味着在个案的选择、材料搜集到分析等方面都需要更多的积累与投入，经典的多个案研究多是学者十年磨一剑的成果。一些大的比较研究项目，常常需要研究者组织团队，成员之间进行良好的合作才有可能完成，研究者须对此有充分的积累与准备。

（在本文的写作过程中，江涛、郭卉、王海迪和毛丹对概念使用和结构安排予以启发，专业编辑在后期修改中也提出了宝贵意见，在此表示诚挚谢意。）

附录二：重识学科与跨学科：来自知识社会学的启示*

摘要：这篇文章缘于学术研究和办学实践中的一个矛盾现象：在跨学科日益盛行的过程中，学科制度在世界范围内并未衰落，甚至得到了强化。这在中国具体体现为许多跨学科领域力图被《学科目录》识别为不同等级的学科。这提示我们有必要重新探究学科及其与跨学科之间的关系。在借鉴知识社会学研究的基础上，本文认为经典学科在其形成过程中就一直含有跨学科的特征，学科与跨学科的兴起都受到知识创新和资源竞争逻辑的驱动，二者的发展是知识主体在不同历史条件下为促进知识制度化而选择不同策略的产物。本文最后一个部分指出学科在中国是一种强架构的知识分类，其保障资源和促进制度化的功能得到强化。由于知识制度化所需要的许多资源沿着《学科目录》所划定的学科层级和边界进行分配，跨学科领域获得知识资源和物质资源的策略空间受到压缩，这增强了它们学科化的动力。

一、学科图景：研究与实践的悖论

第二次世界大战之后，随着科学研究组织形态和知识演进的变化，"跨学

---

* 此文刊出版本详见褚宏启.中国教育管理与评论（第9卷）〔C〕.2015年，北京：教育科学出版社，100-122. 在收入本书时，研究者出于行文完整性的考虑，与博士论文重复的些许部分得以保留，特此说明。

科"[1]日益成为研究实践的一种重要方式，美国、法国、英国、德国、澳大利亚以及日本诸国都在政策、资金投入和组织建设方面进行了大量推动跨学科研究和教学的尝试。促进不同学科之间的交流、对话与融合这一宗旨，已渗入诸多国家的科研拨款、机构建设、发展定位以及专业组织等诸多方面，成为高等教育治理的重要主题与指导思想。当代中国亦不例外，在课题申请、学术会议主题、教学专业设置等许多环节，"跨学科"为政策鼓励的方向之一。

在"跨学科"的蓬勃发展中，学科注定是一个无法回避和忽略的重要参考对象，许多有影响的研究对传统学科的特征与趋势进行了大量描摹与预测。愈来愈多的人认为传统的学科正面临重大的危机和挑战，典型的学科模式处于危机之中，急需变革以适应新形势的发展。

在一些颇有影响的研究中，有关学科与跨学科的论述中暗藏着进化论的思维方式。首先，学科同跨学科之间被赋予了一条时间链条。以第二次世界大战为界，之前为单一学科占主导地位的年代，此后则迎来学科交叉的时代，学科间的组合、交叉以及单一学科的弱化成为新的潮流，故而沃勒斯坦将1945年作为学科范式转换的重要时间点。吉本斯（Michael Gibbons）等人在《知识的新生产模式》（The New Production of Knowledge）一书中指出，在传统知识生产模式中衍生出了一种新的知识生产模式，它以知识生产的跨学科性和应用追求为重要特征。[2]跨学科是继单一学科之后知识生产的新事物，几成定论。

在学科与跨学科之间被赋予时间序列的同时，跨学科也渐成为代表知识活力与创新性的符号。"跨学科的方法可以对一些习以为常的狭隘观念或学科内知识工作的限制造成冲击，即将各学科的知识融会贯通。"[3]与跨学科的活力相对，学科制度成为科技政策制定者和学校规划者抨击的对象与担忧的根源。单一学科往往意味着知识边界稳固而保守，其边界牢不可破，不可渗透。[4]边

---

1 跨学科发展过程中涌现出诸多概念，如跨学科（interdisicpline）、多学科（multidiscipline）、超学科（transdiscipline）、互涉学科（crossdiscipline），等等，这些概念存有微妙的差别。囿于篇幅考虑和行文目的，本文用"跨学科"来统称"多学科"、"超学科"、"互涉学科"等此类概念。

2 Michael Gibbons and Camille Limoges et al., *The new production of knowledge: the dynamics of science and research in contemporary societies* (Sage Publications,1994).

3 黄长著,黄育馥.国外人文社会科学政策与管理研究〔C〕.北京：社会科学文献出版社, 2008.

4 袁本涛.在学科与领域之间——制度化的高等教育研究〔C〕.北京大学教育评论. 2011. 9（4）：70-76.

界的这种特性对于知识创新带来不小障碍，学科知识边界常常阻止学者看到不同现象的紧密连接，也阻止学者意识到不同学科的联系。大学学科与日剧增的分化和专业化让研究越来越脱离外部世界或社会，养成僵化的思维，也将会阻碍不同学科间的思想交流，最终将会阻碍科学的进步。[5]学科可能促使接受这些学科训练的人，日益以学科内部的严格训练为借口，树立不必要的界限，以谋求巩固学科的专业地位。在跨学科进化论的思维逻辑中，学科固步自封，静态，僵化，保守，排他，反对创新。学科沦为相关学者谋求专业控制和专业地位的工具，这种制度无法适应现代社会快速发展的步伐，学科图景已然过时。这些论述强化了学术管理的危机意识，无论是学术研究还是政策、项目的分配者，都力图推进跨学科的研究与教学实践。

吊诡的是，上述对学科制度的悲观看法并没有得到现实经验的支持。在跨学科的科研项目、组织机构和专业课程越来越多的同时，学科制度本身也在得到强化，很多跨学科的研究领域都力求模仿学科的组织方式。在世界范围内，我们均可以观察到以"管理学"为典型代表的跨学科领域逐渐发展为学科或取得学科对等地位的制度化发展。具体到中国，在各级政策和学术研究大力倡导跨学科实践的同时，也出现了诸多跨学科领域"学科化"和"学科升格"的现象。许多领域的学者呼吁本领域应该被《学位授予和人才培养学科目录》（识别为更高等级的学科，先后有管理学、马克思主义理论、艺术学、教育技术学、国学、语言学、高等教育学、古典学等诸多领域发起呼吁，希望自身从原先所归属的领域中脱离出来，成为一个一级学科或学科门类。

理论与实践中的"学科悖论"提示我们有必要审慎地再认识学科——这一现代大学最具基础性的基本框架。为什么在世界范围内，跨学科日益勃兴的过程中，学科会得到强化？我们该如何理解跨学科话语中的学科形象？学科与跨学科之间是历史突变还是存在着历史延续性？具体到中国，跨学科领域为何要力图成为学科？

对学科的重新理解，为理解跨学科以及学科的生命力提供着一种可能的途径，也有助于我们厘清中国大学当今关于学科和专业设置的一些观念误区。在接下来的部分，本文将通过对学科产生过程的分析，重构学科的形象。这

---

5 Armin Krishnan, "What are disciplines? Some observations on the disciplinarity vs. interdisciplinarity debate," Accessed Jan 08, 2012. http://eprints.ncrm.ac.uk/783/1/what_are_academic_disciplines.pdf.

一形象将不同于跨学科话语中对学科的"描绘"。这种形象重构是通过吸取知识社会学和学科史中对人文社科领域内经典学科的研究而实现的。在此基础上，本文将进一步讨论学科与跨学科之间的历史延续性，且对新形势下学科的地位变化做出分析。本文在最后一部分重点分析了学科在当代中国的特征，这主要是通过对美国、法国和中国三国学科分类的特点进行比较来说明的。

二、学科跨学科特征及其"隐匿"

理解学科：物质基础与策略性竞争

自 19 世纪以来，高深知识脱离中世纪时期的分类系统，逐渐分化为自然科学、社会科学和人文学科三大类，且每类之下又分别演化出物理学、化学、经济学、社会学、人类学、历史学、哲学等学科类别。每一个学科类别如何出现，学科的等级地位、规模大小和学术声誉如何确立，在 20 世纪 50 年代以来开始纳入知识社会学的范畴。[6]知识社会学处理的一个核心问题是知识如何受到了经济、权力、组织制度以及观念传统等社会因素的塑造。作为现代高深知识的组织形式和分类形式，学科并不单纯是学术逻辑划分的结果，而是学术界内部和外部多种社会力量互动过程的历史产物。[7]涂尔干（Emile Durkheim）与莫斯（Mauss）早在 20 世纪初期在对原始社会的分类研究中就指出，分类并不单纯是逻辑推论的结果，而是具有深刻的社会基础，类别以及类别相互连接起来的关系都源于社会。[8]知识分类也遵从分类的这一性质，这意味着学科的形成以及学科之间的相对位置和关联也是社会运作的产物。布迪厄（Pierre Bourdieu）对分类图式的论述继承且推进了涂尔干对分类社会基础的看法，这在他关于科学、文学和艺术等文化场域的研究中体现出来。[9]在

---

6 科学社会学、科学知识社会学和知识社会学这三支互有关联的研究脉络的研究都提供着重新认识学科的资源，出于行文考虑，文本将用"知识社会学"来统称这三种研究脉络。

7 罗伯特·K·默顿.十七世纪英格兰的科学、技术与社会〔M〕.范岱年，吴忠，蒋效东译.北京：商务印书馆，2009.罗伯特·K·默顿.科学社会学散忆〔M〕.北京：商务印书馆，2004.〔以〕约瑟夫·本·戴维.科学家的社会角色〔M〕.赵佳苓译成都：四川人民出版社，1988.

8 〔法〕爱弥儿·涂尔干,马塞尔·莫斯.原始分类〔M〕.汲喆译.北京：商务印书馆，2012, 97.

9 皮埃尔·布尔迪厄.科学之科学与反观性:法兰西学院专题讲座2000-2001学年〔M〕.陈圣生，涂释文，梁亚红等译.桂林：广西师范大学出版社，2006.皮埃尔·布尔迪

布迪厄看来，分类图式和分类系统是场域内部资本分配格局的沉淀，这种沉淀既发生于场域内不同位置相对地位的重构，同时也植入场域内行动者认知的主观空间。分类图示的创造和变动，无不牵涉着场域内资本分布和流动方向的重构，因此分类系统及其边界也成为争夺的目标。[10]根据这一看法，学科的分化和确立过程可被视为某种知识类别的形成过程，这一过程是通过行动者为竞争资本而采取一系列策略性的竞争行动而实现的，知识场域内围绕着学科边界的斗争就构成了学科史的重要内容。

受上述关于分类研究的启示，对于"学科"这种知识分类可以通过追溯其形成和确立的物质基础而加以研究。学科作为一个拥有内部结构的知识类别，其存在的社会基础最直接地体现为围绕这种知识生产而建立起来的一系列社会建制，例如专业的研究人员、学术期刊、学术系所以及教学专业。本文将学科的知识及其社会组织分别称为学科的"知识结构"和"社会建制"。前者侧重于学科的知识维度，学科的研究对象、方法、理论范式和已有研究成果组织成某种脉络化的结构，并在学术界逐渐沉淀为合法类别。后者则指学科植入到现代大学与其他研究机构的组织，例如教学专业、研究组织、专业学会、学术期刊和学位制度。智识结构和社会建制二者共同构成学科，学科并不能仅仅被简化为逻辑上的知识分类，也不仅仅是一系列组织建制，而是两者同时有之。

只有在现代大学和其他研究机构中拥有一定的社会建制，某类知识才有可能得到稳定的发展。而社会建制的规模及其组织程度，又受到一系列学术界内部和外部的社会力量的共同形塑，例如这些社会力量可以是宏观层面的社会变迁和市场需求——如默顿（Merton）对 17 世纪英格兰物理学发展的研究，[11]也可以是一个国家学术组织的规则制度和权力构成，如本·戴维（Ben-David）对英、法、美、德等国学术系所的研究。[12]这些因素在历史情

厄.科学的社会用途：写给科学场的临床社会学〔M〕.刘成富、张艳译.南京：南京大学出版社，2005.

10 皮埃尔·布迪厄，华康德.实践与反思：反思社会学导引〔M〕.李猛、李康译.北京：中央编译出版社，1998.

11 罗伯特·K·默顿.十七世纪英格兰的科学、技术与社会〔M〕.范岱年，吴忠，蒋效东译.北京：商务印书馆，2009.〔以〕约瑟夫·本·戴维.科学家的社会角色〔M〕.赵佳苓译成都：四川人民出版社，1988.

12 例如，我国《学科目录》这一知识分类系统对高深知识进行了类别划分，在学科门

境下的互动共同塑造了哪些知识在某个时空下可以制度化为学科，也影响着哪些学科的地位更高、规模更大。资源并不会均匀地流向既有的学科领域，某种学科的分化和出现并不是逻辑自然而然的推演和运作，而是行动者在多种力量的约束下进行资源攫取和竞争的历史过程。因而，我们可以说某个学科的确立及其规模与等级，其实表征着它出现的整个过程以及这一过程中主要力量的竞争结果。

布迪厄和艾伯特（Abbott）的研究启示我们关注在各种资源有限的状态下，学科内部与学科之间的竞争如何促使新的知识领域出现。[13]围绕着资源的竞争无处不在，知识界内竞争的特殊性何在？惠特利（Whitley）指出现代学术界将知识竞争制度化了，它们制度化了一种在其中占支配地位的价值，即要创造出超越和扩展以前工作的新知识。[14]知识创新成为现代知识生产的意识形态，也成为评价知识的最高准则，基于知识创新和突破而来的学术声望就成为知识生产者竞相争夺的对象。这种学术声望用布迪厄的概念来讲即为一种符号资本，这种符号资本在知识场域中居于支配地位。布迪厄也指出知识生产所必须依托的物质资本——如生源、教职席位、实验经费，等等——也成为学者争夺的对象，围绕着符号资本（学术声望合法性）与物质资本（如经费、人员指标）的竞争遵从不同的逻辑与规则。这两种资本之间存在着相互转化：物质资本可能转化为符号资本，而符号资本也可以不同比例兑换为物质资本。无论竞争的是物质资本抑或是学术界的符号资本，知识创造者都需要回归到知识本身，至少要以知识话语的方式呈现研究成果并建构自身研究的创新或突破之处，这正是学术界内学术声望这种符号资本处于支配地位的体现。在学术界内，试图占据知识创新的有利地位以及由此而来的物质资本或符号资本，就成为知识内部结构变化的动力机制。[15]不过知识创新用于自然

类这一最高分类层次中，有文学、历史学、哲学、理学、工学、管理学等学科门类，在这种分类形式中，本属于人文学科的"文学、历史学、哲学同包含了数学、物理、化学、天文学等众多自然学科的理学居于同一层次，这种分类的层次和结构就需要在学科发展和《学科目录》划分的历史过程中去寻找根源。

13 皮埃尔·布尔迪厄.艺术的法则：文学场的生成与结构〔M〕.刘晖译.北京：中央编译出版社，2011. Abbott, *The system of professions: an essay on the division of expert labor.*

14 Whitley, *The intellectual and social organizations of the sciences,*35.

15 Stephan Fuchs, *The Professional Quest for Truth: A Social Theory of Science and Knowledge* (New York: Suny Press, 1992).Collins, "Competition and social control in

科学领域更为贴切，在人文、社科领域，与其说知识创新，毋宁说"知识差异"，布迪厄认为学术场域的逻辑在于寻求知识的最大差异，创造出差异性的知识是学者个体及其所依托的机构寻求优势地位的重要策略。[16]将自己的研究建构为不同于以往研究的、有差异的知识，通过知识差异来推进已有研究和学界认知，就成为学者们常见的话语策略。这在知识分化和学科形成的过程中也颇为常见。

学科建构的行动策略与知识交叉

学科史的研究，向人们展示了在知识创新的制度性压力下，学者们如何采取了一系列知识上的策略，以保证自身所占有的符号资本和物质资本，而这些知识策略又如何引发了新学科的形成。其中一种常见的策略是是知识迁移，借用人类学的隐喻，可以说学者们从一个生存空间日益逼仄和环境日益恶化的地区迁移至另一片水草丰美之地。本·戴维与柯林斯（Collins）研究了心理学这一学科在德国的形成过程，在他们看来，心理学是生理学学者将经验观察和实验的研究方法拓展至哲学领域而形成的，生理学学者进行"迁移"的重要原因就在于生理学领域竞争激烈而哲学领域还拥有相对较多的职位空间，他们需要保证自己的职位，而将研究触角伸入哲学领域，也符合知识创新的逻辑。[17]

第二种常见的策略是"引进"，学者将在学术界已经获得至高合法性和认可的研究理念和技术引入本研究领域，进而提升本领域的地位，在大学和其他研究机构的资源攫取和席位竞争中占据更有利的位置。涂尔干在法国创建社会学的过程中，引入了统计学，这在其《自杀论》这一名著中得到典型体现。凯米克（Camic）和谢宇研究了 20 世纪 20 年代，哥伦比亚大学经济学、社会学、心理学和政治学学科内的重要行动者如何在地位竞争的压力下引入了统计学。[18]这些领域的领军人物之所以引入量化统计，其目的在于本学科的

science: an essay in theory-construction," 123-140.皮埃尔·布尔迪厄.科学的社会用途: 写给科学场的临床社会学〔M〕.刘成富，张艳译. 南京: 南京大学出版社，2005.

16 皮埃尔·布尔迪厄.科学之科学与反观性: 法兰西学院专题讲座 2000-2001 学年〔M〕. 陈圣生，涂释文，梁亚红等译.桂林: 广西师范大学出版社，2006.

17 Ben-David and Collins, "Social factors in the origins of a new science: the case of psychology," 451-465.

18 Camic and Xie, "The statistical turn in American social science: Columbia University, 1890 to 1915," 773-805.

合法化。社会科学诸领域作为后起的学科，它们要在该校自然科学的"霸权"下证明本学科的价值，统计方法正是应对这一困境的策略。这些领域对量化统计的引入赋予了它们"科学"的特征，同时它们对统计学的某些改造又使得各个学科领域之间能彼此区分。凯米克和谢宇的这项研究也展示了微观层面的知识竞争所具有的多个面向，哥伦比亚大学社会学的统计学转向使得该校成为彼时社会学三大重镇的之一（另外两个是以理论抽象见长的哈佛大学和以社区研究见长的芝加哥大学），量化研究也成为社会学内部重要的竞争范式。不仅如此，统计学的转向也有助于社会学作为一个学科，从整体上提升自己在美国社会中的合法性和资源攫取能力。由此可见，学者在历史情境下的知识竞争既关乎学科之内的结构，又关乎学科之间的地位。

尽管知识上的策略有资源竞争和合法性建构的考量，但这并不可被简单地还原为纯粹的利益竞争。在此过程中，我们无法否认学者们受到认知研究对象的驱动，来自探究本身的动力也驱使着学者们使用多种知识策略以推进研究。研究对象在本体论意义上并不按照学科分类的状态而存在，学者们在研究实践的过程中也一直力图尽可能全面地、整体地认识研究对象。为了更科学地认识社会事实，涂尔干直言社会学研究中必须借鉴历史学和民族学的方法。[19]在 20 世纪 20 年代中期，社会科学研究委员会（Social Science Research Council，简称为 SSRC）与洛克菲勒基金会（Rockefeller Foundation）就开始关注消除社会科学内部界限的问题，以避免过度分科化和专业化的弊端。[20]在法国和德国，对研究对象进行整全的、多学科视角研究的认知驱动比在美国更加强大。[21]

无论是学者的知识"迁移"还是"引进"，这些策略都将不同领域的知识勾连起来。每个学科都同其他学科有着知识上的交换与融合，没有学科在知识上孤立于其他领域，至少就人文社科领域而言，实验方法、统计方法、民族志早在 19 世纪末、20 世纪初就进入心理学、社会学、民族学、政治学等学科。理论体系亦如是，社会学、经济学、历史学都有马克思主义理论，功能

---

19 〔法〕E·迪尔凯姆.社会学方法的准则〔M〕.狄玉明.北京：商务印书馆，1995.

20 Abbott, "The disciplines and the future," 205-230.

21 Johan Heilbron, 1991. "The tripartite division of French social science: a long-term perspective," In *Discourse on Society: The Shaping of The Social Science Disciplines*, ed. Peter Wagner, Bjorn Wittrock, and Richard Whitley (Kluwer Academic Publishers, 1991),73-92.

论在社会学和人类学中占有重要地位。

前述有关知识策略的研究，分析的正是处于形成和确立过程中的学科，德国心理学的早期开拓者和涂尔干开创社会学的努力，都不是在学科已经形成之后才进行的"跨学科努力"。此外，我们还可以在学者聘任的历史变化来看经典学科自身所含的"跨学科特征"。在美国，经典学科形成的一个重要标志是它在学术劳动力市场上的"闭合"，[22]即这一学科的从业者主要由本领域培养（这是经典学科同教育学、管理学这些跨学科领域非常关键的一种差异，这些跨学科领域的研究者中，有相当一部分毕业于心理学、社会学、经济学等经典学科），由此逐渐形成了封闭性的学术劳动力市场。在重要的社会学系中，许多教授在20世纪20年代并非这个学科的毕业生，这一比例在20世纪60年代的时候依然很高。[23]作为经典学科的一员，社会学在美国的制度化进程也再一次有力地表明了学科确立过程一直伴随着跨学科的互动。许多颇有影响的学科研究认为，传统学科的牢固确立不过是第二次世界大战前后的事情，[24]而对跨学科的研究又指出跨学科出现于第二次世界大战期间且在战后大量出现，这种时间上的重合暗示着学科与跨学科之间并非如进化论思维中的前后交替关系，而是彼此共存。

以上知识社会学和学科史的研究表明，对跨学科的关注是伴随着学科的成形同时出现，而非在学科之后。在经典学科的塑造过程中，其知识构成中已包含大量交叉元素。在以学科化为主流的历史进程中，无论是学科的理论、方法还是对象，都不单独地属于某一学科。学科在形成的过程中吸取大量其他知识领域的养分，其知识边界绝非如跨学科话语中那样保守和封闭。

学科中"跨学科特征"的"隐匿"

如果说学科在形成过程中一直有跨学科的因素，二者类似于同一硬币的两面，为何在人们的常识中，学科自身所带有的"跨学科性"被忽略和藏匿？

这是学科和跨学科的行动者们为自身争取合法性和资源的行动结果。学科建构的重要策略之一就是重构学科史，强调本领域与其他领域的区隔与差

---

22 S. Turner, "What are disciplines? And how is interdisciplinarity different?" In Practising Interdisciplinarity, ed. Peter Weingart, Nico Stehr(Toronto: University of Toronto press, 2000), 46-65.

23 Abbott, "The disciplines and the future," 213.

24 华勒斯坦.开放社会科学〔M〕.刘锋，译.北京：生活·读书·新知三联书店，1997.

异。分化中的学科"各自为它们本身确定界限，办法就是明确地强调它们如何不同于其他邻近的学科。结果，几乎没有人怀疑，某一著作或论文是否在这个或那个学科之框架内形成的"。[25]拥有核心知识体系，被认为是学科的重要特征。以社会学为例，涂尔干、马克思和韦伯被认为是社会学的三大奠基人，这一定论深入人心，是许多社会学系向其学生讲述学科史和基本理论的重要框架。不过，这份学科知识史的图谱其实主要是帕森斯的功劳，基本上是 1945 年以后的产物。[26]社会学核心知识图谱中的理论充满了人类学学者的贡献，如马林诺夫斯基（Marlinowski）、列维-施特劳斯（Lévi-Strauss），等等，然而这一切都被贴上社会学的标签。学科知识图谱的重绘意在建构学科的集体记忆，人为遮盖本领域知识与其他领域的关联，以突出本领域的独特贡献。

英语文学作为一门学科的历史也显示着在学科分化为主导趋势的历史背景下，一个包含丰富知识向度的领域如何发展为单一的学科。从一开始，就有两种不同的主张，一方主张按照"硬科学"的标准将英语文学建构为单一学科，并将其研究对象建构为文学，边界止于此；与此相对，另一方主张将英文建构为人文性质的跨学科中心，以取代过去的古典学和哲学。[27]因为学科在资源竞争中的效率，英语的单一学科范式得到了支持和发展。此外，英语文学学科的建构表明学科的知识结构本身具有很强开放性，这种开放性保证了不同领域知识的流动与交叉，单一学科知识本身包容、吸纳了大量其他领域的知识产出。只不过在以学科分化为主流的历史情境下，这种"互通往来"的特征被人为"忽略"了。说到底，有独特的研究对象、研究方法和理论体系，这些指向学科知识特征的话语陈述，从来就不是实然的状态，它们仅仅存在于相关学者的想象之中。至少对于人文学科和社会科学而言，跨学科从来就非新生事物。

学科中"跨学科性"的埋藏也来自于跨学科实践的策略，唯有将学科塑造成边界封闭的、保守的和僵化的形象，跨学科的存在和发展才能获得更强的正当性。二战之后，学术界所处的政治、经济环境同 20 世纪初相比发生了很大变化，知识的问责机制、评价主体也有所转移，但"知识创新"和"追

---

25 伊曼纽尔·沃勒斯坦.所知世界的终结：二十一世纪的社会科学〔M〕.冯炳昆，译.北京：社会科学文献出版社，2002：241。

26 同上，244。

27 Joe Moran, *Interdisciplinarity: The New Critical Idiom*(London: Routledge, 2002), 17.

求差异"作为学术界激励制度中最重要的意识形态，却鲜有变化，影响着知识生产的诸多方面与诸多环节。每个研究者须从研究对象、方法、理论或者旨趣上证明自己研究的与众不同，随着知识积累的增多，翻越不同知识领域的藩篱必定是研究者的必备策略，这是跨学科繁荣的深层逻辑之一。大学的扩张引起了学术界在数量规模和社会影响上的急速膨胀，学术从业者数量在此期间呈几何级数上升。研究者增多引起了科研竞争的加剧，这个变化导致学者开辟更多的学术处女地，更多的情况是将他者的研究议题划入自身学科领域范围，进而在本学科领域内实现了创造性的探究。更为深刻的变动也会发生于一个学科外在环境或内部竞争发生变动的情况下。二战之后，殖民地独立和民族解放运动意味着人类学研究的外在环境发生巨大变动，此学科必须重新采取策略重构自身，它将触角伸向社会科学和人文学科的诸多领域，并贴上一些吸引人的标签，如"文化研究"。受人类学训练的学者也纷纷涉猎社会学、传媒学、交流学、教育学、管理学，等等，社会科学领域定性研究更进一步的发展便顺理成章了。沃勒斯坦将此形象地称为"学术偷猎"，通过"学术偷猎"进行学术创新性的建构，从而将学科跨界的行为合法化。[28]在此过程中，跨界研究者常常宣称研究固守学科边界之内的不足，强化跨越学科边界的重要性与意义，学科也随之被建构为封闭和保守的形象。无怪乎美国新墨西哥大学的哲学教授 A·J·巴姆（A.J.Bahm）对这一点深有感触，他曾谈到："哲学，就其综合功能而言，本质上是主要的跨学科。……这个事实已被大多数跨学科研究政策科学家们所遗忘"。[29]

由上所述，我们可以看到，对于学科的建构者抑或是跨学科的推动者来说，消弭学科的跨学科特征，都共同受到了学术界追求知识创新抑或是物质资源的制度性压力，知识创新常常转译为知识差异的制造。在 19 世纪到 20 世纪上半叶，社会科学与人文学科诸学科，其研究对象的分化本身就是一种制造差异的行动。政治学、经济学、社会学对人类社会政治权力、经济行为与社会行为的分割，与其说其源自政治、经济、社会之间存在着实体性分割，毋宁说这是一种理智运作的结果，以此为逻辑起点建构起各学科研究对象的

28 伊曼纽尔·沃勒斯坦.所知世界的终结：二十一世纪的社会科学〔M〕.冯炳昆，译. 北京：社会科学文献出版社，2002：174.

29 黄长著,黄育馥.国外人文社会科学政策与管理研究〔C〕.北京：社会科学文献出版 社,2008:159.

差异，进而这些知识才被认为是独特和有价值的，依托于此，经济学、政治学和社会学也才作为独立学科发展起来。研究对象和主题的划分发挥着某种实用功能，这允许学科建立稳定的认同，也为其研究的进一步发展设定日程。跨学科的发展也并未跳出此种逻辑，它的繁荣也是众多研究者在既有学科格局的基础上，为自身争取创新空间和物质资源的历史产物。从学科自身负载的跨学科特征的隐匿过程来看，正如一些学者所指出的那样，不同学科之间并不存在实体性的固定边界，边界封闭、死板还是弹性、交叉，是一个与声望、立场、前景和各种不同领域的资源密切相关的问题。[30]

三、学科与跨学科：知识制度化的连续统

从上述部分对学科的产生与制度化历史过程的还原，我们可以看到学科本身包含着跨学科的成分，跨学科的发展依然延续了知识竞争与资源争夺的逻辑。无论是知识结构上还是社会建制维度上，学科同跨学科之间并不存在截然的对立和区分，二者只是在这些要素的强度上存有差异，"学科"与"非学科"/"跨学科"之间是一条制度化程度有变化的连续统。对于许多范畴的知识而言，它们是学科还是跨学科，这些问题很难有明确统一的回答，关键的问题不在于它们究竟是学科还是跨学科，而是它们能否得到充足的资本和认同，这既包括物质意义上的学生、教职席位、经费，也包括象征意义上的学术声望和社会地位。在学术界动态的竞争中获得稳定持续的资本供给，端赖于这些知识能够在大学中实现不同程度的制度化。制度化既是知识领域资源竞争的结果，也是它们未来资源竞争的起点与保障。在跨学科成为风尚的时代，许多学科与跨学科之间的矛盾与其说是纯粹认知性的矛盾，毋宁说是资源分配和权力争夺的矛盾，后来者希望重塑版图，在先行者确立的秩序中寻求一席之地罢了。这种政治经济学的斗争中，历史、结构、理念、资本悉数登场。因此，宣称为"学科"还是"跨学科"，就可被理解为具体历史情境和制度约束下一种策略性选择。

知识能在多大程度上提升制度化程度，甚至成为独立的学科？这关涉到下列两个问题：第一，制度化的程度是在动态竞争的过程中博弈的历史结果。

30 〔英〕巴里·巴恩斯，大卫·布鲁尔，约翰·亨利.科学知识：一种社会学的分析〔M〕.邢冬梅，蔡仲译.南京：南京大学出版社，2004. David Shumway and Ellen Messer-Davidow,1991. "Disciplinarity: An Introduction," *Poetics Today* 12, no. 2 (1991): 201-225.

第二，并不是所有的知识都追求最高程度的制度化——即成为独立的学科。

普遍而言，知识制度化程度的高低受到下列因素的中介调节：第一，此类知识研究对象的稳定程度。通常而言，研究对象越广泛、越稳定地存在，以其为研究对象的知识领域也就越趋于持久。稳定存在的事物才可能保证研究者持续不间断地关注和外部资源的持续涌入，进而聚集为高度制度化的学科。这种稳定性有两种来源：其一是抽象性；其二是研究对象本身嵌入到社会生活的制度化程度。对于一个知识领域而言，其研究对象的抽象性有利于这一领域拓展其研究对象的范畴和包容性，进而有助于保证其稳定性。我们可以观察到经典学科的研究对象是对经验事物和现象的抽象提炼，例如物理学、化学等自然科学的研究对象实质上是研究者通过抽象而得到的普遍规律，这种抽象性可以存在于无数具体的事物中。经济学以人类社会的经济行为为对象，并提出了"理性人"的假设，社会学研究群体及其互动，这些研究对象在很大程度上都经由了知识创造者的智力抽象和加工。

研究对象稳定性的第二种来源是研究对象本身已经广泛、深刻嵌入到社会中，这在教育学、管理学等领域中得到典型体现。它们的研究对象不再是某些抽象的规律，而是人类在教育、管理中的实践。得益于教育和管理在时间、空间上很强的跨越性和延展性，且相应的实践深刻嵌入到现代社会，这些领域在许多国家都容易得到持续的关注和资本，因而它们也容易实现程度较深的制度化，取得了类似学科的制度化建制。研究对象的稳定性和抽象性决定了以跨学科为重要特征的许多知识难以在大学中实现高水平的制度化，因为它们的情境性和市场性特征决定了这类模式下的知识源于具体的应用难题。显然，这些具体问题的生命周期较短，基于问题解决而产生的知识往往也更为具体和细化，它们更容易受到市场波动的影响，自有其生命周期，它们往往随着市场和资本的频繁转移而兴衰，进而决定了许多新模式下生产出来的知识是在低制度化的层面存在的。因此这类知识生产也难于长期在大学中设立以此为基础的教育专业，也难于获得持续的合法性和资源，缺乏学科的稳定性和持续性。跨学科研究的再生产机制的建立也受制于此。颁发博士学位是研究领域制度化的最高水平，如果研究问题的生命周期大大短于从业者的培养以及代际更替，那么其细分的学术劳动力市场就无法持久。这种类型的跨学科研究很难学科化，难以建立持久的组织，难以对大学教学和学术界的再生产发挥长远且深刻的影响。

　　除了研究对象的稳定性之外，知识制度化的程度也受到这类知识同其他知识之间差异性建构的约束。沃勒斯坦指出："学科的制度化的进程的一个基本方面就是，每一个学科都试图对它与其他学科之间的差异进行界定，尤其要说明它与那些在社会现实研究方面内容最相近的学科之间究竟有何分别。"[31]差异性建构这一准则也意味着知识领域成为学科的"对象性"，即某一知识领域相对于谁而建构其差异性，对于它在学理上能否成为独立的学科，具有关键意义。根据华勒斯坦对社会科学的研究，我们可以认为学科分化之时，知识界的学科成员还较少，社会学、经济学、政治学等经典学科的差异是基于时空的分割而确立的。[32]第二次世界大战之后，尽管原来越来越多的交叉领域出现，但晋身为学科家族的新成员寥寥无几，其中之一为语言学，这一典型的交叉领域之所以能在美国制度化为独立学科，一个关键的原因即在于它同文学、心理学、生物学、计算机科学、物理学等母学科领域的差异相对容易建构出来。

　　对于许多跨学科领域而言，它们的知识是在原先学科内部和学科之间生长出来，学者在知识创造的过程中，以来自母学科的理论、概念和知识进展为原材料，日常的科研实践无法为他们提供从原有学科分化而形成独立学科的认知动力。它们在建构与母学科的差异性时，面临着比经典学科产生之初更多的挑战和难度，这也遏制了它们成为学科的"抱负"。这些跨学科领域也倾向于承认自身的"跨学科"色彩，以免引发成为独立学科而伴随的合法性危机。这在美国的管理学、高等教育学等领域体现得较为典型。对于研究对象较为具体、易变，且难以建构出与其他学科具有差异的知识领域而言，它们往往制度化为某一学科之下的分支领域或研究议题，在教学上也多表现为一门或数门课程。

　　跨学科的蓬勃发展改变了学术界的面貌，学科自身的边界也随之模糊。不过，此二者的矛盾主要在于对知识的边界划分和分类持有不同观点，它们发展的动力与制度逻辑并无实质性差异，支撑这两者出现和制度化的微观动力学依旧是学者个体或群体争取各种物质资源和可信性的竞争性行动。我们有理由认为，尽管面临所谓跨学科的强烈挑战，学科依托其社会功能，依然具有强劲的生命力。学科在整个现代知识生产和传播链条中位居上游，它源

---

31 华勒斯坦.开放社会科学〔M〕.刘锋，译.北京：生活·读书·新知三联书店，1997:3.
32 华勒斯坦.开放社会科学〔M〕.刘锋，译.北京：生活·读书·新知三联书店，1997.

源不断地向学科化了的跨学科领域输出人员和知识工具。正是在学科强大功能和占据战略性地位的基础上，学科在 19 世纪分化而出，并在第二次世界大战之后的种种质疑与挑战中并未被削弱，那些脱颖而出的跨学科领域也日趋学科化。对于以跨学科、应用性为重要特征的新知识生产模式而言，更为普遍的情况是学科培养出来的人在项目组中根据市场需求生产知识，这可被类比为学科应用的"下游产品"。因此，即使在跨学科研究成为风尚的年代，学科在大学中的基础性地位依然没有动摇，这点也为研究者所意识到，他们对大学和传统学科模式在知识生产中的核心地位予以承认。[33]

但这并不意味着学科的规模、组织方式和分布状态不发生变化。有学者认为至少在美国的大学中，未来随着跨学科研究和知识商品化趋势的持续存在，学科从业者和学生的比重将会下降，学科将更加集中分布在有竞争力的大学中，而那些在大学序列中处于较低地位、需要紧跟市场以求生存的大学，将是跨学科领域的主要聚集地。[34]

四、学科分类的国别差异：强架构与弱架构

本文前面的部分主要在理论上探讨了学科自身所具有的跨学科特征，并从资源竞争以推进知识制度化的角度确立起学科与跨学科之间的一致性。不过，理论上对学科、跨学科二者共性所作的普遍性结论，并不能完全解释和消解实践中出现的问题和矛盾，例如，我们该如何理解中国的"学科升格"和跨学科、多学科领域的"学科化"现象？为什么在中国许多跨学科领域学者没有像他们在美国的同行，通过做出"跨学科"的宣称以推进其制度化，而是选择了"学科化"的策略？

美国学科与法国学科：架构较弱的知识分类

为了说明这个问题，本文借用伯恩斯坦（Bernstein）关于知识"强架构"和"弱架构"的概念来进行分析。伯恩斯坦最初用这一组概念来分析教学过程中教育者和受教育者之间的教育关系，架构的强弱之别主要在于教师和学生在教学关系中权力的大与小。根据伯恩斯坦的论述，课程知识的架构强，减少了学生在学习方面的权力而增加了教师在教学关系中的权力。[35]本文将在

---

33 杰勒得·德兰迪.知识社会中的大学〔M〕.黄建如译.北京：北京大学出版社，2010.
34 Abbott, "The disciplines and the future," 205-230.
35 贝索尔·伯恩斯坦.论教育知识的分类和构架〔A〕.麦克·F·D·扬.知识与控制：

借鉴这组概念的基础上来分析在具体的学科治理制度下，由于学科权力分布和资源分配制度的差异，知识行动者的策略空间也随之不同。这种策略空间的差异使得学科在不同治理制度下发挥着不同的功能，学科与跨学科的兼容程度也存有差异。

学科是以相关社会建制作支撑的知识分类，这种类别同时存在于主观的认知世界和客观的资源分配中。根据知识社会学的观点，学科的社会建制也会影响到学科的知识特征。在不同国家，对于教学专业、期刊杂志、院系研究所这些学科社会建制重要构成要素的权力分布和制度性规定不同，这使得学科在不同国家成为了架构强度不同的知识分类。在知识架构较弱的国度，学科之间的知识边界更容易交流与融合，学科知识的跨学科性更强，且跨学科也更容易组织起来。

根据学科分类架构的强弱，我们可以以民族国家为单位，识别出学科分类的多种模式。在美国，设置学科、教学专业和实体性学术组织的权力主要掌握在大学一级，因而各大学可以根据自身所处的环境和目标定位，灵活成立实体性或虚体性的跨学科学院，也可设置跨学科的教学专业。教授群体的专业权力也发育得较为充分，他们可以根据研究兴趣创立新的学术期刊。相较于法国、德国和中国的中央政府掌握重要的学科设置权力而言，美国在学科社会建制方面的权力分布相对下移，其学科体系有较大弹性，资源可以在一个相对活跃和公平的竞争体制中流动，因而跨学科领域容易出现且能够获得其制度化所需的资源。不过这种灵活性和弹性并非意味着学科间没有边界，美国是一个专业性（professional）很强的社会，学术界亦不例外，学科内的学者都试图将本领域建构为一个具有排他性的专门领域，这种排他性权力可能通过知识的高度抽象而实现，但更多是通过对准入门槛的控制而实现的，这产生了美国学科的一个重要功能：它作为学术劳动力市场分割的系统而存在。学科在学者聘用、学科再生产方面发挥着类似分轨的功能，不同经典学科间的知识可以交流与融合，但这些经典学科招聘研究者时的边界却很明显。颇为常见的情况是，在许多交叉领域，如政治社会学、历史人类学，新一代学术从业者的职位聘任大多发生在他们取得博士学位的学科内，他们多在既定的学科边界内流动。[36]鉴于美国学科在学科建制方面的分轨功能，我们有理由

教育社会学新探〔C〕.谢维和，朱旭东译.上海：华东师范大学出版社，2002：61-89.
36 当然，这是就经典学科而言的，如政治学、经济学、社会学、人类学、历史学，等

认为学科在美国的分类程度比起欧陆国家要强。

在以法国为代表的欧陆国家里，对于人文社会科学领域内的经典学科而言，它们彼此间的分化从来都没有达到美国学科分化的程度，"学科"在法国的所发挥的功能同美国远不相同。在法国的人文社科领域内，尽管也面临着美国化的挑战和压力，学科从未像它在美国那样成为学术劳动力的细分市场，学者寻找到教职更依赖于多学科的非正式性学术团体，[37]这从古典社会学时期的涂尔干到第二次世界大战后的福柯、布迪厄、拉图尔等学者的学术任职履历和知识成就上可窥一斑。年鉴学派的兴起也是扎根于这种多学科的非正式团体。法国学科间的界限和分割，远不如美国模式来得清晰和稳定。法国学科社会建制的这一特征也反映在其人文领域和社会科学的知识特点上，法国学者的著作很难被绵密的学科分类体系所框定。学者在知识创造过程中倾向于通盘吸收相关的研究，博采各科之长。这也是为何科学研究界认为法国的跨学科项目发展得较为成功，其原因就在于社会建制维度的学科分化从未达到很深的程度，换言之，法国学科之间一直存在频繁而深入的跨学科交流。

"学科"在中国：强架构的知识分类

将法国学科同美国学科相比，我们可以认为法国学科为一种架构较弱的知识分类，这种弱架构也使得学科知识间的边界更容易跨越和融合，而美国学科的架构程度稍强。在当代中国，学科则是一种更强架构的知识分类。我国围绕《学科目录》进行知识制度化所需关键资源（生额、教职、设置教学专业和院系组织的资格）的层层分配，这一制度使得学科在我国成为了具有强架构的知识分类。

在 2011 年颁布的《学科目录》中，众多的知识领域被划分为 13 个学科门类，每个门类下辖若干一级学科，每个一级学科之下又设置若干二级学科，形成一个层级性的分类结构，任何一个研究领域都会在这一目录中找到自身对应的位置或者挂靠于某一类目之下。《学科目录》承载着极为丰富的资源，依托于资源的分配和流动，这一知识分类系统对各高校的小学行为具有非常强的引导性。《学科目录》支撑着全国各地、各层级高校的科研和教学实践，它被广泛地应用于不同领域。国务院学位委员会、教育部、各大学发展规划

等。

---

37 Terry, *Prophets and patrons: the French university and the emergences of the social sciences.*

部门、国家自然科学基金委员会、院系领导、学者等组织和个体在日常工作中参考这份目录进行工作。基于此目录，来自不同领域的行动者在整个高等教育的众多部门和环节建立起一个资源分配与流通、知识控制与管理的机制与通道。在《学科目录》的引导下，我国的学科设置呈现出高度的标准化和一致性。这份目录成为政府对高校的学科设置和学科发展施加控制与引导的工具。学科建设、院系设置、学科评估、重点学科评审、本科教学及其课程设置均需参照《学科目录》操作。对于全国绝大部分高校而言，它们缺乏设置学科的自主权，只能根据《学科目录》设置专业和学科。没有被这份目录识别为学科的知识领域，基本上无法在高校普遍成立实体性的学术组织和设置教学专业。

本科专业的设置、硕士和博士学位点、学术期刊、实体性院系的设置等许多方面都同《学科目录》挂钩，资源沿着目录所确定的类别和等级分割而层层流动，因而学科或知识领域在《学科目录》中的级别同这一领域在高校中的制度化形态有着密切关联，一个领域是否拥有据其命名的学位点，是否可以开展制度化的人才培养，是否拥有从本科到博士一以贯之的课程体系，是否拥有独立的院系结构，同它在《学科目录》中的位置有着很强的对应性。

在单位制遗产丰厚的高等教育体系内，根据《学科目录》层层进行制度化学术资本的分配，使得我国的"学科—专业"（这里的专业意为教学专业，对应的英文是 instruction program，而非 profession）与实体性的学术组织之间呈现出一种对应关系，本文将此称之为"学科-专业"的实体化倾向。

这种实体化倾向，首先表现为实体性的学术组织（教研室、系、所）若想在大学中获取稳定地位且实现大规模扩张，它所依托的知识必须在《学科目录》中占有一席之地，由此出现了一种"知识领域-学科-学术组织"的对应逻辑，一个知识领域需要被《学科目录》识别为一门学科，其学术组织才能大规模地稳定发展。这种分配的逻辑强化了知识领域凝结为"学科"的动力。

其次，这种实体化倾向还体现在"学科-专业"之间的对应关系。尽管我国高等教育本科生的专业目录没有严格对应于研究生教育的《学科目录》，但本科专业的设置在很大程度上参考"学科门类-一级学科"的分类框架。在专业设置的论证过程中，存在着非常强的"学科逻辑"。专业是学科的衍生品，在知识生产与传播的链条中居于下游。专业对应于学科，学科又在大学中对应某一个院系，因此"专业-学科-院系"之间形成了一种极强的对应关系，通常而言，大学的院系都包含一个或一个以上的学科与专业。

这两种对应关系的组织基础是我国大学的院系。与美国相比，我国大学院系一个重要的差异在于教师、本科生与研究生都归本院系统管，跨院系合聘教师远未成为正式制度，我国在本科阶段也缺乏本科生院，学生直接归属于院系。本科生的专业教育、研究生培养、教师评估，都在院系的框架内进行。这种人员上的严格归属，增强了跨院系的科研合作与教育的阻力。因此，中国大学提供的专业和学科教育绝大多数都在一个院或与学院地位相对等的学系内部完成的，很少出现跨院/系之间的系统教育。这种资本的分配逻辑也从心态上造成了我国大学中行动者此疆彼界的意识较强，招生、专业设置与研究都严格地局限在院系单位的边界之内。这种实体性色彩增加了跨院系发展新兴领域或发展教学专业的难度，即使在同一个学院内部，新设立一个专业也会因传统上资源分配严格对应于学科而困难重重。

"学科-专业"与实体性学术组织的对应关系，使得许多跨越多个学科而无法组织进一个院系内进行研究或教学的新兴领域被迫学科化或学科升格。以国学为例，国学专业的课程设置需要对文、史、哲等学科内的课程进行大规模重组，在没有成立实体性国学组织的情况下，多学科国学专业教育的发展，就需要依托院校中的强权人物打破院系间的壁垒，依托既有的文、史、哲院系提供国学教育，或更进一步，成立实体性的国学院。为了保证专业和学院的稳定性，制度化地开展国学教育，它必须进行学科化。国学作为多学科领域、作为一门专业，它具有认知上的合法性，但国学希望成为一门学科，这种身份定位引发了合法性危机。

其次，这种"学科-实体性组织"的对应关系，也使得跨学科或多学科领域的科研和教学的需求都尽量在实体性的学科组织内得到满足。当这一矛盾无法在既有的学科边界及其学术组织内解决时，在社会条件具备的情境下，就容易出现实体化学术组织的设立，进而产生学科化或学科升格的诉求。

这套学科资源分配的制度，使得大量跨学科、实体性的学术组织的建立随即陷入了两难境地：一方面，它之所以要建立实体性的组织，是因为多学科的知识交叉而使得它无法顺利归入某个学科之内；另一方面，它需要确立起自身作为学科的合法性，从而有助于跨学科实体组织的建立及其稳定化。这种情况下，跨学科领域缺乏作为学科的合法性与制度化学术资本按照学科进行分配的行政权力形成一对矛盾，知识领域进而陷入制度化困境。这正是当前国学的遭遇，国学在高校中进行系统的教育需要打破学科间的壁垒，这又需要它凝结为一个学科，这两种逻辑相互抵触，进而国学学科化失败了，在未来的一段时间内，它在高等教育中的制度化也将不会特别顺利。在"学科-实体组织"对应的实体性逻辑下，那些成功确立起本领域与其他领域的差异、从而拥有作为独立学科合法性的领域，却也因为实体组织大量重构的可能而遭到高校行政系统的反对（如语言学），纯学术资本的积累和创造受到了学科间对制度化学术资本争夺的限制。

知识制度化所需要的关键资源沿着《学科目录》确立的类别和等级层层流动，学科在学术劳动力市场上也更为封闭，跨学科的研究者聘用也鲜有发生。对于那些已经被《学科目录》识别为学科的典型跨学科领域（如高等教育学、传播学），它们已经高度学科化了，学术劳动力市场基本封闭，院系更多聘用本领域培养出来的博士生。而在美国，这些领域即使在社会建制上高度学科化了，依然有相当高比例的从业者接受了社会学、心理学和经济学等母学科的专业训练。对于那些没有被《学科目录》识别的跨学科领域，它们更多也只能依附于某一个单一领域，实现低程度的制度化。

综上所述，我们有理由认为我国围绕学科进行的资源分配相对封闭和僵化，这限制了知识在学科之间流动的频繁度与融合程度。学科在我国成为一种架构强的知识分类。相比之下，法国的学科分类则软性得多，美国居于中间。在我国学科的强分类之下，学科之间边界更为明显和固化，学科与跨学科的兼容性更为薄弱，对于跨学科领域而言，成为学科对于其制度化生存更为紧迫，因而许多跨学科领域的学科化或学科升格的呼吁也就可以理解了。

学科在中国具有了一些本土性的特征和意涵。首先，学科保障知识制度化所需资源的功能被强化，被《学科目录》识别为学科就成为知识领域能在更大规模和更深程度上推进其制度化的先行条件，若一个领域没有被识别为学科，它在高校中制度化的空间将会非常狭窄。在这种体制性的安排下，知识领域都难免期望自身尽可能被《学科目录》识别为更高级别的学科。

其次，在美国，学科更多是学术界内部的劳动分工和专业化所形成的知识类别，因而学术界的学术权力在判断和识别一个领域是否为学科上至关重要。在中国，学科可能并非学术界竞争的结果，而是国家综合意识形态、社会需求和学科基础，经由政府官员和学者精英借助行政权力识别而出。国家权力和行政权力在学科形成中的作用得以加强，学科具有了行政含义。在这种体制下，这两种权力同学术界内部的学术权力可能存在矛盾，出现一些在其他国家是跨学科而在中国却是学科的"学科"。对于此类学科而言，获得学科地位之后，就会出现不少学科合法化的话语实践，从研究对象、方法、理论体系上努力将自身建构为一个合法的学科，以合法化其学科身份。

如果说，资源基于学科进行分配，培育了学科化的制度性动力，那么此种动力也会在一定程度上被资源分配这套体制自身的制度性阻力所冲淡或抵消，制度性阻力主要源于下述两点：第一，科层体制对数量控制的诉求；第二，学科高度标准化背后强大的行政动员力/阻力。

首先，政府通过《学科目录》进行资源分配是典型的科层制，这套自上而下的分配体制增加了科层制层层分配的负担。出于简化工作程序和任务的考虑，政府和高校行政系统有控制学科数量的诉求和动力，这降低了知识领域成为学科或学科升格的可能性，增强了学科化或学科升格的难度，这种可能性反馈至知识领域内部，在很大程度上弱化着学科身份建构者的预期和对可行性的判断。因此，尽管存在着学科化或者学科升格的制度性动力，但是许多领域并不会将此种资源争夺的动力转化为具体的行动，甚至不会进入学者或学术管理者的"观念"之中。其次，面对可能的大变动，政府和高校的行政权力的"惰性"成为某些领域学科身份建构的最大阻力，来自行政层面的阻力又强化了学科身份建构的难度。而若知识领域成功地被《学科目录》所识别或成功重构其学科身份，行政权力则又会成为这些知识在大范围内快速推进其制度化的助力。

概而言之，学科在高校中的设置和发展存在着较高程度的标准化倾向，这使得大学根据自身特点和定位设置跨学科专业或研究方向的灵活性降低，学科内部和学科之间的竞争性减弱。资源沿着行政识别的学科界限流动和分配，固化了学科社会建制之间的边界，进而也强化了学科知识的分类，阻碍了知识之间的交流。这种制度使得知识实践者在此体制下灵活组合知识以设置专业和研究方向的策略空间受到挤压，跨学科领域的制度化要么受到压制，要么主要寄居在某一个学科之下，在可能的时机，就会采取学科化的策略以争取更广阔的空间。

五、结语与讨论

至此，本文在借鉴知识社会学和学科史的基础上分析了学科自身所含有的跨学科性。学科与跨学科二者并非历史的断裂与突变，它们受制于同样的制度逻辑。知识创新以及物质资源的竞争既是 19 世纪现代学科分化、确立的深层根源，也是第二次世界大战以来跨学科蓬勃发展的动力。尽管面临知识快速更新和流动的挑战，学科依然具有跨学科没有的功能：学科更为稳定，它为日趋分化和快速变动的知识界提供着一种最基本的社会秩序，为规模日益膨胀的研究者提供着最基本的身份认同。这正是学科制度在跨学科勃兴的过程中持续得到强化的原因。

我们需要意识到，不同国家的学科制度具有很大的差异性（如学科在法国和在美国有着非常不同的意味和功能），因而学科与跨学科在不同国家的兼容程度也存有差异。在当代中国，学科与其说是学术界经由长期的知识竞争而形成的分类，毋宁说它首先是国家在兼顾学术逻辑的同时进行资源分配和权力控制的单位，学科的学术性被淡化，而行政性得到强化。在既有的学科格局下，整套学科治理的制度使得学科与跨学科的兼容性较低，同许多国家相比，我国跨学科的教学专业或研究很难得到大范围、深层次的实践。对于许多跨学科的领域来说，被国家识别为学科是它们实现较深程度制度化的先行条件。当我们分析了中国高校学科治理制度的运作特点，就不难理解为何许多领域会出现学科化或学科升格的呼吁。

本文对学科与跨学科的历史延续性与共性做出分析，且力求探讨二者在中国情境下的关系，但研究仅仅触及了整个问题的一部分而已，依旧有诸多欠缺之处。许多问题亟待理论讨论和经验分析，例如学科在中国所具有的意涵是什么？对于学科研究的中国经验如何补充与修订着学术界关于学科的理论理解？知识生产系统规模的持续扩张对学科与跨学科的发展产生何种影响？学科与跨学科的关系是否存在学科差异？这种学科差异将在多大程度上挑战着本文的观点？在知识全球化和多学科交叉日益深入的情况下，中国的学科治理制度该做哪些有益的改革以应对挑战？以上问题皆可为未来进一步探究的方向。

附录三：燕京学堂与大学治理[*]

摘要： 北京大学燕京学堂的设立是 2014 年教育界一个重要事件。根据校方的宣称，燕京学堂是北京大学建设世界一流大学、推进国际化的一大重要举措。本文认为，燕京学堂的设置及其引发的争论，是我国大学的行政权力随着上世纪 90 年代以来资本的大量涌入而得到强化的产物。"国际化"是大学行政权力建设世界一流大学的重要动力和措辞，燕京学堂的国际化直接涉及到人文学科，国际化的倾向同人文学科的知识特征存在张力，因而引发了相关学者的强烈质疑。此外，围绕燕京学堂"中国学硕士"正反双方的争论体现出中国学科与专业设置的制度性捆绑，在中国，由于教学专业或项目的设置常常对应着单一的学科，因而诸如"东亚研究"的多学科领域在美国设立院系组织且依托教学项目的顺利扩张，并不能简单用作"中国学"在中国顺利制度化的合法理由。

关键词： 燕京学堂 行政权力 国际化 学科 教学项目

燕京学堂的设立，可谓 2014 年知识界和高等教育界的一个重要事件。5月 5 日，北大校方正式宣布设立燕京学堂，燕京学堂项目是"具有国际视野的开放、高端的学术研究和人才培养计划"，是"一项植根于北大深厚的历史

---

* 此文刊出版本详见杨东平·教育蓝皮书：中国教育发展报告（2015）〔C〕.2015 年，北京：教育科学出版社，153-163.

文化，利用北大人文、社科领域学科完备的优势，为来自海内外一流大学的学生开设的一年制'中国学'硕士学位项目"。学堂以"中国主体性为基础的国际领导力养成"为培养原则，下设"哲学与宗教"、"历史与考古"、"文学与文化"、"经济与管理"、"法律与社会"、"公共政策与国际关系"六个方向的课程体系。课程主要以英文讲授。首批学生预计在 2015 年秋季入学，计划招收 100 人，其中 35%为中国籍学生，65%为外籍，北大向入学者提供丰厚奖学金。燕京学堂师资将聘用部分北大教师，其余向全球公开招聘。学堂采用住宿式学院制度，将把北京大学静园六院作为学生住宿、教师办公用房，并开挖静园草坪地下建设教室。

消息一经公布，立即在北大师生中引起轩然大波，进而也引发媒体的关注。北大师生就"燕京学堂计划的决策程序"、"选址静园"、"燕京学堂的培养目标与学制年限"、"特殊待遇与教育公平"、"中国学的范畴问题"、"国际化"、"燕京学堂的命名问题"、"经费来源"等问题对项目进行质疑并积极与校方展开沟通。北京大学也曾举行燕京学堂咨询会同师生就相关问题进行沟通。重要的学者撰文讨论燕京学堂，一些学者组织聚会探讨如何建设人文学科、如何进行中国学研究等话题，《读书》、《南风窗》、《南方周末》等报刊也对燕京学堂进行了报道与讨论。围绕燕京学堂的讨论成为近些年来颇受学界内外`关注的事件之一。燕京学堂项目将其引发的种种争论之所以引人注目，不仅因其发生在北大，更因为这一项目本身折射出大学治理的诸多趋势与矛盾，令人省思。本文就其中涉及到的"行政权力"、"国际化"与"学科-教学专业的设置"三个问题做一简要讨论，以其抛砖引玉，推进对"燕京学堂"个案与大学治理的研究。

一、大学行政权力与燕京学堂

客观地讲，北大募集到巨资筹建燕京学堂，本可以避免激起师生如此强烈之反对。当今大学早已是发挥多种功能的巨型大学，学校希望培养未来世界的领袖亦可理解。不过，暂且不谈围绕燕京学堂的诸多价值之争、单从技术的层面来讲的话，北大校方一度陷入窘境，就在于"话说太满"，格调太高，以"中国学"、"国际化"、"高端学术"、"文明主体性"等时下最时尚的话语来宣传燕京学堂，并且还以"静园"这一最具北大人文传统象征性的空间作为燕京学堂选址，导致"群情激奋"，余波至今未消。对于北大校方的高端定位，有学者认为北大校方"好心办坏事"，不过无论出自"好心"还是出于其它考虑，校方没有考虑学校师生可能的价值倾向与情感，没有对相关的制度规定和程序作全盘考虑，直接在五四北大校庆日之后宣布燕京学堂项目，对于广大师生来说，可谓"晴天惊雷"。在反对者看来，燕京学堂既无程序正义，也无价值正义。

师生们的质疑主要集中在"选址静园"、"决策的程序正义"以及"中国学学科设置"三方面。师生们向校方询问燕京学堂何时何地征求了何人的意见与看法，经费从何而来又将如何使用，为什么一定要选址静园等询问校方，校方语焉不详，千呼万唤也不见答案分晓。其中"选址静园"是最受反对的一点，本文将集中分析"选址静园"所体现出的问题。北大学生自发组成"静园小组"，利用网络问卷就燕京学堂向全校师生和校友展开调查，以程序正义的方式了解师生对于燕京学堂的看法。调查最终回收 3082 份有效问卷，其中反对燕京学堂项目者近半，为 46.5%。所有受访者中，反对静园选址者近九成，为 88.55%，反对理由主要在于燕京学堂选址于此将损害静园公共性。[1]

学校选址静园，将燕京学堂的利益相关者群体从相关学科的教师、燕京学堂将来的学生拓展至几乎所有的师生。在空间日渐逼仄的燕园内，静园是供燕园人驻足停留、休闲散步、于平日的浮躁与焦虑中享受片刻安宁与美好的公共空间。在许多学生看来，静园象征着学术殿堂，是高深学问符号化而成的实体建筑，在某种意义上代表了北大悠久的人文学科传统。静园所承载的闲散、淡泊和厚重，就是活在当下的历史，驻扎在许多学生心中。静园所承载的神圣与美好，同许多学生心底最深处的美好相关。然而，在校方看来，这里不过是一方可以用做宣传亮点的绝妙空间，在学校领导者看来，没有什么不可以进入资本兑换的逻辑，传统也好，师生倾注的情感和价值也罢，在行政官员的利益计算中，它们的厚重价值早已被层层剥落，最终化约为制造噱头和资本兑换的价值。无怪乎有师生抱怨北大"不是教师的北大，不是学生的北大，而是校领导的学校"。

校方为何如此"高调"？高调又如何成为可能？有人认为这是与清华苏

---

1 静园小组.争议何在："燕京学堂"项目调查报告〔EB/OL〕.http: //mp.weixin.qq.com/s?_biz=MzA4NDEzMDgzMQ==&mid=202103559&idx=1&sn=a136661f39ad221854feba571de26c38&scene=2&from=timeline&isappinstalled=0&key=0cbeb7802f7d2a1e544d928c2dd07b26f0ea228c9696f67777477cebc70295a036708098f7bf31e44bb58c4d96d0cc79&ascene=2&uin=NzE3MDE4MzYw, 2014/12/02.

世民学堂竞争之下的举措，但说到底，此种解释不过是隔靴搔痒，未能切中问题所在。燕京学堂所代表的"创新"之举，既不空前，也不会绝后，不过是行政系统主导大学建设中的又一个举措罢了。自上世纪 90 年代以来，借助于"创建一流大学"、985 工程、211 项目、大学和教师评估等举措，资源大量流入高校，行政权力在大学治理中的控制力和影响力进一步增强，相比之下，学术权力、学生权力在高校治理中的比重并无增强，甚至在大学市场化和科层化的趋势中进一步弱化。具体到燕京学堂项目，它产生的动力不源于学者的科研实践，也不源于社会对"世界精英"的需求，而是学校层级的行政领导争取资源与占据可能的制高点上的产物。

燕京学堂展示出，在资本大量涌入的时代里，行政权力也随之膨胀和扩大了。经济资本给了行政系统施展控制和引导的工具，强化了行政权力，行政权力又进一步被资本的逻辑所控制。行政权通过资本又为了资本，在资本的循环与转化中，"好大喜功"、"好洋喜功"[2] 就成为行政系统的行事风格，因为这样才能被资本提供者所识别，进而进一步获得资本，来自市场、政治的力量进一步深入大学治理之中。行政权力的强化以及长期以来缺乏按程序决议的传统，为北大校方空开高调宣传燕京学堂提供了制度性土壤。他们的目光主要投注于竞争者的手笔，着眼于这个世界的"政商精英"的生产机制，揣度资本提供者的偏好，至于"中国学"学科在学理上的尴尬、静园作为北大人文传统的象征性意义以及公共空间的重要性，这些可能激起反对的措辞并没有认真进入决策者的认知世界。民意民情在决策者那里，并不非常重要。校方预见到此举会引发不满，因而学校在技术层面颇有操作，学堂项目公布之前，没有大面积大范围的公开调查，只是有选择地在学校中层领导和教授那里征求意见。[3]他们没有料到民众反应会如此之激烈（也许因为师生多年来面对行政决策的"沉默"造成了决策者的"错觉"），决策者坚信此举可为北大带来更多的利益，只要强调收益利好，就能化解可能的冲突，其决策过程"程序非正义"不过是我国大学权力构成中行政权力较强的又一出故事罢了。

二、"国际化"之殇

如果说燕京学堂过程中的程序非正义、选址静园创建校中校所触犯的价

2　李零.从燕京学堂想起的〔J〕读书.2014（9）：10-16.
3　陈平原.假如我办燕京学堂〔J〕读书.2014（9）：3-10.

值正义激起了绝大多数师生的激烈反对，那么它所提倡通过国际化以引领高端学术、创建一流大学则在许多师生观念中具备合法性。"国际化"是目前高校治理中最精细化、最深入人心的治理术之一，也是行政权力延伸至学者治学与评估的"正当"理由之一。

若说国际化的初衷是通过西方元素的引进来增强本土大学的实力，遗憾的是，一波又一波的国际化政策却逐渐培育出了"国际"与"本土"在大学治理中的二重对立。在此二重对立中，"国际化"代表着未来、希望和竞争力，而本土要素则在一轮轮改革和人才措施中被建构为"落后"、"保守"与"陈旧"，本土元素就成为大学提高效率、增强竞争力的改造对象。"外来讲英文的和尚会念经"这种笼统性质的看法已溢出行政系统，成为许多人的"常识"。静园小组的调查也显示，支持燕京学堂者略高于 50%，支持理由中"提升北大国际化水平"、"提升北大人文社科科研水平"两项理由分列第一和第三。[4]在此种观念下，国际化已成为当今中国大学提升自己实力的不二法门。2003 年，张维迎在北大力推人事制度改革，高调开启了人事制度改革的乐章，期望将美国模式引入中国大学的聘任制度之中，这直接触动了广大教职工的核心利益，最终因教师群体的强烈反对而罢黜。人事聘用制度转入暗处，但国际化大势仍在继续，终于在燕京学堂又上演了一出变奏曲。

与一贯的国际化政策略有不同的是，燕京学堂将国际化的触角直接伸进知识最具本土性的领地，试图直插保存中国文化主体性的核心地带。燕京学堂关于国际化的溢美之词中，却处处矮化着北大既有的人文知识界。毫无疑问，这激起了北大人文学者的反对。在这里，"国际化"遇到了最强烈的抵抗与质疑，这种抵抗不仅仅是国际化是否利于学者考核与评估的利益问题，更重要的是，它与知识内在特征与理路的张力存有较强的张力。

在国际化与本土化所构成的连续统中，自然科学最靠近国际化一端，而对本体意义有更多追求的人文学科最接近本土化一极，社科领域位居中间，这种位置划分从根本上讲取决于知识的标准化程度，知识标准化程度越高的领域，使用数学、模型等抽象化符号的程度越深，中外知识的差异性越小，

---

4 静园小组.争议何在："燕京学堂"项目调查报告〔EB/OL〕.http: //mp.weixin.qq.com/s? _biz=MzA4NDEzMDgzMQ==&mid=202103559&idx=1&sn=a136661f39ad221854feb a571de26c38&scene=2&from=timeline&isappinstalled=0&key=0cbeb7802f7d2a1e544d 928c2dd07b26f0ea228c9696f67777477cebc70295a036708098f7bf31e44bb58c4d96d0cc 79&ascene=2&uin=NzE3MDE4MzYw, 2014/12/02

越容易以同样的标准来衡量。这些领域的知识孰优孰劣，容易达成共识，谁为中心也容易有明确共享的标准。故而，相比自然科学和社会科学，人文领域追求国际化的动力不强。人文领域的知识标准化程度低，学者个体或群体的观念、生活时空的传统、思维方式都会影响到学术研究，并且学术探究的对象和具体问题也多同具体的历史空间相关。人文领域的评价难以达成共识，要考虑到具体时空、国别的差异。基于此，我们不难理解人文领域在国际化趋势中的位置，也可以预期它成为对抗燕京学堂国际化的重要力量。

按照燕京学堂的设想，学堂从北大现有教师中联合聘任 30 人，从国内外公开招聘 20 人，并要求国际顶尖访问学者 20 人，并为这些人提供高薪。聘请教师的一条标准是英文能力，既能开设英语课程，还需要发表英文文章。在校方的推动者看来，借燕京学堂的项目为文史哲院系注入新的资源，尤其在人文学科冷门边缘的境遇下，学者们岂有不乐之理？但在反对者看来，这分明是糖衣炮弹，学堂裹挟着的资金、教职名额越充裕，对人文领域的威胁也将越大。政策宠儿的燕京学堂裹挟着金钱、教职和评价标准，长期以往，院系一层在多大程度上享有人权、财权？借着燕京学堂的推进，文史领域既有的评价标准亦难免让位于国际化的评价标准，学者将被置于国际化标尺的度量之下，其研究惯习将面临前所未有的否定与挑战。

中文、历史等领域的知识创造多以汉语为重，同社会科学和自然科学移植自西方不同，中国人文学科乃以西方学科取径重新理解古代传统，尽管今日之学术已大不同于近代转型之前，然而中国文化的主体性更多保存在人文领域。学者多以中文为学术语言，科研发表并不追求外文刊物，在一些分支领域，学术脉络中的核心问题和重要成果皆来自中国本土学界，西方国家在此领域并不居于明确的核心地位。从学术创作的要义而言，国外活跃的汉学家也需掌握汉语，汉语为其重要的工具语言，汉语是相关学术研究的必要条件。其次，在所谓的"中国学"研究领域，日本也是重镇之一，北大文史哲一些领域的第二外语多为日语，许多师生能够阅读日语文献甚至进行交流，而燕京学堂打一手英语牌，这不符合学术界既有传统。英语娴熟固然对学术有益，然而英语则既非充分也非必要，在中国人文领域一流学者的重要著作和文章绝大多数以汉语发表。

自改革开放以来，中国学术界开启重建，关涉中国中古的研究分支取得长足进步。在许多分支，顶尖学者的研究不仅缩小了同重要竞争者——日本和台湾学界——的差距，甚至有赶超之势。在北大这样一所位居中国尖端的大学，许多人文学者认为本分支的成果即使不能说世界一流，也不能说和西方国家有明显差距，这已成为人文领域许多学者的共识。[5]如果说中国学界需要世界接轨，也更多应处于平等的地位，不是取经，而是交流。对于以学术为志业的学者而言，学问承载着他们的理念与情感，是学者关怀与学品的凝结，也凝聚着学术界追求超越与被超越的价值诉求。如此一来，评价学者学术是一流还是二流，不仅涉及可量化的各种指标，它也关乎情感与价值。

在许多学者看来，燕京学堂华丽的宣传语矮化了中国的人文学术，大张旗鼓地引入英文学者以及高举国际化大旗之举，想当然且强行地将本土近些年的学术进展"抹杀"，人为将学术界的旗鼓相当制造为西强我弱的不平等，从这点来看，燕京学堂不仅触动了人文领域学者安身立命的家园，它也将本土学术三十年的追赶和进展视而不见，这刺痛了不少学者的学术情感，也同他们的研究惯习大相抵触。

在燕京学堂关于国际化的种种争论中，我们可以看到，北大人文学者并不盲目反对实质意义上的国际化，他们赞成通过多元的学术交流和融合，真正激发中国本土学术的推进。他们真正反对的是燕京学堂所体现出来的形式国际化，不考虑知识具体的特点和中国学术界的地位，想当然地以西方学术界为上并以"英文"来体现中国"主体性"的国际化。[6]此种形式上的国际化是让北大的学术从制度和具体内容上都"全面主动"地融入西方国家尤其是美国所建立起来的学问框架。

中国现阶段的国际化，主要由国家和高校行政部门以完成任务和指标的方式来推进，以国际化及其所必然附带的英语、学术期刊与聘任机制来衡量与评价中国学术界，这种推进国际化的方式实际上强化了世界学术界的既有规则与格局，中国学术界更深层次地纳入到西方学术界确立的秩序之中。这种国际化粗糙笼统，忽略了具体学科领域在世界范围内的格局差异，忽略了具体知识的特征，无怪乎有学者认为这是"自我殖民"。燕京学堂项目，将"国际化"的大旗插到北大人文领域的领地——这里恰是中国学术界知识逻辑最为强劲之地，也是中国最有可能成为世界汉学中心之地，它引发学者的强烈

5　甘阳、刘小枫.北大的文明定位与自我背叛——"燕京项目"应该废弃〔EB/OL〕. http：//www.21ccom.net/articles/zgyj/gmht/article_20140725110038.html，2014/12/13
6　李零、唐小峰等.我们需要什么样的"中国学"〔N〕.北京青年报.2014/7/04, D02 版.

质疑也就不足为奇了。从 2003 年北大人事制度改革到 2014 年的燕京学堂，中国大学创建一流大学的趋势便是日益以西方为基准，评价制度日趋单一。[7]国际化是否真的利大于弊？国际化，究竟是来自大学内部教学与研究实践中的实质问题与困境，还是源于一些有资本、有影响的组织机构超前但刻意散布的时尚？这些问题值得反思。无论如何，我们可以看到，中国政府和大学行政系统愈来愈主动地参与到国际化之中，并以相关的话语和词汇为大学注入资本和实行引导/控制。

三、"学科"与"教学项目"的设置

燕京学堂争论的重要焦点之一为"中国学"。根据在校方的种种描述和宣称，"中国学"是一个由燕京学堂首创的"学科"，下设一年制硕士学位，将围绕学科内涵建设为教学、科研、智库三位一体的办学机构。中国学下面包括六大分支领域，分别是哲学与宗教、历史与考古、文学与文化、经济与管理、法律与社会、公共政策与国际关系，是北京大学在发展交叉学科教学与科研实践上的又一重大举措。

针对校方的定位，反对者纷纷予以质疑，集中向以下几点发难：第一，根据中华人民共和国学位条例和学科设置的规定，大学目前只拥有设置二级学科的自主权，中国学作为二级学科，其归属的一级学科是什么？要被放在哪个门类之中？第二，中国学硕士学制只有一年，违反国家有关硕士学习年限为二到三年的规定；第三，中国学作为学科，其在学理上的合法性何在？它如何处理同相关文学、史学、哲学、经济学、社会学的差异？作为学科，它是否提出了新的研究问题、研究方法和特有的研究成果？ 在遭遇学者有关学科合法性的种种质疑之后，学堂主办方及支持者以西方为比照，指出国际上有很多大学开设"中国学"硕士学位项目，并设有"中国学"或相关的"东亚学"系所、研究中心等，针对中国和亚洲问题开展系统性学习和研究（在此可见国际化之影响，向西方学习以成为中国许多办学政策和措施的"合法性"源泉之一）。

从上述争论中，我们可以发现学堂举办者和支持者以"中国研究"或"东亚研究"在西方尤其是美国大学的制度化为理据，而反对者则以中国学科和人才培养的种种制度规定作为质疑的理由。校方以"中国学"来指称"中国

7　李零、唐小峰等.我们需要什么样的"中国学"〔N〕.北京青年报.2014/7/04, D02 版.

研究"并且将其定位为一个"学科"，其中有以"学"装饰"研究"的浮夸色彩，也有人指出这或许有便于今后教育部批学科点的实际考虑。论争双方各执一词，暂且不谈双方各自的策略和利益性考量，他们的措辞以及关于学科的判断引出一个更深层次的制度性问题，即燕京学堂提供一年制的硕士项目，将教授一整套课程，这些课程修习完毕即可认为拿到文凭，而这一文凭为何一定要对应到某种学科？再进一步，跨学科/多学科的研究领域是否要成为一个学科？从双方的种种辩论和各自持有的理据而言，要更恰切地理解这些问题，就会涉及到规制我国大学人才培养和学科设置最重要的一个制度：即各大学根据《学位授予和人才培养学科目录》（下简称《学科目录》）[8]进行学位点建设和文凭授予，这套制度的运行，使得教学项目/专业与学科之间形成了一种对应关系，专业的设置遵循着一种"学科本位"。这意味着在中国，通行的规则是学生修习的课程体系要在一个学科之内，大学根据学科的归类和等级来设计专业的课程体系；反之，教学项目/专业的设置也要对应于某一个学科。在美国，学生修习何种课程没有严格和强烈的学科导向，学校可以根据市场需求或其学科群的考虑而较为灵活地设计课程体系，本文将此称之为教学项目/专业的"课程本位"。在中国，学科与教学项目的这种对应逻辑典型地体现于燕京学堂的争论之中。

自上个世纪 80 年代以来，我国制定《学科目录》并据此进行学位点建设和院系设置。《学科目录》支撑着全国各地、各层级高校的科研和教学实践。本科专业的设置、硕士和博士学位点、学术期刊、实体性院系的设置等许多方面都同《学科目录》挂钩，资源沿着目录所确定的类别和等级分割而层层流动。在此制定下，"学科—教学项目"与实体性的学术组织之间呈现出一种对应逻辑。

这种逻辑首先表现为实体性的学术组织（教研室、系、所）若想在大学中获取稳定地位且实现大规模扩张，它所依托的知识必须在《学科目录》中占有一席之地，由此出现了一种"知识领域——学科——学术组织"的对应

8　这一目录不同版本的名称不尽相同，本文均将其简称为《学科目录》。《学科目录》最早一版颁布于 20 世纪 80 年代初，到目前为止共有 4 个版本，分别是 1983 年的《高等学校和科研机构授予博士和硕士学位的学科、专业目录（试行草案）》、1990 年的《授予博士、硕士学位和培养研究生的学科、专业目录》、1997 年的《授予博士、硕士学位和培养研究生的学科、专业目录》以及 2011 年《学位授予和人才培养学科目录》。

逻辑，一个知识领域需要被《学科目录》识别为一门学科，其学术组织才能实现长期稳定的发展。其次，这种对应逻辑还体现在"学科"与"教学项目"之间的对应关系。尽管我国高等教育本科生的专业目录没有严格对应于研究生教育的《学科目录》，但本科专业的设置在很大程度上参考"学科门类——一级学科"的分类框架。在教学项目/专业设置的论证过程中，存在着非常强的"学科逻辑"。专业是学科的衍生品，在知识生产与传播的链条中居于下游。专业对应于学科，学科又在大学中对应某一个院系，因此"专业——学科——院系"之间形成了一种极强的对应关系，通常而言，大学的院系都包含一个或一个以上的学科与专业。

"学科——教学项目/专业"与实体性学术组织的对应逻辑，在常识世界中体现为不少人默认为一个专业/教学项目对应着一个学科，这种观念也同制度上的资源分配相互强化。在这种体制下，着眼于人才培养的专业或项目的灵活程度较低，超越学科而包含诸多领域课程的教学项目/专业难以具备完全的合法性和长期、大规模的操作性。"中国学"所遭受的质疑不独因为燕京学堂激起的反对，它是交叉学科在中国制度化困境的典型案例（例如近些年的国学的学科化呼吁），在一个学科归属和分类性很强的制度下，如何发展交叉学科是一个需要在制度上厘清的问题。

燕京学堂是特殊政策的产物，它本有不必遵循"学科-教学项目/专业"与实体组织对应逻辑的可能，然而校方高调的学科定位将其推入舆论漩涡。尽管支持者以东亚研究在美国的发展作为燕京学堂的类比以建构合法性，但他们都鲜有指出中国和美国大学在学科和教学专业治理上的制度差异，他们都没有说明美国的这种制度化形式只是在教学项目的层次上，美国同行将"东亚研究"建构为一个学科的诉求很弱。美国体制中，教学项目/专业的设置并无根深蒂固的"学科本位"思维，因而，"中国研究"或"东亚研究"在美国体制下的顺利制度化，并不能直接作为"中国学"在中国成为学科的充分理由。

我国学科治理的僵化性及其造成的中国学科和教学项目/专业设置制度的灵活性和弹性较弱，常为学界诟病。燕京学堂事件却为学界观察并进一步丰富对大学治理这套制度的认识提供了另一种可能和视角。对于燕京学堂的反对者而言，围绕《学科目录》进行学科、教学专业以及院系设置的种种规定为他们进行质疑提供了策略性的措辞资源。在这个具体的案例中，反对者对

"学科与教学项目"之间的绑定式理解，成为对抗资本和行政权力的"武器"。

四、结　语

　　燕京学堂可以被简单视为一个升级版的 MBA 项目，但它更可以成为学界透视当前大学治理的一枚棱镜。相关的争论和质疑，映射出中国大学办学存在的几个结构性问题，暴露了自上世纪 90 年代以来大学治理过程中长期积累的矛盾，并将行政权力、资本和市场、传统与价值、教育公平、国际化、本土化、治学理念、学科与专业设置等事关大学治理的重要问题牵引而出。本文所作的讨论和分析也仅仅是挂一漏万，权作抛砖引玉。

　　大学治理的过程中，学术争论本也正常，价值冲突亦难避免，燕京学堂的论争始末，向我们展示了大学治理中行政权力与学术权力的矛盾、国际化与本土化的矛盾，以及学科与专业设置制度长期培育出来的观念如何影响着多学科/跨学科领域的制度化。整个过程中行政系统决策程序正义的缺席、对传统与情感的无视，都展示出一个强化的行政权力在引导一流世界大学建设中的行事风格。在舆论的重压之下，北大校方迫于师生的强烈反对和舆论关注，最终决定燕京学堂放弃选址静园，这可谓大学民主精神的一种彰显（笔者希望，行政权力与师生治校权力的协商可以成为大学治理的常态）。不过，我们还需看到，燕京学堂项目的招生宣传依然出现在了世界上其他大学的网页上，计划照旧进行，这让我们看到资本和权力的拥有者如何在大学中施加影响。我们也看到国际化亦是不可抗拒的潮流，如何更好地、更适当地回应国际化，也是需要反思与实践的问题。

附录四：知识边界：研究与启示

  长期以来，"边界"一直是社会学中一个"隐而未发"的议题。"阶层"、"身份认同"、"类别划分"等经典社会学议题，都已涉及"边界"。涂尔干在《原始分类》、《宗教生活的基本形式》等论著中对"分类"的探讨已提到边界，[1]韦伯提倡的类型学实质上也意味着对不同类型划分标准的识别与确立，无形之中已暗含着不同类型之间的差异边界。不过，"边界"本身从未成为这些经典社会学家的特殊兴趣，对于边界的界定、性质、特征等问题在最近才引起学界的兴趣。

  上世纪七、八十年代以来，美国社会科学领域对"边界"倾注了越来越多的目光，以"边界"为对象或者切入点的研究渐成热点。人类学、政治学、历史学、社会学等学科内许多著名学者通过"边界"探讨了认知形式、文化资本、种族与族群、移民、身份认同、群体权益、科学争论、学科与跨学科等问题。"边界"的引入为这些问题的研究提供了新的视角与解释框架，吸引了越来越多的研究者参与其中。

  在边界研究的阵营中，来自科学技术研究领域的学者成为一支活跃力量。他们的一个核心主张是科学从一开始就受到政治、经济、文化等社会性因素的塑造，这不仅影响着科学的规模、社会声望和组织制度，还塑造着科学知识内容本身。社会性因素对科学的影响是通过科学知识边界的建立、维持、

---

1 〔法〕爱弥尔·涂尔干、〔法〕马塞尔·莫斯.原始分类〔M〕.汲喆译.北京：商务印书馆,2012.〔法〕爱弥尔·涂尔干.宗教生活的基本形式〔M〕.渠东、汲喆译.上海：上海人民出版社，2006.

扩张、收缩、移位、削弱或消失得以实现的。"知识边界"成为社会性因素和知识内容互动的界面。"边界"遂成为科学研究的重要对象，围绕着"边界"也涌现出"划界实践"（boundary work）、"划界客体（boundary object）"、"划界组织（boundary organization）"等诸多概念，这些概念在解释知识生产、学科形成、跨学科发展、知识同政治、经济和社会变迁的互动等问题上显现出独特的价值与解释力。边界研究侧重于探讨边界的动力机制，即不同领域（如学术圈、不同知识领域、政治、市场、专业实践领域）间的边界是如何被创造、维持、强化、削弱、跨越或者转变的，他们也关注边界的重构或维持对于边界参与者有何影响。现代大学是知识创造最重要的制度性场所，因此从边界角度进行的知识研究，为高等教育领域内的诸多问题都提供了深刻的洞见。

本文的目标即在于梳理与知识边界相关的研究，文章分为以下几个部分：第一，简要梳理学界对"边界"的理解和界定；第二，评介知识边界研究中的两种视角及其涌现出的重要概念；第三，边界研究对我国高等教育研究的启示。行文中如有需要，本研究将用一些具体的学科作为例子，以便于解释边界研究中的重要概念与观点。

一、差异与共享：边界的两种界定

什么是科学？科学此种知识何以区别于其它类型的知识（如神学、形而上学、伪科学）？这一科学哲学、科学史以及科学社会学的经典问题涉及到了区分科学知识与其它知识的标准，实质是科学与非科学之间边界的问题。对这些问题的答案存在着客观实在论和建构论的争论，这两派对边界的本质和属性有着不同的看法。[2]前者的代表人物有孔德、波普尔、默顿，孔德认为科学知识的独特特征在于推理与观察，波普尔则提出了著名的可证伪性，并将其作为科学知识的标准，默顿认为"公有性、普遍主义、无私利性和有制度的怀疑精神"是科学区别于其他知识组织形式的四大原则。[3]这些看法的共

---

2 托马斯·吉瑞恩.科学的边界〔A〕.希拉·贾萨诺夫，杰拉尔德·马克尔，詹姆斯·彼得森，特雷弗·平奇.科学技术手册〔D〕.北京：北京理工大学出版社，2004 年：300-309. Abbott, *Time Matters: On Theory and Methods*.

3 〔美〕罗伯特·默顿.科学社会学：理论与经验研究〔C〕.北京：商务印书馆，2004.〔英〕卡尔·波普尔.猜想与反驳〔M〕.傅季重、纪树立等译.北京：中国美术学院出版社，2006.

同之处在于世上存在着固定不变、普遍适用的标准可以界定出科学与非科学
——换言之，某种知识与其它知识——之间的边界，边界是一种客观实在。

这些观点在建构论者那里得到了相当程度的解构。在建构论者看来，推
理与观察不为科学所独有，可证伪性则因其后验性而饱受诟病，它只是对科
学发现的事后描述，仍然无法真正解决"何为科学"此一难题。默顿所提倡
的四大原则也被认为过于理想，这些原则与其说是科学家的实践原则，毋宁
说是科学界的意识形态，在科学知识生产的过程中，充满着大量与这些原则
不符的社会实践。[4]人们逐渐倾向于认为，科学与非科学之间并不存在着本质
差异，什么是科学，科学与非科学的边界何在，区分标准为何，并非一个单
纯的逻辑问题，而是一个渗透着多重利益、价值观念和斗争实践的产物。世
上不存在确定无疑、普遍适用的边界标准，边界的形成是行动者在具体历史
情境下行动的沉淀物，权力、观念、利益渗透入边界的确定过程。因而，边
界是具体的、流动易变的。建构论者对边界的理解走向了动态的历史建构，
这一动态性的理解赋予了边界更加重要的地位，它不再是社会实体（social
entity）理所当然的附庸，在与其说先有社会实体，再有不同范畴间的边界，
毋宁说先有边界，才有实体。当社会行动者以特定方式塑造边界的时候，社
会实体才得以出现。[5]边界成为不同社会世界互动的界面，通过边界的塑造，
社会行动者获取自身发展所需的物质、权威与合法性。[6]

以社会学这一知识领域为例，从历史过程来看并非先有了这一学科，才
有它与政治学、经济学、哲学之间的边界，恰恰相反，社会学学科的形成正
是通过它与其它领域间边界的界定才得以形成的。[7]社会学与其它学科间知识
边界的不断模糊和变化也重塑着这一学科的地貌景观。因此，正确的思路不
再是从已有的社会实体入手寻找其边界，而应是通过边界的形成和变化来探

---

4 Gieryn, "Boundary- Work and the Demarcation of Science from Non-Science: Strains and Interests in Professional Ideologies of Scientists," 781-795.

5 Abbott, *Time Matters. On Theory and Methods*, 263.

6 Steven Fuller, "Disciplinary Boundaries and the Rhetoric of the Social Sciences," *Poetics Today*12, no.2 (1991): 301-325. Susan Leigh Star and James R. Griesemer. "Institutional Ecology, 'Translations' and Boundary Objects : Amateurs and Professionals in Berkeley's Museum of Vertebrate Zoology, 1907-39,"*Social Studies of Science* 19,1989 : 387-420.

7 Johan Heilbron, "Practical Foundations of Theorizing in Sociology: The Case of Pierre Bourdieu," In *Social Knowledge in the making*, ed. Charles Camic, Neil Gross, and Michèle Lamont (Chicago: University of Chicago Press, 2011), 181-208

究人们是如何创造实体（entities）的。推而广之，青年与老年、男性与女性、上层与下层之间的差异和划分标准无一不是社会建构的产物，不同范畴间边界的形成无时无刻不是人类行动的结果和中介。在建构论者看来，边界在变动，差异为相对，边界成为人与人互动的重要界面与资源，也成为融合或排斥的重要机制。正是在建构主义的脉络下，"边界"的重要性得以凸显，逐渐成为研究的关注对象。

随之而来的问题是，何为边界？建构论者对边界的界定可分为两种。艾博特（Abbott）认为，"在一个社会空间中，若某一点的临近区域至少包含着两个以上彼此之间存有差异的点，那么这一个点就被称之为边界点。"[8]这些边界点共同构成了边界。差异可以是肤色、性别、教育程度等特质，也可以是这些特质的组合。这个界定没有提及"谁"或者"什么"的边界，而采用了"某一社会空间"之中的差异点，这种表述与艾博特本人上述对"边界与实体"间关系的认知相一致。这一界定突出了边界所蕴含的差异特质，这些差异发挥着区隔的作用，因而往往成为身份建构、身份认同、团体形成的重要环节，围绕着差异所引发的"冲突"也成为边界研究的关注焦点。

与艾博特将边界理解为一种差异所不同的是，思达（Star）将边界理解为一个共享的空间，在这一空间内，属于这里或那里的归属感是混乱的、模糊的，那些由不同行动者所共享的客体（common objects）构成了不同群体间的边界。[9]思达希望作为共享空间的"边界（boundary）"这一概念，能尽可能走出人们一提及"边缘"就联想到"中心"的定势思维，这正是她选取"边界（boundary）"而非"边缘（margin/periphery）"的考虑。[10]去"中心"的"边界"，体现着建构论和实践视角下学界对"边界"的理解，边界本身蕴含着塑造社会群体、组织、流派等社会实体的能量，它并非被动等待实体及其中心（若社会实体存有"中心"的话）的引导，边界的产生、确定也是利益相关者相互较量、协商和合作的结果。淡化"中心"色彩的"边界"也尤为贴合知识界分化为学科、领域的现状以及知识生产的特征，在许多学科内部，人们很难确认这一领域是否存在着明确的"中心"，即使大致可以勾勒出中心所在，那些中心地带的学者及其所创造的知识也难免处于与其它领域的交流之

8　Abbott, *Time Matters: On Theory and Methods*, 265.

9　Susan Leigh Star, "This is Not a Boundary Object: Reflections on the Origin of a Concept," Science, Technoloy, & Human Values 35, no.5 (2010): 602-603.

10　Star, "This is Not a Boundary Object: Reflections on the Origin of a Concept," 603.

中。可以说，知识领域内部随处可能有与其它领域所共享的"空间"，很难区分知识领域的"中心"何在，"边缘"何在。

二、竞争与协作：边界建构的两种视角

在差异视角下，边界更多作为一种区隔和排斥的机制，其形成过程充满了竞争与冲突；在共享视角下，边界则更多地被塑造为合作和协商的界面与空间。在此形成边界研究的两种视角：第一种将边界的确立、强化、加固或削弱等过程理解为一个话语实践的过程，这种路径的研究突出边界的差异性，关注围绕边界而起的纷争与冲突，其最具代表性的概念是"划界实践（boundary-work）"；第二种视角则在将边界理解为共享空间的基础上，更多关注围绕边界而发生的相互协商与合作，"边界客体（Boundary Object）"、"边界组织（Boundary Organization）"正是这一视角下最具影响的概念。

（一）边界竞争：划界实践（boundary-work）

本文在前述部分曾指出，建构论者关注知识边界的形成过程，葛瑞恩提出的划界实践（Boundary-work）正是其中最有影响的概念。所谓划界实践，指的是为了划定、强化、维持、削弱或淡化不同知识间边界，从而将某些精挑细选的特征赋予科学制度（如科学家、科学研究方法、科学的价值）的一系列话语实践。[11]这种话语实践的目的在于建立认知权威（epistemic authority），即一种界定、描述和解释某一现实领域的合法权力。谁有合法权力以表征某一部分宇宙？在何基础上？用什么方法？在什么情境中？读者该相信谁？为什么相信？凭什么相信？谁的知识最能代表现实？谁的结论最可信？谁的方案能解决问题？对这些问题做出选择取舍均需依赖认知权威，其分布决定着权威拥有者所能支配资源和权力的大小。认知权威本身成为知识生产者竞相争夺之物，科学与非科学、科学内部的战争正是基于此的一场"可信性竞争（credibility contest）"。划界实践正是这场可信性竞争中一种极其重要的策略性行动。

葛恩瑞认为科学中的边界本质上是措辞性质的（rhetoric），边界划分蕴藏

---

11 Gieryn, "Boundary- Work and the Demarcation of Science from Non-Science: Strains and Interests in Professional Ideologies of Scientists," 782. Thomas F. Gieryn, *Cultural Boundaries of Science: Credibility on the line* (Chicago: the University of Chicago press, 1999).

了巨大的现实利益，其建构必须置于具体的情境之中。[12]例如，美国国家科学基金是否该资助社会科学？围绕这个问题，20 世纪 40 年代和 60 年代美国学界分别展开过两次激烈的辩论。40 年代时，为使社会科学获得资助，支持者给出"社会科学同自然科学之家不存在本质区别"、"二者都是科学方法在不同领域的运用"、"知识同样具有社会效用"等理由，反对者则声称社会科学不是自然科学，在研究的准确度、实验可控性方面与自然科学相差很远，此两派希望自身的观点能在科学之战中赢得胜利，最大程度地影响决策者的认知。等到 60 年代，社会科学试图从自然科学的资助中独立出来时，支持者和反对者的论述同 40 年代如出一辙，不过原先支持者的理由如今变成了反对者的声音，而反对者的辩辞则成为支持者的论调。

葛瑞恩在前人研究的基础上提出了划界实践的分析框架，包括"行动者和利益相关者"、"目标与利益"和"竞技场（arena）"三个要素。在争夺可信性的划界实践中，那些要求重新绘制科学与非科学的边界或科学内边界的行动者，采用诸多策略为自身寻求合法性，并力求通过知识边界的建构重绘知识版图。基于可靠知识在实际决策过程中分配信任（credibility）的个体或群体亦成为这场知识战争中的重要角色。此两种角色在边界的重绘中更具行动能量，他们以复杂的方式共同改变着认知权威在社会世界中的分布。葛恩瑞意识到仅仅关注这两种角色是不完整的，那些受到认知权威分布影响的人群也是重要的利益相关者，尽管他们自身所处的社会位置并不需要他们细致分析认知权威的来龙去脉。[13]拥有认知权威的行动者所影响的人群越多，他们的观念和主张也往往越深刻地植入实践世界，他们重绘的知识边界也随之愈加稳定。

科学的边界意味着支持、资源与保护。科学界内人士利用划界实践或保护学术自治，划清与政治、经济的界限以维持纯科学和价值中立的形象，或通过消除与政治、社会的边界以寻求知识对政策的影响，对现实世界的改造，以及随之而来的物质支持和社会认可。[14]划界实践具有丰富的潜在结果和利益，科学划界的失败者发现他们的观点从现实中隐匿，被边缘化或者被排除在认识权威的领域之外，而成功者则可能发现他们的观点成为他人行动的依

12 Gieryn, *Cultural Boundaries of Science: Credibility on the line*.
13 Gieryn, *Cultural Boundaries of Science: Credibility on the line*, 22.
14 Gieryn, *Cultural Boundaries of Science: Credibility on the line*, 23.

据，他们的权威也不再仅仅短暂地维持，而得以持续一段时间（或很长时间），他们也享受着由此而来充裕的物质条件（资金、设备、人力和脑力）以满足进一步创造可信知识的需要。[15]那些越是蕴含着巨大利益分配的边界，越容易引起行动者的激烈竞争。

鉴于划界实践是在目标和利益驱动下、将一系列经过筛选的特征赋予科学知识制度的话语过程，选择哪些特征、采取何种方式与策略、意欲实现什么目标与利益，将不可避免地受到划界实践所发生的制度和组织环境的影响。[16]划界的行动者们常常身处不同的竞技场（如某所大学、学术界、期刊、资助机构、决策机构抑或是公共媒介），这些竞技场可能迫使划界者将知识某些可能的、潜在的、模糊的特征有力地、明确地呈现，并力求赢得听众的信任与认可，从而获得认知权威，具备影响他人认知和做出决策的能力。[17]在特征赋予的过程中，某种知识与其它世界间的边界得到强化、弱化或消弭。诸如科学需要独立于政治和经济的自主性，还是具备服务于社会和经济进步的工具性，都应当置于划界实践所处的竞技场来理解。斯莫尔在葛瑞恩的基础上，进一步指出不同的竞技场意味着不同的说服对象（audience），研究者应说服对象做双重理解：第一重是说服对象通过自身对知识的预期从而对知识产生影响；第二作为说服对象的组织或个人，也有自身合法化的需要。[18]若对说服对象的"合法化需求"进行分析，就需要考察它所处的历史脉络、行动惯例与制度逻辑，[19]它们不仅决定着说服对象合法化的具体内容，同时也影响着说服对象与划界实践的行动者之间存在多大的对话空间，这将制约着划界实践可能的策略。

葛恩瑞的研究突出了行动者进行划界实践的策略性，并为其涂上了一层浓厚的"利益"色彩，这两点引发了一些讨论。一些研究者认为参与到划界实践的行动者常常身处不同的场域（如科学界、政治界），场域拥有自身的历史和逻辑，并且塑造着场域内行动者的惯习。"惯习"是行动者长期沉浸于社

15 Gieryn, *Cultural Boundaries of Science: Credibility on the line*,13.

16 Gieryn, *Cultural Boundaries of Science: Credibility on the line*,24.

17 Gieryn, *Cultural Boundaries of Science: Credibility on the line*,24-25.

18 Mario L. Small, "Departmental Conditions and the Emergence of New Disciplines: Two Cases in the Legitimation of African-American Studies," *Theory and Society* 28, no. 5(1999): 695.

19 Susan Greenhalgh, *Just one child: Science and Policy in Deng's China* (CA:University of California Press, 2008).

会世界而对其所处社会世界获得了一整套未经反思的、下意识的思维与行动倾向，这套倾向是社会世界内化于个体的产物，但由于行动者的能动性，惯习并非总是固定不变。布迪厄围绕着"惯习"而建立的实践理论，既注意到了那些有意识、有策略的行动，也关注了无意识的、未加反思的行动。具体到划界实践而言，划界行动者的行动并非像葛恩瑞指出的那样总是有意识的策略，相反，在许多情境下，行动者在无意识之中参与了边界的建构。他们惯习系统中所承载的价值观念、科学传统、行动模式都将进入到边界的维持或更改之中。金奇和克莱曼的研究发现美国生态学会的科学家们尽管在不同的政治情境下灵活地重构着生态学与政治的边界，然而其边界依然受到已建构起来的社会世界的形塑和约束，科学的"价值中立（value-free）"和"社会效用（utility）"的历史话语不断地出现于划界实践。在科学家伦理的支配下，科学家出于习性惯常的、日常地主动选择远离政治，也可能出于对科学效用的追求而致力于研究的公共宣传，这些划界实践并不出于他们对利益回报或失去的精心计算。[20]惯习的引入，从两个层面上丰富了学界对"划界实践"的理解，第一，划界实践并非总是出于意识的策略性行动；第二，划界实践尽管受到了利益的驱动，却不能完全简化为纯粹的利益之争，行动者对利益的界定、识别和感知经过了惯习和场域逻辑的筛选。

划界实践研究中另一个重要的问题是发生于某一情境下的划界实践，如何确保它们在时空维度上源源不断地再制出来？微观情境下的暂时胜利如何拓展至更为宏观的层面，并保持稳定？葛恩瑞研究中的划界实践发生于具体的时空情境，某时某地获得的认知权威，若不在其他时空下不断地得以强化或维持，就会丧失。葛恩瑞本人通过关注行动者背后的支持群体和行动网络回应了这一问题，他注意到了行动者所建构的网络包含着权力、观念和物质的循环。[21]格林哈尔（Greenhalgh）将"划界实践"同"行动者网络"相结合，用以解释为何中国计划生育政策最后会确定为"只生一个"。关于计划生育政策的内容，我国曾出现控制论学者、马克思主义经济学学者和马克思主义人文学者的三派之争，最终以宋健为代表的控制论者胜出。这一派的观点之所以能脱颖而出并，首先在于他们的政策提案基于科学的计算，并以数学公式

---

20 Abby J. Kinchy and Daniel Lee Kleinman, "Organizing Credibility: Discursive and Organizational Orthodoxy on the Borders of Ecology and Politics," *Social Studies of Science* 33, no.6 (2003): 869-896.

21 Gieryn, *Cultural Boundaries of Science: Credibility on the line*, 115-182.

和图表的方式呈现，而其它两派则以手写、文字的方式呈现知识。控制论的政策提案显得科学、精确、简洁、清晰，因而在决策场景中更容易影响他人的认知和判断，它赢得了可信性，从而具有了界定和解决人口问题的合法性。作者进一步指出，具备"科学"特质的观点在转变为政策文本的过程中，离不开这一派学者的"同盟网络"。控制论者在当时的科学界占据着重要位置，在学术界受到反右与文革的冲击之时，这一派却因为军事和国防的重要性而免受影响，他们在科学界占据着重要地位，拥有诸多支持者。这一派学者同中央高层有更多的交流通道与机会，他们可以进行广泛的社会动员和宣传。借助于行动网络所蕴含的权力，他们最终在这场"知识战"中获胜。[22]在划界实践中，结盟是重要的策略，选择联盟对象的同时意味着排除了其它潜在的结盟对象，[23]结盟者的功能就在于保证划界实践的胜利、扩散以及边界的稳定。

划界实践从微观向宏观的扩散过程，是划界胜利者的观点逐渐从期刊论文、实验室成果、报纸文章转化为政策、组织和制度的过程。作为赋予知识某些特征的话语策略，划界实践建构起知识的特征，是以符号的形式出现的。"系统论是科学的、讲逻辑的、有助于经济进步与国家强大"，"人文学者那一套是不科学的"，这些判断制造着"科学与非科学"的差异，系统论者在界定自身知识的同时也把其它知识从科学和有效性当中排除出去。划界实践在读者的认知世界里建构起一套用以进行某种归类的依据，他们据此判断优劣对错。以拉蒙特为代表的学者将行动者用来对客体（如人、时间、实践、空间、组织、等等）进行界定和分类时的标准称之为符号边界（symbolic boundary）。[24]通过"行动者网络"和"资本"在不同时空情境和场所的勾连，在符号层面展开的划界竞争转化为不同世界中行动者的实践，政府决定是否采纳某些科研结论，大学管理者将判断是否值得投入资源为某类知识开设教

---

22 Greenhalgh, *Just one child: Science and Policy in Deng's China*.

23 Scott Frickel, "Building an Interdiscipline: Collective Action Framing and the Rise of Genetic Toxicology," Social Problems 51, no.2 (2004): 283. Mathieu Albert, Suzanne Laberge, and Brian D. Hodges. "Boundary-Work in the Health Research Field: Biomedical and Clinician Scientists' Perceptions of Social Science Research. "*Minerva* 47(2009): 182.

24 Michèle Lamont, "Culture and Identity." In *Handbook of Sociological Theory*, ed. Jonathan H. Turner (NY: Springer, 2001), 172. Michèle Lamont, *Money, Morals and Manners: The Culture of the French and American Upper-Middle Class* (Chicago: The University of Chicago Press, 1992). Michèle Lamont and Virag Molnar, "The Study of Boundaries in the Social Sciences, " *Annual Review of Sociology* 28(2002): 168.

学项目或成立独立的学术组织，学生偏向于选择哪些学科，这些源于对知识特征的分类判断在上述情境中意味着实践中资源投入和发展机会的差异。在此，符号边界转化成了社会边界，所谓"社会边界（social boundary）"，即指社会差异的客观化形式，这些社会差异在资源和社会机会的不平等分布中体现出来。[25]符号边界在促成新的社会边界形成、维持和稳定的同时，也解构着原先实践中物质资源的分配，在此意义上讲，符号边界又被用于质疑、重构社会边界。我国艺术学门类的设置便包含着符号边界重构社会边界的过程，在艺术学门类被设置之前，此领域内的学者通过文章、会议等途径宣传艺术学同文学的诸多差异，这些边界的建构都发生于符号层面。艺术学领域通过大规模的会议、行动网络的建构而最终成功变为独立门类，进而为它未来在院系设置、科研评价方面争取到了更大的空间。一些被《学科目录》识别为学科的知识领域，则可能通过建构符号边界以维持、稳固、合法化其社会边界，高等教育学领域内的"学科之辩"正体现了这一点。这一领域有不少文章与著作尝试从高等教育领域的研究对象、方法和理论等维度将其建构为一个学科，这些努力正是学者们通过符号边界的建构以将它在《学科目录》中的"学科身份"合法化。

符号边界与社会边界二者之间复杂互动的理论脉络在于"客观与主观"、"结构与建构"这两组二元对立的打破与超越。涂尔干最先指出了分类与类别的社会性根源，他认为在那些原始的部落中，人们依据氏族对事物进行分类，因此分类所依赖的条件"在本质上是社会的……类别的外在形式具有社会的起源，而且把这些类别相互连接起来的关系也具有社会的形式"。[26]涂尔干和莫斯看到了主观世界的分类具有客观世界的物质基础，类别的结构反映了社会结构。在此基础上，布迪厄更进一步地洞察到了分类原则和图式同权力、物质间委婉微妙却又充满能量的关联。通过"初级客观性"和"次级客观性"二者之间的互生互构，布迪厄打通了结构主义与建构主义之间的壁垒："初级客观性"包括"各种物质资源的分配，以及运用各种社会稀缺物品和价值观念的手段"，"次级客观性"则"体现为各种分类体系，体现为身心两方面的图式……在社会行动者的各种实践活动，如行为、思想、情感、判断

---

25 Lamont and Molnar, "The Study of Boundaries in the Social Sciences," 168.

26 〔法〕爱弥尔·涂尔干、〔法〕马塞尔·莫斯.原始分类〔M〕.汲喆译.北京：商务印书馆,2012:95-97.

中，这些分类系统和图式发挥着符号范式的作用"。[27]在布迪厄看来，次级客观性所指的各种分类和图式（即"惯习"）是初级客观性（对应于其理论中的"场域"和"资本"）在行动者个体身心上的"沉淀"和"映射"，另一方面，行动者也将在这些"分类体系和图式"的操控下实践，赋予客观世界以意义，改变次级客观世界的结构。"白与黑"、"男与女"、"好与坏"、"高雅与粗俗"、"上层与下层"等等这些构成差异的标准运行于人类的头脑与方方面面的行动之中，人类在此差异的基础上建构起区隔性的制度（如精英学校与非精英学校），并伴有差异性的评价与情感。分类原则和分类图式成为了群体争夺的焦点（布迪厄，华康德，2004：14）。[28]

葛瑞恩对于划界实践的探讨激发了许多研究，研究者们利用这一概念分析了诸多问题，典型者如学科与权力、[29]学科与公众的关系、[30]学科间的融合与区分、[31]政策与科学之间的复杂互动[32]以及某些领域在历史过程中可能的发

27 皮埃尔·布迪厄，华康德.实践与反思：反思社会学导引〔M〕.李猛，李康译.北京：中央编译出版社，2004:7.

28 皮埃尔·布迪厄，华康德. 实践与反思：反思社会学导引〔M〕.李猛，李康译.北京：中央编译出版社，2004:14.

29 费舍借助葛兰西、伯恩斯坦等人贡献的概念，费舍成功建构了一个以"划界实践"为核心的模型，解释了经济和文化生产之间的关系。他以两次世界大战间社会人类学的发展为例，证明了"知识组织的生产与再生产"与"权力在社会中分布的结构"之间存在关联，详见 Donald Fisher, "Boundary Work: A Model of the Relation between Power and Knowledge, "*Science Communication*, 1988, no.10 156-176.边界、划界实践的引入，在知识与权力之间搭建了极其具有洞察力和揭示力的桥梁，摆脱了宏大、空泛、缺乏证据和线索的论证处境。

30 Amsterdamska 研究了英国流行病学的历史，这个学科在 20 世纪的历史可被视为它与相近科学领域、与公众健康实践之间进行一系列持续、有意而为之的划界努力。详见 Olga Amsterdamska, "Demarcating Epidemiology," *science, Technology & Human Values* 30, no.1(2005): 17-51.伊文斯分析了 19 世纪末 20 世纪初美国的社会学先驱削弱社会学同宗教界的联系，强化社会学界同宗教界的边界，另一方面又增强了社会学与实证主义的交流，进而吸引了 大批实证主义者的加入，这一切都促进了社会学在大学中的学科建设。详见 Michael S. Evans, "Defining the Public, Defining Sociology: Hybrid Science—Public Relations and Boundary-work in Early American Sociology," *Public Understanding of Science* 18, no.5 (2009):5-22.

31 布里研究了放射学家如何应对以核磁共振为代表的新技术的引入，这些新技术促使放射学家同可视化专家展开重新协商，也迫使放射学家重新确立其专业和学科的认同。作者指出图像技术的应用是进行划界与制造区隔的实践，这些实践致力于重获专业权威并积累符号资本。划界实践和区隔既能提高放射学这一领域在整个学术界

展路径与选择。[33]这些研究带领我们追踪了知识边界的形成，呈现出权力、利益、策略和情感如何在汇入边界的确立之中，边界不再是理所当然的存在，它充满着不确定，充满着观念的纷争与力量的角逐。知识边界充满了模糊性、非融贯性、易变性、历史性和情境性。知识被赋予不同的特征以应对来自不同方向的挑战，同时知识界内部也充满着冲突与争论，不同群体追求各自的专业性权力（professional power）。无处不在的划界实践解释了知识宣称中许多自相矛盾的地方：科学知识（甚至其中的某一专门领域）既是理论的，又

的威望，也能提升行动者个体在学术圈和医院社区内的地位。新技术和图像不仅仅是医疗和科研的技术体现，也是展示专业权力和专业技能的载体和工具，详见 Regula Valérie Burri, "Doing Distinctions: Boundary Work and Symbolic Capital in Radiology," *Social Studies of Science* 38, no.1(2008): 35-62.艾尔伯特等人对医学领域的医学与社会科学的融合做了田野研究，研究认为社会科学学者群体的进入激化了不同学科背景学者的合法性竞争，学科边界对社会科学而言，更多是融入的障碍，详见 Albert, Laberge, and Hodge,"Boundary-Work in the Health Research Field: Biomedical and Clinician Scientists' Perceptions of Social Science Research, " 171-194.

32 加萨诺夫的研究关注了围绕政策生产，科学家与其它利益相关者群体所进行的话语斗争。他指出与环境与公众健康相关的公共政策，其制定在相当程度上依赖科学。然而，政策生产在科学家、政府官员和政治利益相关者群体间引发了竞争，每一方都以一套科学的语言区分科学与政策，以增进自身的利益。尽管各方在"科学不应受政治影响"、"科学家享有科学评价的裁断权"这些观点上达成一致，然而竞争双方依旧极力扩大自己对社会决定事物的决策权，他们对科学的自主权始于何处、终于何处、政策的角色与重要性有着不同的理解与界定，详见 Sheila S. Jasanoff, "Contested Boundaries in Policy-Relevant Science," *Social Studies of Science* 17 no.2 (1987):195-230.基于对科学边界的不同阐释，科学的本质及其同政策的关系也就呈现出不同的面貌与内容，详见 Jasanoff, "Contested Boundaries in Policy-Relevant Science," 226.此类研究还有 Greenhalgh, *Just one child: Science and Policy in Deng's China.*

33 斯摩（Small）的研究聚焦于美国黑人研究的两大重镇——天普大学与哈佛大学，天普大学的研究中心呼吁黑人研究是一门独立的学科，这个中心的研究批判和解放色彩浓重，积极介入当地黑人社区，而哈佛大学则将黑人研究视为一个跨学科研究领域，对政治态度淡漠，更主张学术上的追求。作者认为这些研究机构早期所处的环境，决定了其划界工作发生的制度脉络不同，他们研究领域的范围、方法、主题通过边界活动被制度、学术以及更广阔的政治因素所影响。为了确保学术机构的制度化建设和工作合法化所需要的资源，实践者须调整知识的取向。实践者需要从特殊的对象那里获取资源（物质资本、政治支持、学术认可），而这些对象对新研究领域有特定的期待，这些期待反过来对知识产生重要影响，知识取向成为学科内和学科外交换的筹码。详见 Small, "Departmental Conditions and the Emergence of New Disciplines: Two Cases in the Legitimation of African-American Studies. "

是经验的；既是纯粹的，又是应用的；既是主观的，又是客观的；既是精确的，又是估计的；既是民主的，又是精英的，我们很难找出哪一块领域的特征是稳定且融贯的了。

（二）跨越边界的协作：边界客体（boundary object）

划界实践的研究较多地突出了边界空间内竞争参与者的冲突，与此不同，在边界客体的研究中，边界更多地被建构为参与双方相互交流和集体协作的空间，成为参与者互动的界面（尽管一些研究也涉及到了它们对现实世界的介入、扭曲以及对弱者的压迫）。

（1）边界客体

思达和格里斯摩（Griesemer）探讨了外行人士和专业学者如何协同建立起加州大学伯克利分校脊椎动物学博物馆。他们关注了大学管理者（他们企图使加州大学伯克利分校成为一所具有合法性和享有高声望的大学）、业余收藏家（其兴趣在于保存和收集加州的植物志与动物志）、专业捕兽者（其目标在于用皮毛与博物馆交换以获取金钱）、农场主（偶尔充当田野考察者的角色），还包括安妮·亚历山大（Annie Alexander）（以为热衷于收藏和教育慈善事业的女性）与约瑟夫·格里勒尔（Joseph Grinnell）（一位专业科学家，他想证明其对自然选择、器官适应和物种进化的种种假说）这些参与者。那么，这些拥有不同诉求的利益相关者，如何共同卷入到博物馆的建设中呢？他们何以不改变自身的诉求而实现协作呢？两位研究者发现，不同行动者共同使用诸如标本、田野笔记、博物馆、地图等物体而成功地实现了合作。这些物体又是如何为多方所用呢？以"加州地图"为例，加州地图在不同版本里的其地理边界保持稳定，然而使用者可以在同样的地图边界内填充不同的内容，收藏者在地图上标注传统的道路指南，突出露营地以及采集地点，而专业生物学者的加州地图上则充满了高度抽象的、以不同阴影程度标示的"生命区域"。[34]

思达和格里斯摩把这类为多方行动者共同所用的物体称之为"边界客体（boundary object）"。[35]两位研究者指出"边界客体"作为一个分析概念，

---

34 Susan Leigh Star and James R. Griesemer,"Institutional Ecology, 'Translations'and Boundary Objects: Amateurs and Professionals in Berkeley's Museum of Vertebrate Zoology, 1907-39,"*Social Studies of Science* 19, (1989): 410-411.

35 Star and Griesemer, "Institutional Ecology, 'Translations'and Boundary Objects:

具有如下特征："一方面它们具有足够强的可塑性，能够适应多种行动者的具体需要和约束而为其所用；同时它们又足够坚韧（robust），能够跨越不同场所且维持其基本的一致性……这些客体或抽象或具体，在不同的社会世界中，它们具有不同的意义，然而它们的结构又如此一致（common），故而能为多个世界所辨识。"。[36]上述地图作为边界客体，便具有这些特征，不论气象图、公路图抑或是植被分布图，具有不同利益诉求和实践策略的行动者都可在基本的地图上进行加工，这些地图在用途、表征符号等方面存有很多差异，然而它们又存在许多共性，它们都属于加州地图。结构上可变又具有一致性、具有阐释上的灵活性（即同一客体能跨越不同的边界，为不同社会空间内的人所共享时可衍生出不同的意义）是划界客体最重要的特征。以此为出发点，许多事物都可能是边界客体。一个概念、一种方法、一个理论，一群跨界者，若他们在具体的实践中发挥着沟通多方合作的功能，在不同世界中又具有不同的意义，那么我们便可以将其视为"边界客体"。

　　正是基于灵活性和变通性，边界客体才能栖居于数个关联的世界之中，成为每个社会世界内部实践的资源，不同参与方才可能求同存异、各取所需，在维持各自自主性的同时实现相互交流或协作。这种合作的成功并不必然要求行动者和利益相关者间共识的达成，并不必然意味着其差异的整合与消失，一致意见的达成不以多样性的消失为代价，边界客体成为不同社会世界建立关系的中介和载体。[37]

　　有趣的是，思达和格里斯默创造出的这个概念获得了相当关注，"边界客体"本身就具有了边界客体的种种特征，它被应用于多个研究，被用来解释相当不同的问题，既保留着思达最初所赋予的含义，又被后来者不断地加工、改造以适合解释具体的问题。思达本人和其他人的研究共同深化、丰富着学界关于"边界客体"的理解。大体而言，对"边界客体"的研究沿着两个脉络进行衍生：（1）鉴于边界客体促进协作上的作用，那么在边界客体的创造和使用中，不同社会世界之间的边界如何在合作中得到再协商和再界定？由

Amateurs and Professionals in Berkeley's Museum of Vertebrate Zoology, 1907-39," 387-420.

36 Star and Griesemer, "Institutional Ecology, 'Translations' and Boundary Objects: Amateurs and Professionals in Berkeley's Museum of Vertebrate Zoology, 1907-39," 393.

37 Star, "This is Not a Boundary Object: Reflections on the Origin of a Concept," 602.

加斯顿等人提出的"边界组织"这一概念回应了这一问题。(2) 从结构的角度对边界客体进行研究，包括边界客体本身的结构及其在实践世界中所处的结构，代表性的概念是"标准化整合（standard package）"与"基础建制（infrastructure）"。为了对边界客体的功能进行更细致和透彻的解释，边界客体本身的结构、生成历史及其在实践世界中所处的结构也就成为研究者分析的题中之义。

　　(2) 边界组织

　　二战之后，科学与政治、科学与经济以及科学界内不同领域之间的边界日益模糊，这对科学与其它领域间已有边界提出了巨大挑战。应对这一挑战必然涉及相关各方的协商、交流、合作、调整或者妥协，创造或使用一些由不同利益方所共享的边界客体就成为一种可行的策略，在此情况下，一些"边界组织（boundary organization）"应运而生，其目的在于重新确定知识与不同场域间的边界，并将其稳定化。[38]我们可以将边界组织理解为一种特殊的边界客体，这种边界客体的主要功能就在于创造更多的边界客体，并通过边界客体的运作重新界定不同社会世界的边界。

　　莫尔关注了在 20 世纪 50 年代至 70 年代之间，科学界如何改变自身"利益无涉"的传统形象，以应对来自政治上的压力。一些新学会相继在学界成立，它们宣称自己兼具科学家和政治行动者的能力，通过论题选择、对传统的科学风气进行建设性批评而将科学与公众利益相结合。他们在成功维持科学的无私利性的同时引入了服务于公众福利的研究，科学和政治的边界由此得以重新确定。[39]这些组织提倡科学的功用，若以传统上科学追求纯粹性的形象来衡量并不恰当，然而这类组织在后续几十年中，因其推进了科学同公众的联系而成功地生存下来。

---

38 Kelly Moore, "Organizing Integrity: American Science and the Creation of Public Interest Organizations,1955-1975," *The American Journal of Sociology* 101, no.6(1996): 1592-1627. David H. Guston, "Boundary Organizations in Environmental Policy and Science: An Introdution,"*Science, Technology, & Human Values* 26, no.4(2001): 399-408. David H Guston, *Between politics and science: Assuring the integrity and productivity of research* (New York: Cambridge University Press, 2000). David H. Guston, "Stabilizing the Boundary between US Politics and Science: The Role of the Office of Technology Transfer as a Boundary Organization," *Social Studies of Science* 29, no.1 (1999): 87-111.

39 Moore, "Organizing Integrity: American Science and the Creation of Public Interest Organizations,1955-1975," 1592-1627.

　　加斯顿沿着莫尔的研究，关注了技术转让办公室（OTT，Office of Technology Transfer）、科研诚信办公室（ORI，Office of Research Integrity）、气候预测国际研究所（IRI，The International Research Institute for Climate Prediction）这些组织如何通过创造和使用边界客体而重新为科学与政策、科学与经济确立起稳定的新边界。[40]自上个世纪 70 年代的经济危机开始，美国国会意欲加强科研投入的生产率，促进科研成果转化，推动经济发展。美国国会颁布了一系列专利相关法案，激励学界进行科研转化。在这一大背景下，美国国家卫生部（US National Institutes of Health）成立了科学技术转让办公室（Office of Technology Transfer）及其下辖的技术发展协调委员会（Technology Development Coordinators，简称 TDC），前者主要负责技术转移中的法律和市场问题，后者则更多地同研究者打交道。在技术转移办公室的运作中，它需要平衡国会与科学家之间的矛盾：国会要求增强研究的应用性，而科学界又要求保护研究的自主性，因而科学技术转让办公室开发了多种边界客体，以克服学术界、国会和市场之间的矛盾而实现良好互动。由于国家利用"专利数量"这一指标衡量科研投入的效果，研究者也需要用"专利数量"向国会证明其科研成就，因此边界客体的创造和使用围绕着"专利申请"进行。技术发展协调委员会进一步设立了技术管理小组（Technology Management Team），这一组织中具体包括发明者（即科学家）、专利专家、市场专家以及认证专家，它将不同领域的个体聚在一起，跨越市场和科学的平常语言和交谈方式在这一空间中被创造出来。经济和科学的互动贯穿于科技发明的整个过程，技术转移专家同研究者可能从一开始就会识别、协商、规划潜在的合作研究。[41]技术转让办公室创造了相互融合的"科学与社会秩序"，市场和科学的边界不再清晰，而是相互渗透。

　　加斯顿将这些组织称之为"边界组织"，概括而言，它们具有三个主要特征：第一，边界组织提供了一个使用或创造边界客体的合法空间；第二，与

---

40 Guston, "Boundary Organizations in Environmental Policy and Science: An Introduction," 399-408.Guston, "Stabilizing the Boundary between US Politics and Science: The Role of the Office of Technology Transfer as a Boundary Organization," 87-111. Shardul Agrawala, Kenneth Broad, and David H. Guston, "Integrating Climate Forecasts and Societal Decision Making: Challenges to an Emergent Boundary Organization,"*Science, Technology, & Human Values* 26, no.4(2001): 454-477.

41 Guston, "Stabilizing the Boundary between US Politics and Science: The Role of the Office of Techonology Transfer as a Boundary Organization," 104.

边界相关的各方都参与到组织之中，专业人士（例如专利专家）在不同群体之间发挥中介作用；最后，边界组织位于不同社会世界的前沿地带，但它对于每个相对独立的世界都将分别设定不同的问责标准（responsibility and accountability）。[42]边界组织的成功有赖于边界各方的委托者，他们都依赖边界组织为其提供必需的资源，[43]而边界组织若想成功必须成功地取悦于各方。

那么组织何以重新稳定科学与政治、科学与经济乃至科学内部的边界？其原因在于组织的特性。组织往往设定了实践和行动的目标，它确定的规则稳定且富有灵活性，由此对行动的可能性范围加以限制。通过吸收人员和资源，组织将行动惯常化、公开化、合法化，创造了将被视为理所应当的规则和惯例，进而科学与政治（公众、政策、经济、市场、科学内部）的边界得以稳定下来。组织将科学和政策之间的对接、沟通和协商定义为其日常工作的内容，科学与经济、政治相遇时的偶然性（contingency）也随之沉淀和转化为组织的常规问题，并发展出一整套解决问题的常规方案和策略，这些任务的成功完成可被视为边界的稳定。正因如此，边界组织作为一个分析工具和考察对象，被广泛应用于科学与政治、科学与经济之间边界的重构。

加斯顿对"边界组织"的研究主要用来分析科学与市场边界在宏观层面的融合，他本人也略微涉及科学与市场边界的变动在如何影响微观层面上的科学知识生产。他认为"在专利激励之下，科学界并未出现不恰当的研究政治化和商品化"。[44]然而，知识生产的社会性和情境性决定了加斯顿的这一论点不能作为一个普遍的结论加以推广。沃特顿通过对"科学家在日常科研中划界实践"的研究质疑了加斯顿对边界重构所持的乐观态度。他访谈了英国52位科学家，他们分布在生态保护、气候变迁、基因工程等与公共政策关系密切、市场化程度较深的领域。他的研究呈现出宏观层面的边界重构如何影响着科学界微观层面的日常科研。知识生产变得更具商业性和政策导向，为适应科学的商业化和政策化，学界逐渐出现了以"机会主义"为特征的亚文化，许多学者对传统观念中学界的"无私利性"和"为知识而知识"的研究旨趣抱以悠长的怀恋。这一切侵蚀着传统意义上的"科学家共同体"，共同体

---

42 Ibid., 93.

43 Guston, "Boundary Organizations in Environmental Policy and Science: An Introduction," 401.

44 Guston, "Stabilizing the Boundary between US Politics and Science: The Role of the Office of Techonology Transfer as a Boundary Organization," 104.

分裂了。[45]

(3) "标准化整合"与"基础建制"

如果说"边界组织"的研究主要沿着"边界客体促进对话、交流和协作"这一功能展开，那么另一条研究脉络将围绕着边界客体的"结构"展开。斯坦认为边界客体的结构特征更容易为人们所忽略，但这里也蕴藏着更多的解释空间和理论潜力。[46]这里的结构可从两个层面来理解：其一，边界客体本身的结构；其二，边界客体在实践空间结构中的位置。只有对边界客体的结构加以认知，研究者才可能更深入、有力地解释边界客体的功能。

边界客体同其使用者的实践联系在一起，然而边界客体并非被动使用各方实践者的需求，它在满足、适应其需求的过程中，也会改变使用者的实践行为，进而可能进一步自然化、内化为新的实践惯习。由于某种边界客体的创造和引入，实践共同体或社会世界会发生某种变化。[47]从这个意义上讲，边界客体似乎具有某种"能动性"，它促成了实践的变化。而边界客体在多大程度上、以何种方式改变着使用者的实践行动，则依赖着边界客体的结构。例如，数学定理和社会学理论的结构性不同，前者推论的前提和步骤均有严密的逻辑，后者在这些方面则略逊一筹。当此两者作为边界客体为不同学科或学者所用时，则会有不同的使用策略和实践结果。数学定理被应用在物理、经济学、化学等学科时，定理本身几乎不会发生变化，不同学科的学者也容易就定理本身的逻辑和运算结果达成一致。而当某一社会学理论为不同人所用时，理论本身相对容易发生变化，研究者个体可为这一理论本身融入新的元素和内容，这一特性使得社会学的知识呈现非线性，学者的研究行为、互动方式以及评价体制也同数学、物理等学科呈现相当差异。由此可见，结构性的强弱影响着参与行动者的实践。结构性较弱的边界客体，更容易适应不

45 Claire Waterton, "Scientist's conceptions of the boundaries between their own research and policy," *Science and Public Policy* 32, no. 6(2005):435-444.

46 Star, 2010. "This is Not a Boundary Object: Reflections on the Origin of a Concept," 602.

47 琼·H·藤村. 编制科学：标准化整合、边界对象与"转换"〔A〕.〔美〕安德鲁·皮克林.作为实践和文化的科学〔C〕.北京：中国人民大学出版社，2006：173-216. Geoffrey C. Bowker and Susan Leigh Star, *Sorting things out: Classification and Its Consequences*(Cambridge, MA: MIT Press,1999). Star, "This is Not a Boundary Object: Reflections on the Origin of a Concept," 601-617. Susan Leigh Star and Karen Rohleder, "Steps toward an ecology of infrastructure: Design and access for large information spaces," *Information systems research* 7, no.1(1996): 111-134.

同社会世界的目标与实践惯习，相形之下，结构性较强的边界客体在适应不同需求的同时，还带有改变使用者实践方式的能量。

琼藤看到了边界客体同实践行为特征之间的关联，他提出了"标准化整合（standard package）"这一概念去解释为何跨越不同地域的研究者开始共同实践一种新的癌症研究法。答案在于来自不同组织的研究者将"基因、癌症、致癌基因或癌基因"同"重组了的 DNA 技术"结合起来进行癌症研究。琼藤将有关基因的科学理论和标准化的技术的组合称之为"标准化整合"，它成功地吸引了众多不同社会领域的成员，建构起一种新的、较为稳定的癌症定义。[48]标准化整合所界定的事物和技术空间，具有更少的抽象性，结构性更强、模糊性更弱，这些特性使得行动者在使用这些理论和技术时的策略受到限制，但又不会局限为只有一种方式，[49]因而研究者在研究行动中体现出越来越多的一致性。

"标准化整合"属于边界客体的范畴，它促进了在不同社会领域之间的相互作用，并且增加了它们转移以及介入到其它领域的机会，它有助于不同社会领域之间的相互合作与互动因此充当多元的不同社会领域之间的交界面。[50]它是一种特殊的边界客体，在被行动者所用的过程中，因其较强的结构性和较弱的模糊性，它可以改变行动者的实践。实践方式的改变进而可能引发行动者角色的变化，他们的社会认同也随之而易。

当边界客体成为行动者行动的资源之后，它充当起不同社会世界的交流、贸易和交换的载体，它被使用的范围越来越广，并且在这一实践过程中，它逐渐植入具体的社会世界，它们开始了自然化（naturalization）的过程。这些边界客体逐渐融入使用者的日常实践，它们的存在被视为理所当然。自然化了的边界客体，便丧失了其人类学意义上的新奇性，它越是深入日常实践，其产生的历史情境越被隐藏，它们愈内化于使用者的集体记忆中，不再为人觉察。但它们对人类实践的作用绝不因此隐形性而降低，反倒愈见其深。[51]这

---

48 琼·H·藤村. 编制科学：标准化整合、边界对象与"转换"〔A〕.〔美〕安德鲁·皮克林.作为实践和文化的科学〔C〕.北京：中国人民大学出版社，2006：181.

49 同上，180.

50 琼·H·藤村. 编制科学：标准化整合、边界对象与"转换"〔A〕.〔美〕安德鲁·皮克林.作为实践和文化的科学〔C〕.北京：中国人民大学出版社，2006：175，180.

51 Star, Susan Leigh, and Karen Rohleder.1996. "Steps toward an ecology of infrastructure: Design and access for large information spaces." *Information systems research* 7(1):

类边界客体也被赋予了一个专有名称——"基础建构（infrastructure）"。同标准化整合（standard package）一样，基础建制也是一种特殊的边界客体。根据司达和罗莱德（Rohleder）的界定，本文认为基础建构具有如下几个重要特征：它们嵌入到其它结构、社会安排或技术之中；基础建制不可见地支持着任务的完成，当运转失常时，它们的"隐身性"消失。它们既受实践传统的建构，反过来也将形塑实践传统。它们的规模和触及范围超越具体的一个事件与一次实践。基础建构往往规模庞大、层级多、结构复杂，它具有模块性的特征。它在不同的情境下有不同的意涵，因此它的变化都是自下而上地发生。改变需要时间，需要协商，需要和系统的其它方面相协调。[52]

信息分类系统、知识分类系统是思达着力最多的基础建制。她发现分类系统同更多地同实践共同体以及不同世界的复杂合作相联，个体和群体正是通过分类来管理知识，因此科学界或重要公共组织中的各种分类及其历史建构过程、信息系统对组织的影响、类别的生产和新的知识管理工具就成为思达的研究对象。[53]国际疾病分类（International Disease Classification），在全世界范围内为不同的行动者所用，如世界卫生组织、各个国家的医疗机构、大学里的科研单位[54]，他们据此开展日常的工作实践。我国的《学科目录》也是一个典型的基础建制。《学科目录》的制定和运作是我国政府主导大学的结果，它被广泛地应用于不同领域，学位办、各大学发展规划部、自然科学基金委员会、院系领导、学者会在日常工作中使用这份目录。在负责科研和招生规划的管理部门看来，《学科目录》为他们的工作提供了基本的参照，进而保证名额和资金的分配"有章可循"；某些学者也将《学科目录》中对其学科地位和等级的划分作为其学科发展重要的制度保障。凭借此目录，来自不同部门的行动者在整个高等教育的众多部门和环节建立起一个资源分配与流通、知识控制与管理的机制与通道。在许多实践中，使用者不需要知晓《学科目录》的来龙去脉，它已经自然化了。《学科目录》将数量众多、领域极广的学科分

111-134. Star, "This is Not a Boundary Object: Reflections on the Origin of a Concept,"601-617. Susan Leigh Star, "Infrastructure and ethnographic practice," *Scandinavian Journal of Information Systems* 14, no. 2(2002): 107-122.

52 Bowker and Star, *Sorting things out: Classification and Its Consequences*, 35.

53 Bowker and Star, *Sorting things out: Classification and Its Consequences*. Star, "This is Not a Boundary Object: Reflections on the Origin of a Concept,"601-617. Pascale Trompette and Dominique Vinck, "Revisiting the notion of Boundary Object," *Revue d'anthropologie des connaissances* 3, no.1 (2009):3-25.

54 Bowker and Star, *Sorting things out: Classification and Its Consequences*.

为 10 多个类别，学科之间的关系简明清晰，但在一些具体的学科领域中，这份目录对它们的归类和定位难以获得学者的支持和认可，《学科目录》对这些领域而言不再是"隐身化"的基础建制，学科精英和其它学者也将通过公众宣传、学科内的会议动员等途径寻求自身在《学科目录》中等级和归属的变化。

此外我们还必须注意到，"基础建制"是一个关系性的概念，唯有在与"实践"的关系中，研究者才可以具体地判定某一客观化的事物是否为"基础建制"。[55]同样作为高深知识和人才培养的分类系统，中国的《学科目录》具备了基础建制的特征，而美国的 CIP（classification of instruction programs）则因其只具备统计意义，而非用于指导科研和办学实践，因而对于大学教学部门和科研管理部门而言，它并不是基础建制。

（三）冲突与协作：边界机制的一体两面

本文在上述部介绍了知识边界研究的两种视角。需要指出的是许多研究在"竞争还是协作"的划分面前尤显暧昧，很难简单将研究者对边界的态度划入冲突或者协作的阵营。事实上，上述几种路径经常交叉使用。边界不仅仅意味着区隔与差异，它亦是内部与外部世界互动的界面，是内外部世界共享的空间。边界的这种双重性决定了科学战争的交战双方在竞争的同时，也有可能达成某种协议进行合作。

无论是葛恩瑞的研究，还是思达早期的作品，都因其研究问题和研究视角的限定而没有关注利益相关者的异质性和丰富性。科学家们在葛恩瑞的研究中往往千人一面，他们寄居于多重世界的复杂身份被忽略，他们在其它世界的角色也被遮蔽，他更突出了边界强化。莫尔、加萨诺夫、克莱尔等人则看到了科学家群体身份的多样性，他们注意到科学家的多重身份使得他们既可能是对抗的主体，也可能承担起边界客体的角色，促进边界双方的合作与交流，即使双方在协作中达成一致，划界的双方依旧极力扩大自己对事物的决策权和影响力。[56]此类划界实践发挥了双重功能：一方面既要区分、排除以

---

55 Star and Rohleder, "Steps toward an ecology of infrastructure: Design and access for large information spaces," 111-134.

56 Moore,"Organizing Integrity: American Science and the Creation of Public Interest Organizations,1955-1975,"1592-1627.Jasanoff,"Contested Boundaries in Policy-Relevant Science,"195-230. Amsterdamska, "Demarcating Epidemiology," 17-51. Clare Hinrichs, "Interdisciplinarity and Boundary Work: Challenges and Opportunities for

及管理其它学科与其它利益相关者，又要搭建交流协作的平台。协作与区隔的对象依具体情境和研究问题而变，可以不同，亦可以重合，划界实践的双重功能恰恰植根于"边界"的双重特性。

思达本人已承认，边界客体在创造和运用的过程中，使用双方的权力和所能施加的影响也不是完全平等。尽管边界客体主要被用来解释不同社会世界的协作，然而它并非不强调冲突的一面。不同行动者对边界客体有不同的诉求，他们使用边界客体的过程可能涉及到一系列协商、改造、变通、妥协、甚至抵制。他们所能调动的资源、权力和社会地位亦有差异，这意味着他们对边界客体施加影响的能力不同，利用边界客体达成自身目标的能力也有差异。以分类系统为例，分类系统的划分标准清晰明了，这种简洁性显然与实践的模糊性和多维度性相冲突，当分类系统依托于整个科层制系统而承载着大量资源之时，它们可能随之具有大量改变行为实践的能量。当分类的清晰、简洁与实践的模糊和复杂相遇时，许多个体的命运难免被分类系统扭曲，削足适履并不稀奇。因此双方对此种边界客体的使用常处于不平等的地位。在我国《学科目录》的生产过程中，相关行政人员、不同领域的学者精英掌握的权力和资源并不对等，因此出现诸多大量学科归属和定位的尴尬情况。

鉴于边界兼具区隔与共享的特质，围绕边界的冲突和协作也非泾渭分明。在许多情境中，划界实践和边界客体的使用与创造会同时出现，此二者中任何一个都可被动员起来激活另一个，此二者在许多边界改变的案例中如影随形，共同致力于边界的削弱或强化。葛恩瑞本人也经明确指出划界实践不仅限于边界的强化，它还包括淡化、削弱甚至消弭边界的实践。边界的这些移动以及由此激发出的资源竞争不可避免地涉及行动者之间的"纵横捭阖"，最初用来解释异质性社会群体间协作的"边界客体"也将可能出现在知识界复杂的连横政治中。卡米克和谢宇探究了统计方法最初如何融入美国的心理学、社会学和经济学等一些社科领域。他们认为这四个领域实质上在一个高度竞争的跨学科场域中经历着划界实践，这些领域的领军人物之所以引入量化统计，其目的在于学科的合法化。社会科学诸领域作为后起的学科，它们既要同科学知识的生产模式保持一致，又要有所差异，而统计方法正是应对这一困境的策略。这些领域对量化统计的引入赋予了它们"科学"的特征，同时它们对统计的某些改造又使得各个领域之间能彼此区分。这个案例中，统计

angrifood studies," *Agriculture and Human Values* 25(2008):209-213.

方法正是思达意义上的"边界客体"，边界客体在这些领域内的流转正在于知识界内部的划界实践和学科竞争。[57]其它综合了"划界实践"和"边界客体"的研究还包括威尔逊与亨多对洛斯阿拉莫斯国家实验室的分析。在这个案例中，知识地图作为一种措辞性建构的边界客体促进跨学科的交流，划界实践不再是葛恩瑞典型意义上的竞争、冲突和区隔，而是融合与理解。[58]

说到底，围绕边界而来的冲突或融合，植根于边界既作为区隔又作为互动空间的双重特性，这提醒我们要对边界及边界机制有着更多面和丰富的理解。蒂利区分了两组有关"边界"的机制：引起边界变化的机制；构成边界变化的机制。[59]蒂利归纳了五种引起边界变化的机制，包括相遇（encounter）、强制（imposition）、借用（borrowing）、对话（conversation）和激励转移（incentive shift）。相遇指原先处于隔绝状态的存在进入同一个社会空间（如一些跨越不同学科议题的兴起），强置则指权力的拥有者凭借强权而划分了之前并不存在的界限（如将中国50年代高校布局调整时期将社会科学的诸多领域划入资产阶级的学科），借用常发生于观念、规则、组织、分类、标准等事物在不同社会空间中的扩散（例如知识生产的全球化）。如果不同的行动者（包括个体、群体、组织等）交换了可以重构彼此间关系的信号（正如人与人日常的交谈），蒂利认为这也是一种可能引起边界变化的机制。激励转移则指能惩罚或奖励的变动，这可能引发边界行动者或利益相关者改变其行为（如鼓励跨学科的项目、如边界组织的设立）。上述机制都可能引发边界变化，构成边界变化的机制，原先存在的边界可能弱化或消失，之前不受关注的边界可能成为行动者热烈争论的对象，而那些原本凸显的边界之争也可能趋于平静。[60]蒂利认为，对"引起边界变化的机制"和"组成边界变化的机制"进行的区分，有助于我们进一步识别边界变化所带来的结果与影响，对相关因果机制的识别将会对涉及边界的社会现象产生一种更强的解释，对社会系统中的边界发挥的功能更有解释力，也更能解释所有边界形式中潜藏的规律。[61]边界变得更开放还

---

57 Camic and Xie, "The Statistical Turn in American Social Science: Columbia University, 1890 to 1915," 773-805.

58 Greg Wilson and Carl G. Herndl, "Boundary Object as Rhetorical Exigence: Knowledge Mapping and Interdisciplinary Cooperation at the Los Alamos National Laboratory," *Journal of Business and Technical Communication* 21, no.2 (2007):129-154.

59 Charles Tilly, "Social Boundary Mechanisms," *Philosophy of the Social Science* 34, (2004):218-220.

60 Tilly, "Social Boundary Mechanisms," 222-226.

61 Ibid., 215.

是更封闭，其建构的过程冲突色彩更重还是协作更胜一筹，都需要将研究问题同边界机制的分析结合起来才能回答。

三、对高等教育研究的启示

通过上述文献梳理，我们不难发现对知识边界的关注，为研究者提供了一个新的视角与切入点，去分析知识生产及其变化的历史过程和社会机制。无论是以葛恩瑞为代表的划界实践研究，还是思达等人对边界客体的研究，无一不显示出边界在理解科学、知识制度化方面的解释力。对边界的关注，促使研究者们发展了一种联系和系统的观点去解释知识生产，这种角度使得研究对历史过程和不同社会世界间的联系非常敏感。[62]

在文献梳理的基础上，结合社会科学其它问题领域对边界的研究，本研究认为未来学界可在借鉴国外边界研究的基础上，着力于下述两个方面的研究。

第一，中国情境下与学科、跨学科相关的经验研究。

目前，我国学界对学科发展相关的经验研究也开始零星出现，[63]作为一新兴的研究方向，目前还有大量的探究空间。边界研究可启发我们以历史的眼光关注以某一知识领域在高等教育中的制度化进程，从知识边界的争夺、移动、沉淀乃至消弭入手，追踪这些领域发展的轨迹和过程，在历史梳理的基础上理解我国知识制度化的过程、类型及存在的问题，由此才可能谈及经验和理论之间的对话。只有在经验研究的基础上，我们才可能恰切地理解"学科"这一现代高等教育领域最基本、最核心的组织架构在中国的具体含义与功能。

具体到日益勃兴的跨学科，学界还有许多问题亟待研究，例如跨学科的概念、与学科的异同、跨学科研究的推进以及人才培养，我们可借鉴"边界客体"、"划界实践"这些概念去考量跨学科发展中的制度条件、利益相关者的合作与抵牾。一个跨学科领域的兴起，可以从边界客体的流动和转移来考察相关领域之间如何凝结，彼此之间又有何差异。学界研究者和实践者亦可利用"边界客体"促进合作的启示去研究现阶段的课程设置和人才培养。

---

62 Lamont and Molnar, "The Study of Boundaries in the Social Sciences," 167-195.
63 鲍嵘.学问与治理——中国大学知识现代性状况报告（1949-1954）〔M〕.上海：学林出版社,2008.方文.学科制度和社会认同〔M〕.北京：中国人民大学出版社,2008.

第二，对高深知识治理的研究。

高深知识的治理大体包括学科设置制度、产学研互动、科研资助组织、课程和教学等与高深知识生产、传播、应用等相关的制度。随着知识经济的来临和大学竞争的加剧，全球各主要国家均开始注重对知识的投入和治理，相关研究也开始出现。具体到我国学界，对《学科目录》、课题制度、产学研互动、大学与市场之间的关系等问题都可以从边界研究受到启发。例如对于高等教育布局至关重要的《学科目录》，学界可将其作为边界客体，追踪该目录在哪些领域流转、在不同领域又得到怎样的重构、发挥哪些功能，它在实践世界中的重要性如何，这些问题的答案既关系到对中国学科设置和准入制度的理解和评价，也蕴含着未来制度变革可能的思考方向。对课题评审、产学研、知识生产新模式等方面的研究，我们可以通过观察和分析微观层面上行动者个体的划界实践、这些过程中涌现的边界客体来分析知识与政治、知识与经济等之间边界在时空维度上的变动机制，从而有助于我们理解政治、经济和文化等系统的变化如何具体地影响相关行动者的行动和认知，从而对知识的生产和传播产生影响。

上述两点只为抛砖引玉，除此之外，在教育领域内还有许多问题可借鉴边界研究的成果。在边界研究中，阶层/种族/性别等群体间的差异和不平等、共同体的建构、身份认同的形成、类别的生产都是重要的研究议题。它山之石可攻玉，我们可将这些研究引介入政策的生产和执行、教育分类（如学校分类、学科分类、学生群体分类，等等）、性别教育等教育政策和教育社会学的诸多议题内。

参考文献

1. 〔美〕爱德华·希尔斯.学术的秩序——当代大学论文集〔M〕.李家永译.北京：商务印书馆，2007.

2. 埃米尔·涂尔干.社会分工论〔M〕.渠东译.北京：生活·读书·新知三联书店，2009.

3. 爱弥尔·涂尔干，马塞尔.莫斯.原始分类〔M〕.汲喆译.北京：商务印书馆，2012.

4. 〔英〕安迪·格林.教育与国家形成：英、法、美教育体系起源之比较〔M〕.王春华等译.北京：教育科学出版社，2004.

5. 〔英〕巴里·巴恩斯，大卫·布鲁尔，约翰·亨利.科学知识：一种社会学的分析〔M〕.邢冬梅，蔡仲译.南京：南京大学出版社，2004.

6. 〔美〕贝弗里·J·西尔弗.劳工的力量：1870年以来的工人运动与全球化〔M〕.张璐译.北京：社会科学文献出版社，2012.

7. 贝索尔·伯恩斯坦.2002.论教育知识的分类和构架〔A〕.麦克·F·D·扬.知识与控制：教育社会学新探〔C〕.谢维和，朱旭东译.上海：华东师范大学出版社，2002：61-89.

8. 〔美〕彼得·伯格，托马斯·卢克曼.现实的社会建构〔M〕.汪涌译.北京：北京大学出版社，2009.

9. 〔美〕伯顿·克拉克.高等教育新论——多学科的研究〔C〕.王承绪、徐辉等译.杭州：浙江教育出版社，2001.

10. 〔美〕伯顿·克拉克.探究的场所：现代大学的科研和研究生教育〔M〕.王承绪译.杭州：浙江教育出版社，2001.

11. 鲍嵘.学问与治理——中国大学知识现代性状况报告（1949--1954）〔M〕. 上海：学林出版社，2008.

12. 〔法〕布鲁诺·拉图尔，史蒂夫·伍尔加.实验室生活：科学事实的社会建构〔M〕. 张伯霖，刁小英译.北京：东方出版社，2004.

13. 陈洪捷.北大高等教育研究：学科发展与范式变迁〔J〕. 北京大学教育评论，2010,8(4)：2-11+187.

14. 陈佳贵. 新中国管理学 60 年〔M〕. 北京：中国财政经济出版社，2009.

15. 陈晓田. 积极促进我国管理科学的发展——纪念国家自然科学基金委员会成立 10 周年〔J〕.科学学与科学技术管理, 1996 (05):9-12.

16. 陈晓田. 国家自然科学基金与我国管理科学 1986-2008〔M〕. 北京：科学出版社，2009.

17. 陈晓田.国家自然科学基金委员会管理科学部与管理科学学科发展，载于骆茹敏.奋进中的中国管理科学〔M〕.北京：科学出版社，2010.

18. 陈平原.假如我办燕京学堂〔J〕读书.2014（9）：3-10.

19. 〔美〕达西·斯考切波.国家与社会革命——对法国、俄国和中国的比较分析〔M〕.何俊志、王学东译.上海：上海人民出版社，2013.

20. 〔美〕戴安娜·克兰.无形学院：知识在科学共同体中的扩散〔M〕.刘珺珺等译.北京：华夏出版社，1988.

21. 〔法〕E·迪尔凯姆.社会学方法的准则〔M〕.狄玉明译.北京：商务印书馆，1995.

22. 方文. 学科制度和社会认同〔M〕. 北京：中国人民大学出版社,2008.

23. 费孝通.江村经济〔M〕.北京：北京大学出版社，2012.

24. 费孝通.云南三村〔M〕.北京：社会科学文献出版社，2006.

25. 干春松."国学"：国家认同与学科反思〔J〕.中国社会科学，2009（3）:52-61+205.

26. 甘阳、刘小枫.北大的文明定位与自我背叛——"燕京项目"应该废弃 [EB/OL]http://www.21ccom.net/articles/zgyj/gmht/article_20140725110038.html,2014/12/13.

27. 高岱，许平.世界史成为一级学科是社会发展和学术发展的需要〔J〕. 学位与研究生教育. 2008 (06)： 49-51.

28. 国家教育委员会社科司. 全国高等学校社科统计资料汇编〔M〕. 北京：高等教育出版社，1995.

29. 郭齐勇.儒学与马克思主义中国化及中国现代化〔J〕.马克思主义与现实，2009(6): 56-62.

30. 郭星寿.图书馆管理概念探义〔J〕. 图书馆学研究，1985（3）:66-70.

31. 纪宝成.中国大学学科专业设置研究〔M〕.北京：中国人民大学出版社，2006.

32. 胡鸿保.中国人类学史〔M〕.北京：中国人民大学出版社，2006.

33. 〔美〕华勒斯坦. 所知世界的终结——二十一世纪的社会科学〔M〕.北京：社会科学文献出版社，2002.

34. 〔美〕华勒斯坦.开放社会科学：重建社会科学报告书〔M〕.北京：三联书店，1997.

35. 黄长著,黄育馥.国外人文社会科学政策与管理研究〔C〕.北京：社会科学文献出版社,2008.

36. 杰勒得·德兰迪.知识社会中的大学〔M〕.黄建如译.北京：北京大学出版社，2010.

37. 〔美〕杰罗姆·凯根. 三种文化：21 世纪的自然科学、社会科学和人文学科〔M〕.上海：上海人民出版社，2011.

38. [英]卡尔·波普尔.猜想与反驳〔M〕. 傅季重、纪树立等译. 北京：中国美术学院出版社，2006.

39. 〔奥〕卡林·诺尔-赛蒂纳.制造知识：建构主义与科学的情境性〔M〕. 王善博等译北京：东方出版社，2001.

40. 〔美〕克利福德·格尔茨.文化的解释〔M〕.纳日碧力戈等译，上海：上海人民出版社，1999.

41. 柯林斯.文凭社会：教育与阶层话的历史社会学〔M〕.刘慧珍译.台北：桂冠图书股份有限公司，1998.

42. 纪宝成.中国大学学科专业设置研究〔M〕.北京：中国人民大学出版社，2006.

43. 焦国成.增设国学为·级学科很有必要〔N〕.光明日报，2010/9/13，第 12 版。

44. 〔英〕理查德·惠特利. 科学的智力组织和社会组织〔M〕. 赵万里，陈玉林，薛晓斌译.北京：北京大学出版社，2011.

45. 李春萍.从"中学"到"国学"：中国传统学术的学科化路径〔J〕.北京大学教育评论,2011,9（2）：38-53+189.

46. 李零.从燕京学堂想起的〔J〕读书.2014（9）：10-16.

47. 李零、唐小峰等.我们需要什么样的"中国学"〔N〕.北京青年报.2014/07/04，D02 版.

48. 李政涛.教育学科发展中的"制度"与"制度化"问题〔J〕.华东师范大学学报，2001,19（3）：76-87.

49. 梁枢，纪宝成，顾海良，徐显明，朱崇实.该不该为国学上户口？〔N〕.光明日报，2009/12/21，第 12 版。

50. 梁枢，纪宝成，顾海良，徐显明，朱崇实.国学学科可从试点做起〔N〕.光明日报，2009/12/28，第 12 版。

51. 梁涛，陈来，黄朴民，吴光，龚鹏程，朱汉民，吴根友.国学是一门学科〔N〕.光明日报，2009/10/12，第 12 版。

52. 梁涛.论国学研究的态度、立场与方法——评刘泽华先生王权主义的"国学观"〔N〕.光明日报，2009/12/7，第 12 版。

53. 刘丹青，张伯江.时势之必需，学术之大业——设立语言学一级学科的重要意义〔J〕.语言科学.2010,9(1):14-18.

54. 刘珺珺，赵万里.知识与社会行动的结构〔M〕.天津：天津人民出版社，2005.

55. 刘少雪.高等学校本科专业结构、设置及管理机制研究〔M〕.北京：高等教育出版社，2009.

56. 刘源张.中国科学院的管理科学组——我的回忆〔A〕.骆茹敏.奋进的中国管理科学〔C〕.北京：科学出版社，2010 年。

57. 刘泽华.关于国学"学理"、"意义"若干论点的请教与质疑（上）——与六教授、四校长商榷〔N〕.中国社会科学报，2010/4/8，第 4 版。

58. 刘泽华.关于国学"学理"、"意义"若干论点的请教与质疑（下）——与六教授、四校长商榷〔N〕.中国社会科学报，2010/4/15，第 4 版。

59. 刘仲林，程妍."交叉学科"学科门类设置研究〔J〕.学位与研究生教育，2008，6:44-48.

60. 陆俭明，沈阳.关于建立"语言学"一级学科的建议〔J〕.语言科学.2010,9(1):9-14.

61. 卢晓东，陈孝戴.高等学校"专业"内涵研究〔J〕.教育研究，2002（7）：47-52.

62. 〔美〕罗伯特·殷.案例研究：设计与方法〔M〕.周海涛译.重庆：重庆大学出版社，2004.

63. 〔美〕罗伯特·K·殷.案例研究方法的应用〔M〕.周海涛主译.重庆：重庆大学出版社，2004.

64. 〔美〕罗伯特·默顿.科学社会学：理论与经验研究〔C〕.北京：商务印书馆，2004.

65. 〔美〕罗伯特·金·默顿.十七世纪英格兰的科学、技术与社会〔M〕.范岱年、吴忠、蒋效东译.北京：商务印书馆，2009.

66. 罗志田.西方学术分类与民初国学的学科定位〔J〕.四川大学学报，2001（5）：75-82.

67. 马克思•韦伯.新教伦理与资本主义精神〔M〕.康乐，简惠美译.桂林：广西师范大学出版社，2012.

68. 马万华.多样性与领导力——马丁 特罗论美国高等教育和研究型大学〔C〕.北京：教育科学出版社，2011.

69. 马庆国."管理科学与工程"的学科定位与人才培养〔J〕.高等教育研究，2005，26(12)：69-78.

70. 〔英〕迈克尔·马尔凯.科学与知识社会学〔M〕.林聚任等译.北京：东方出版社，2001.

71. 〔法〕米歇尔·福柯.临床医学的诞生〔M〕.刘北成译. 南京：译林出版社，2011.

72. 〔法〕米歇尔·福柯. 福柯读本〔M〕. 汪民安译. 北京：北京大学出版社，2010.

73. 〔法〕米歇尔·福柯.词与物：人文学科考古学〔M〕.莫伟民译.上海：三联书店，2001.

74. 〔美〕默顿. 科学社会学散忆〔M〕.北京：商务印书馆，2004.

75. 潘英丽.金融学科应成为一级学科〔N〕.第一财经日报.2009 年 9 月 7 日，A16 版.

76. 庞青山.大学学科论〔M〕.广州：广东教育出版社，2006.

77. 彭吉象.关于艺术学学科体系的几点思考〔J〕.艺术评论，2008 (6) :84-88.

78. 皮埃尔·布尔迪厄.艺术的法则：文学场的生成与结构〔M〕.刘绘译.北京：中央编译出版社，2011.

79. 〔法〕皮埃尔·布尔迪厄.科学之科学与反观性：法兰西学院专题讲座2000-2001 学年〔M〕.陈圣生，涂释文，梁亚红等译.桂林：广西师范大学出版社，2006.

80. 〔法〕皮埃尔·波丢.人：学术者〔M〕．王作虹译.贵阳：贵州人民出版社，2006.

81. 〔法〕皮埃尔·布尔迪厄.科学的社会用途：写给科学场的临床社会学〔M〕.刘成富，张艳译．南京：南京大学出版社，2005.

82. 〔法〕P·布尔迪厄.国家精英：名牌大学与群体精神〔M〕.杨亚平译．北京：商务印书馆，2004.

83. 〔法〕皮埃尔·布迪厄,〔美〕华康德.实践与反思 反思社会学导引〔M〕.李猛、李康译.北京：中央编译出版社，1998.

84. 钱雪梅.文化民族主义的理论定位初探〔J〕.世界民族，2003（1）:1-10.

85. 钱学森.社会主义现代化建设的科学和系统工程〔M〕．北京：中共中央党校出版社，1987.

86. 〔美〕乔纳森·科尔，斯蒂芬·科尔.科学界的社会分层〔M〕．赵佳苓等译.北京：华夏出版社，1989.

87. 琼·H·藤村．编制科学：标准化整合、边界对象与"转换"〔A〕．[美]安德鲁·皮克林.作为实践和文化的科学〔C〕.北京：中国人民大学出版社，2006：173-216.

88. 〔法〕让·卡泽纳弗．社会学十大概念〔M〕.杨捷译.上海：上海人民出版社，2011.

89. 〔美〕R.K.默顿．科学社会学〔M〕.鲁旭东,林聚任,译.北京：商务印书馆，2006.

90. 申超．一个边缘学术组织的成长逻辑——某研究型大学对外汉语教学机构组织变迁的个案研究〔D〕.北京大学，2013.

91. 沈文钦、刘子瑜.层级管理与横向交叉：知识发展对学科目录管理的挑战〔J〕.北京大学教育评论，2011,9（2）：25-37.

92. 汤一介.儒学的现代化问题〔J〕.天津社会科学，1991（2）：45-46.

93. 汤一介.传承文化命脉，推动文化创新——儒学与马克思主义在当代中国〔J〕中国哲学史 2012（4）:5-8.

94. 托马斯·吉瑞恩.科学的边界〔A〕.希拉·贾萨诺夫,杰拉尔德·马克尔,詹姆斯·彼得森,特雷弗·平奇.科学技术手册〔D〕.北京:北京理工大学出版社,2004 年:300-341.

95. 〔英〕托尼·比彻,保罗·特罗勒尔.学术部落及其领地:知识探索与学科文化〔M〕.陈洪捷译.北京:北京大学出版社,2008.

96. 〔美〕托马斯·库恩.科学革命的结构〔M〕.金吾伦,胡新和译.北京:北京大学出版社,2013.

97. 〔美〕W·理查德·斯科特.姚伟、王黎芳译.制度与组织——思想观念与物质利益〔M〕.北京:人民大学出版社,2010.

98. 万里.决策民主化和科学化是政治体制改革的一个重要课题——在全国软科学研究工作座谈会上的讲话〔J〕.软科学研究,1986(2):1-9.

99. 万力维.控制与分等:大学学科制度的权力逻辑〔M〕.南京:南京师范大学出版社,2005.

100. 王泉根.学科级别与"国学学位问题"——试评《学科专业目录》〔J〕.学术界,2007(6):82-86.

101. 王泉根.评教育部《学科专业目录》中有关文学学科设置的不合理性〔J〕.学术界,2004(2):100-106.

102. 国胜.汉语学科的现状与发展〔J〕.长江学术.2008(4):110-113.

103. 王建华.知识规划与学科建设〔J〕.高等教育研究.2013(5):1-11.

104. 王建华.教育学:学科门类还是一级学科?〔J〕.复旦教育论坛,2012,10(2):5-9.

105. 王亚朴.高等教育管理学的几个理论问题〔J〕.高等教育研究,1984(3):5.

106. 王媛.管理科学与工程类学科专业本科教育教学发展战略若干问题研究〔D〕.天津大学博士学位论文,2007.

107. 吴国盛.中国科学技术哲学三十年〔J〕.天津社会科学,2008,1:20-26.

108. 吴世农.中国 MBA 教育实践与探索〔M〕.北京:机械工业出版社,2001.

109. 伍铁平.语言学是一门领先的科学 论语言与语言学的重要性〔M〕.北京:北京语言学院出版社,1994.

110. 西奥多·M 波特,多萝西·罗斯.剑桥科学史(第7卷):现代社会科学〔M〕.第七卷翻译委员会.郑州:大象出版社,2008.

111. 席酉民,汪应洛.管理科学学科发展战略初探〔J〕.中国科学基金,1989,(02),21-29.

112. 夏书章.行政管理学〔M〕. 太原: 山西人民出版社，1985.

113. 谢立中.结构-制度分析,还是过程-事件分析？——从多元化与分析的视角看〔J〕.中国农业大学学报（社会科学版）.2007,24（4）：12-31.

114. 许康、劳汉生. 中国管理科学历程〔M〕. 石家庄: 河北科学技术出版社，2000.

115. 阎步克. 中国古代官阶制度引论〔M〕. 北京: 北京大学出版社，2010.

116. 阳荣威. 高等学校专业设置与调控研究〔D〕.华东师范大学博士学位论文，2006..

117. 杨亦鸣，徐杰.语言学应该调整为一级学科〔J〕.语言科学.2010,9(1):1-9.

118. 姚双云.“语言学学科建设研讨会”纪要〔J〕.长江学术，2010（2）：176-177.

119. 姚先国.我国高校设立劳动科学一级学科势在必行〔N〕. 光明日报.2009年11月12日，第012版.

120. 〔美〕伊曼纽尔·沃勒斯坦.现代世界体系〔M〕.孙立田，庞卓恒，张永胜译.北京: 高等教育出版社，2000.

121. 袁本涛.2011.在学科与领域之间——制度化的高等教育研究〔J〕.北京大学教育评论.9（4）：70-76.

122. 袁卫.建立统计一级学科促进统计教育发展〔J〕. 统计教育. 1994 (03):7-9.

123. 〔加〕约翰·范德格拉夫.学术权力——七国高等教育管理体制比较〔C〕.王承绪、张维平等译.杭州: 浙江教育出版社，2006.

124. 〔以〕约瑟夫.本.戴维.科学家的社会角色〔M〕. 赵佳苓译成都: 四川人民出版社，1988.

125. 喻燕，卢新海.公共管理学一级学科下二级学科建设现存问题与对策〔J〕.中国高教研究, 2009, (07).

126. 〔美〕詹姆斯·C·斯科特.弱者的武器〔M〕.郑广怀,张敏，何江穗译.南京: 译林出版社，2007.

127. 张应强，郭卉.论高等教育学的学科定位〔J〕.教育研究, 2010 (1)：39—43

128. 赵纯均，吴贵生.中国高校哲学社会科学发展报告.桂林: 广西师范大学出版社，2008 年。

129. 赵炬明.精英主义与单位制度——对中国大学组织与管理的案例研究〔J〕.北京大学教育评论.2006.4(1): 173-191.

130. 赵万里. 科学的社会建构: 科学知识社会学的理论与实践〔M〕.天津: 天津人民出版社，2002.

131. 郑晓齐，王绽蕊.研究型大学基层学术组织改革与发展〔M〕.北京：清华大学出版社，2009.

132. 郑晓齐，王绽蕊.我国研究型大学基层学术组织的逻辑基础〔J〕.教育研究，2008，（3）：56-59.

133. 中共中央关于深化文化体制改革推动社会主义文化大发展大繁荣若干重大问题的决定〔N〕.人民日报，2011-10-26.

134. 中华人民共和国国家教育委员会计划财务司. 中国教育成就（1980-1985）统计资料〔M〕. 北京：人民教育出版社，1986 年。

135. 中华人民共和国国家教育委员会计划建设司. 中国教育统计年鉴（1989）〔M〕. 北京：人民教育出版.1990 年。

136. 中国学位与研究生教育信息分析课题组. 中国学位与研究生教育信息分析报告〔M〕. 北京：中国人民大学出版社，2009 年。

137. 周蕾.论档案学学科"移植"现象〔J〕. 兰台世界，2010, (12):2-3.

138. 〔美〕朱克曼.科学界的精英：美国诺贝尔奖获得者〔M〕. 周叶谦,冯世则译.北京：商务印书馆，1979.

139. Abbott, Andrew. 2001. *Time Matters: On Theory and Methods.* Chicago: university of Chicago press.

140. Abbott, Andrew. 2002. "The disciplines and the future." In *The Future of the City of Intellec*t: The Changing American University, edited by Steven Brint, 205-230. Stanford: Stanford University Press.

141. Abbott, Andrew. 2001 . *Chaos of Disciplines*. Chicago: University of Chicago Press.

142. Abbott, Andrew. 1988. *The System of Professions: An Essay on the Division of Expert Labor*. Chicago: University of Chicago Press.

143. Agrawala, Shardul, Kenneth Broad, and David H. Guston. 2001. "Integrating Climate Forecasts and Societal Decision Making: Challenges to an Emergent Boundary Organization. "*Science, Technology, & Human Values* 26(4): 454-477.

144. Albert, Mathieu, Suzanne Laberge, and Brian D. Hodges. 2009. "Boundary-Work in the Health Research Field: Biomedical and Clinician Scientists' Perceptions of Social Science Research. "*Minerva* 47: 171-194.

145. Amsterdamska, Olga. 2005. "Demarcating Epidemiology." *Science, Technology & Human Values* 30(1): 17-51.

146. Becher, Tony, and Kogan Maurice.1992. *Process and Structure in Higher Education, 2nd edn*. London:Routledge.

147. Ben-David, Joseph, and Randall Collins. 1966. "Social Factors in the Origins of a New Science: The Case of Psychology." *American Sociological Review* 31(4): 451-465.

148. Bennett, Andrew, and Colin Elman. 2006. "Qualitative Research: Recent Developments in Case Study Method. "*Annual Review of Political Science* 9(1):455-476.

149. Bourdieu, Pierre. 1975. "The specificity of Scientific Fields and the Social conditions for the Progress of Reason." *Social Science Information* 14:19-47.

150. Bowker, Geoffrey C. and Susan Leigh Star. 1999. *Sorting things out: Classification and Its Consequences*. Cambridge, MA: MIT Press.

151. Bump, Karin D. 2009. "*On The Fence of Legitimacy: A Framework for Understanding and Assessing the Legitimacy of New Academic Disciplines in U.S.Higher Education*." PhD Diss., State university of New York.

152. Burrage, Michael. 1993. "From Practice to School –based Professional Education: Patterns of Conflict and Accommodation in England, France and the United State." in *The European and American University since 1800: Historical and Sociological Essays*, edited by Sheldon Rathblatt and Bjorn Wittrockk, 142-187. Cambridge: Cambridge University Press.

153. Burri, Regula Valérie. 2008. "Doing Distinctions: Boundary Work and mbolic Capital in Radiology. "*Social Studies of Science* 38(1): 35-62.

154. Camic, Charles, and Xie Yu. 1994. "The Statistical Turn in American Social Science: Columbia University, 1890 to 1915." *American Sociological Review* 59(5): 773-805.

155. Cassidy, Angela. 2006. "Evolutionary Psychology as Public Science and Boundary Work." *Public Understanding of Science* 15:175-205.

156. Clark, Burton. 1996. "Substantive Growth and Innovative Organization: New Categries for Higher Education Research." *Higher Education* 32:417-430.

157. Clark, Terry. N. 1973. *Prophets and patrons: the French university and the emergence of the social sciences*. Harvard: Harvard University Press.

158. Chubin, Daryl E. 1976."The Conceptualization of Scientific Specialties." *The Sociological Quarterly* 17(4):448-776.

159. Cole, Jonathan R, Harriet Zuckerman. 1975. "The Emergence of a Scientific Specialty: The Self-Exemplifying Case of the Sociology of Science." In *The*

Idea of Social Structure: Papers in Honor of Robert Merton, edited by L.A. Coser, 139-174.New York: Harcourt Brace Javanovich.

160. Collins, Randall. 1968. "Competition and Social Control in Science: An Essay in Theory-Construction." *Sociology of Education* 41(2):123-140.

161. Crane, Diana. 1972. *Invisible Colleges: Diffusion of Knowledge in Scientific Communities*. Chicago, IL: University of Chicago Press.

162. David R. Shumway.1994.*Creating American Civilization: A Genealogy of American Literature as an Academic Discipline*. University of Minnesota Press.

163. Davis, Lennard. 2007. "A Grand Unified Theory of Interdisciplinarity." *The Chronicle Review* 53(40): 9.

164. Defelice, E. GENE. 1986. "Causal Inference and Comparative Methods." *Comparative Political Studies* 19(3):415-437.

165. Durkheim, Emile. 1982. *The Rules of Sociological Method*, Translated by W.D. Halls. New York: The Free Press.

166. Elzinga, Annt. 1987. "Internal and External Regulatives in Research and Higher Education Systems." In *Disciplinary Perspectives on Higher Education and Research, Report No.37*, edited by R. Prcmfors. Stockholm: University of Stockholm.

167. vans, Michael S. 2009. "Defining the Public, Defining Sociology: Hybrid Science—Public Relations and Boundary-work in Early American Sociology." *Public Understanding of Science* 18(5):5-22.

168. Fischer, Frank. 1990. *Technocracy and the Politics of Expertise*. Newbury Park, Calif.: Sage Publications.

169. Fisher, Donald. 1988. "Boundary Work: A Model of the Relation between Power and Knowledge. "*Science Communication*10:156-176.

170. Fourcade, Marion. 2009. *Economists and Societies: Discipline and Profession in the United States, Britain, and France, 1890s to 1990s*. Princeton: Princeton University Press.

171. Fourcade, Marion, and Rakesh Khurana. 2013. "From Social Control to Financial Economics: the Linked Ecologies of Economics and Business in Twentieth Century America." *Theory and Society* 42: 121-159.

172. Friedman, Hershey H. 2001. "The Obsolescence of Academic Departments." *Radical Pedagogy* 3:2.

173. Frickel, Scott. 2004. "Building an Interdiscipline: Collective Action Framing and the Rise of Genetic Toxicology." *Social Problems*. 51(2):269-287.

174. Frickel, Scott, Neil Gross. 2005. "A General Theory of Scientific Intellectual Movements." *American Sociological Review* 70(2): 204-232.

175. Fuchs, Stephan. 1992. *The Professional Quest for Truth: A Social Theory of Science and Knowledge*. Suny Press.

176. Fuller, Steven. 1991. "Disciplinary Boundaries and the Rhetoric of the Social Sciences." *Poetics Today* 12(2): 301-325.

177. Gal, U., Yoo, Y., Boland, R.J. 2004. "The Dynamics of Boundary Objects, Social Infrastructures and Social Identities," Case Western Reserve University, USA. *Sprouts: Working Papers on Information Systems*, 4(11):194-206.

178. George, Alexander L., Bennett, Andrew. 2005.*Case studies and theory development in the social sciences*. MA: MIT Press

179. Gerring,John.2006. *Case study research: principles and practices*. Cambridge University Press.

180. Gerring, John. 2004. "What is a case study and what is it good for? *American Political Review*" 98(2):341-354.

181. Gibbons, Michael, and Camille Limoges et al.1994. *The new production of knowledge: the dynamics of science and research in contemporary societies*. Sage Publications.

182. Gieryn, Thomas F. 1983. "Boundary- Work and the Demarcation of Science from Non-Science: Strains and Interests in Professional Ideologies of Scientists." *American Sociological Review* 48(6): 781-795.

183. Gieryn, Thomas F. 1999. *Cultural Boundaries of Science: Credibility on the line*. Chicago: the University of Chicago press.

184. Greenhalgh, Susan. 2008. *Just one child :Science and Policy in Deng's China*. University of California Press.

185. Gumport, Patricia J. 2002. *Academic pathfinders: knowledge creation and feminist scholarship*. Greenwood Press.

186. Gumport, Patricia J. 2000. "Academic Restructuring: Organizational Change and Institutional imperatives." *Higher Education* 39(1): 67-91.

187. Gumport, Patricia J, Stuart K. Snydman. 2002. "The Formal Organization of Knowledge: An Analysis of Academic Structure." *The Journal of Higher Education* 73(3): 375-408.

188. Guo, Yingjie. 2004. *Cultural Nationalism in Contemporary China: The Search for national identity under reform*. London: Routledge.

189. Guston, David H. 1999. "Stabilizing the Boundary between US Politics and Science: The Role of the Office of Techonology Transfer as a Boundary Organization." *Social Studies of Science* 29(1): 87-111.

190. Guston, David H. 2000. *Between politics and science: Assuring the integrity and productivity of research.* New York: Cambridge University Press.

191. Guston, David H. 2001. "Boundary Organizations in Environmental Policy and Science: An Introdution. "*Science, Technology, & Human Values* 26(4): 399-408.

192. Hashem, Mazen. 2002. *"Academic Knowledge from Elite Closure to Professional Service: The Rise of High-growth Fields in American Higher Education."* PhD Diss., University of California.

193. Heilbron, Johan. 2011. "Practical Foundations of Theorizing in Sociology: The Case of Pierre Bourdieu". In *Social Knowledge in the making,* edited by Charles Camic, Neil Gross, and Michèle Lamont, 181-208. Chicago: University of Chicago Press.

194. Heilbron, Johan. 1991. "The tripartite division of French social science: a long-term perspective." In *Discourse on Society: The Shaping of The Social Science Disciplines,* edited by Peter Wagner, Bjorn Wittrock, and Richard Whitley,73-92. Kluwer Academic Publishers.

195. Hinrichs, C. Clare. 2008. "Interdisciplinarity and Boundary Work: Challenges and Opportunities for agrifood studies." *Agriculture and Human Values* 25:209-213.

196. Hua, Shiping.1995. *Scientism and Humanism: Two Cultures in Post-Mao China (1978~1989).* New York: State University of New York Press.

197. Hutchinson, John. 1987. *The Dynamics of Cultural nationalism: The Gaelic Revival and the Creation of The Irish Nation State.* Nation State. New York: Allen and Unwin.

198. Jasanoff, Sheila S.1987. "Contested Boundaries in Policy-Relevant Science." *Social Studies of Science* 17(2):195-230.

199. John J. Bartholdi, III (1986) "Operations Research in China." *Interface* 16(2):24-30.

200. Khurana, Rakesh. 2007. *From Higher Aims to Hired Hands: The Social Transformation of American Business Schools and The Unfulfilled Promise of Management as a Profession.* The United Kingdom: Princeton University Press.

201. Kinchy, Abby J. and Daniel Lee Kleinman. 2003. "Organizing Credibility: Discursive and Organizational Orthodoxy on the Borders of Ecology and Politics." *Social Studies of Science* 33(6): 869-896.

202. Kogan, Maurice. 2000. "Higher Education Communities and Academic Identity." *Higher Education Quarterly* 54(3):207-216.

203. Kohler, Robert E. 1982. *From Medical Chemistry to Biochemistry: The Making of a Biomedical Discipline*. Cambridge: Cambridge University Press.

204. Krishnan, Armin. 2009. *"What are disciplines? Some observations on the disciplinarity vs. interdisciplinarity debate."* Accessed Jan 08, 2012. http://eprints.ncrm.ac.uk/783/1/what_are_academic_disciplines.pdf.

205. Lamont, Michèle and Virag Molnar. 2002. "The Study of Boundaries in the Social Sciences." *Annual Review of Sociology* 28(1): 167-195.

206. Lamont, Michèle. 2001. "Culture and Identity." In *Handbook of sociological Theory*, edited by Jonathan H. Turner, 171-186. New York: Kluwer Academic/ Plenum Publishers.

207. Lamont, Michèle.1992. Money, Morals and Manners: The Culture of the French and American Upper-Middle Class. Chicago: The University of Chicago Press.

208. Lee,Hong Yung.1991. *From Revolutionary Cadres to Party Technocrats in Socialist China*. Oxford: University of California Press.

209. Lemaine, L. R. Macleod, M. Mulkay, and Peter Weingart. 1976. *Perspectives on the Emergence of Scientific Disciplines*. The Hague: Mouton.

210. Lenior, Timothy. 1997. *Instituting Science: The Cultural Production of Scientific Disciplines*. Stanford: Stanford University Press.

211. Lieberson, Stanley. 1992. "Small N's and Big Conclusions: An Examination of the Reasoning in Comparative Studies Based on a Small Number of Cases," In *What is a case? Exploring the foundations of social inquiry*, edited by Charles C. Ragin and Howard Saul Becker,105-118. New York: Cambridge University Press.

212. MacKenzie, Donald A. 1981. *Statistics in Britain, 1865-1930: The Social Construction of Scientific Knowledge*. Edinburgh: Edinburgh University.

213. McGuinness, A.C. 1995. "The Changing Relationship between the States and Universities in the United States." *Higher Education Management* 8(2): 105-117.

214. McMichael, Philip. 199). Incorporating Comparison within a World-Historical Perspective: An Alternative Comparative Method. *American Sociological Review*. 55(3):385-397.

215. Mill, John Stuard. 1843. *System of Logic, Ratiocinative and Inductive: Being a Connected View of the Principles of Evidence and the Methods of Scientific Investigation*. London: John W. Parker.

216. Moon, Hyeyoung. 2002 *"The Globalization of Professional Management Education, 1881-2000: Its Rise, Expansion, And Implications."* PhD Diss., Stanford University.

217. Moore, Kelly.1996. "Organizing Integrity: American Science and the Creation of Public Interest Organizations,1955-1975." *The American Journal of Sociology* 101(6): 1592-1627.

218. Moran, Joe. 2001. *Interdisciplinarity: The New Critical Idiom*. London: Routledge.

219. Mulkay, M.J. 1975. "Three Models of Scientific Development." *Sociological Review* 23: 509-26.

220. Mullins, Nicholas C. 1972. "The Development of a Scientific Specialty: The Phage Group and the Origins of Molecular Biology." *Minerva* 10(1): 51-82.

221. Mullins, Nicholas C. 1973. "The Development of Specialties in Social Science: The Case of Ethnomethodology." *Science Studies* 3(3):245-273.

222. Pachucki, Mark A., Sabrina Pendergrass and Michèle Lamont. 2007. "Boundary Process: Recent Theoretical Developments and New Contributions. " *Poetic* 35: 331-351.

223. Price, Derek J.de Solla. 1986. *Little Science, Big Science...and Beyond*. New York: Columbia University Press.

224. Ragin,Charles.C. 1987. *The Comparative Method: Moving Beyond Qualitative and Quantitative Strategies*. Berkeley: University of California Press.

225. Ragin, Charles. C. 1992. "Cases of 'what is a case'," In *What is a case: Exploring the Foundations of Social Inquiry*, edited by Charles C. Ragin and Howard Saul Becker, 1-18. Cambridge: University of Cambridege Press.

226. Root, Michael J. 2005. *"Boundary-work in United States Psychology: A Study of Three Interdisciplinary Programs."* PhD. Diss., the University of New Hampshire.

227. Ross, Dorothy. 1991. *The Origins of American Social Science*. Cambridge: Cambridge University Press.

228. Rueschemeyer, Doetrich. 2008. "Can one or A few Cases Yield Theoretical Gains?" In *Comparative Historical Analysis in the Social Sciences*, edited by James Mahoney, Doetrich Rueschemeyer, 305-336. New York, Cambridge University Press.

229. Shumway, David, and Ellen Messer-Davidow.1991. "Disciplinarity: An Introduction. " *Poetics Today* 12(2): 201-225.

230. Skocpol, Theda, and Margaret Somers. 1980. "The Use of Comparative History in Macrosocial Inquiry." *Comparative Studies in Society and History* 22(2):174-197.

231. Slaughter, Sheila. 1997. "Class, Race and Gender and the Construction of Postsecondary Curricula in the United States: Social Movement, Professionalization and Political Economic Theories of Curricular Change." *Curriculum Studies* 29(1):1-30.

232. Slaughter, Sheila, and Larry L. Leslie. 1997. *Academic Capitalism: Politics, Policies, and the Entrepreneurial University*. MD: Johns Hopkins University Press.

233. Slaughter, Sheila and Edward T. Silva. 1985. "Towards a Political Economy of Retrenchment: The American Public Research Universities." *The Review of Higher Education* 8(4):295-318.

234. Small, Mario L. 1999. "Departmental Conditions and the Emergence of New Disciplines: Two Cases in the Legitimation of African-American Studies. "*Theory and Society* 28(5): 659-707.

235. Stake, Robert E.1995. *The Art of Case Study Research*. CA: Sage Publications.

236. Star, Susan Leigh.2010. "This is Not a Boundary Object: Reflections on the Origin of a Concept." *Science, Technoloy, & Human Values* 35(5): 601-617.

237. Star, Susan Leigh. 2002. "Infrastructure and ethnographic practice." *Scandinavian Journal of Information Systems* 14(2): 107-122.

238. Star, Susan Leigh, and Karen Rohleder. 1996. "Steps toward an ecology of infrastructure: Design and access for large information spaces." *Information systems research* 7(1): 111-134.

239. Star, Susan Leigh, and James R. Griesemer. 1989. "Institutional Ecology, 'Translations' and Boundary Objects : Amateurs and Professionals in Berkeley's Museum of Vertebrate Zoology, 1907-39." *Social Studies of Science* 19: 387-420.

240. Suchman, Mark C. 1995. "Managing Legitimacy: Strategic and Institutional Approaches." *The Academy of Management Review* 20(3):571-610.

241. Thomas, Gary. 2011. "A Typology for the Case Study in Social Science Following a Review of Definition, discourse and Structure." *Qualitative Inquiry* 17(6):511-521.

242. Tilly, C. 1984. *Big Structure, Large Process, Huge Comparisons*. New York: Russell Sage Foundation.

243. Trompette, Pascale, and Dominique Vinck. 2009. "Revisiting the notion of Boundary Object." *Revue d'anthropologie des connaissances* 3(1):3-25.

244. Turner, Stephen. 2000. "What are disciplines? And how is interdisciplinarity different?" In *practising Interdisciplinarity,* edited by Peter Weingart, Nico Stehr, 46-65. Toronto: University of Toronto press.

245. Turner, R. Steven. 1987. "Paradigms and Productivity: The Case of Physiological Optics." *Social Studies of Science* 17(1):35-68.

246. Wanger, Peter, BjÖrn Wittrock, and Richard Whitley. 1991. *Discourse on Society: The Shaping of the Social Sciences Disciplines*. Dordrecht: Kluwer Academic Publisher.

247. Waterton, Claire.2005. "Scientist's conceptions of the boundaries between their own research and policy." *Science and Public Policy* 32(6):435-444.

248. Wieviorka, Michel. 1992. "Case Studies: history or sociology?" In *What is a Case? Exploring the foundations of social inquiry, edited by* Charles C. Ragin and Howard Saul Becker, 159-172. New York: Cambridge University Press.

249. Whitley, Richard. 2000. *The Intellectual and Social Organizations of the Sciences*. New York: Oxford University Press.

250. Wilson, Greg, Carl G. Herndl. 2007. "Boundary Object as Rhetorical Exigence: Knowledge Mapping and Interdisciplinary Cooperation at the Los Alamos National Laboratory." *Journal of Business and Technical Communication* 21(2):129-154.

251. Wray, K. Brad. 2005. "Rethinking Scientific Specialization." *Social Studies of Science* 35(1):151-164.

252. Yoshino, Kosaku. 1992. *Cultural Nationalism in contemporary Japan: A sociological Enquiry*. London: Routledge.

后　记

　　读者眼前的这本小书，是在我博士学位论文的基础上略加修订而成的。学术处女作的出版，有丝丝雀跃，却也颇感遗憾。毕业入职以来，我主要精力投诸于学位论文研究过程中衍生出来的问题，竟始终没有沉潜下来专注于博士论文的修改。因着这套丛书收录的机会，我做了些修订，外加收录了几篇同博论议题相关的文章，也算是我求学生涯的一个交代吧。

　　这份研究能够完成，首先要感谢我的导师刘云杉教授。多年前，老师不弃蒙愚，将我收入门下，关爱有加。刘老师学问醇厚有灵气，是我终身学习的榜样。生活中，老师待我如家人，处处为我着想考虑，许多细节在此无法一一提及，但都深深定格在我心里。从她身上，我体会到了老师对学生不计回报的良苦用心，唯有在日后工作中成长为一名优秀的学者、温情的老师，或能回报于万一。

　　我内心里一直将陈洪捷老师视为我的第二导师。我对知识和学科的兴趣始于老师的课程，洪捷老师永远那么和蔼，对我诸多请求均予以帮助。他对大方向和大问题的把握给了我许多信心。洪捷老师思维清晰，指导论文时注意学生的问题意识，我从中受益良多。

　　感谢林小英老师、陈向明老师、张冉老师。我先后选修了他们开设的质性研究课程，为我提供了方法论训练，在这些课程上，我开始有了对研究方法的觉醒与反思。这几位老师均治学严谨，向明老师带领她的学生扎根学校，十年如一日，若非老师的热忱、单纯与坚韧，她的教师教育研究不可能获得如此多的赞誉。林小英老师对学术研究和生活的看法常常给人启迪，是她最先鼓励我选择自己喜欢的生活方式。小英老师参加了我综合考试、预答辩等多个环节，并对我的论文给予许多有价值的建议和肯定。感谢张冉老师的信任，为我提供了两次做助教的宝贵机会，我得以深度参与到大学课程的讲授之中，进一步加深了我对质性方法的理解。对我而言，张冉老师亦师亦友，她亲切和蔼，与她相处令人愉悦。

感谢陈学飞老师、阎凤桥老师、蒋凯老师。三位老师全程参与了我博士学习的各个环节。学飞老师以他在教育管理和研究中的实践经验，为我的论文提供了许多宝贵的材料和建议。阎老师亲切和蔼，自有一份不急不缓的从容，老师一直关注我的论文进展，并提出不少好建议。蒋老师在硕博六年来对我多有提携。在毕业季的繁忙之中，老师认真阅读我的论文，大到论文结构，小到文中别字，都用心指正。

李春萍老师对我永远那么热心，在我学习和求职阶段，李老师给了许多肯定与帮助。她对中国现代学科体制的研究，予以我许多启发。因着读书会的机缘，我同蔡磊硌老师、李茵老师也有许多交往。蔡老师耐心细致，她曾同我分享她关于研究和发表的一些个人选择与体验，我感触良多。犹记得硕转博时，李茵老师对我研究设计提出了中肯意见，与老师的聚餐、聊天，永远让人感到温馨愉悦。生活常常有意想不到的波澜，我永远祝福温润如玉的李茵老师。感谢沈文钦师兄，文钦师兄为我的论文提供了不少文献资料，一直以来对我多有鼓励与提携，师兄的勤奋为我树立了典范。

感谢 Andrew Abbott 教授的接纳，我有幸去芝加哥大学社会学系访学。我的论文从他的研究中受益良多。Abbott 教授对于专门职业的多个案研究，耗时 10 年，我曾看过他一摞一摞的材料，他向我近距离地展示一位重量级学者的经典研究是如何"出世"的。他对研究的许多看法和感悟，我终身难忘。

我更要感谢滋养我学识和论文写作的学者们！他们的洞见成为我思考与研究的起点和助力。许多好研究，成为我深感枯燥无聊无助无望时的最好调剂。感谢给我提供材料的老师与受访者，没有他们，我的论文无法完成。

感谢我的学友们。感谢王友航与江涛，我们建构了一个学术探讨的空间，我们对他人的研究尽可能提出严苛的要求和真诚的建议，以求更为完善。从王东芳身上，我看到行动的力量。江淑玲是我撰写博士学位论文时期的"战友"，她每日的"奋战"对于闲散的我来说，实在是最好的督促。她开朗、单纯、努力。我同毛丹因为共同申请公派留学的项目而有许多相处，与她聊天感觉她像是认识十几年的老友。燕蕾和海迪为着自我的内在愉悦而读书和研究，所有一切归指于内心。从他们身上，我看到思考的分量比文章数量重要，良心比赞许重要，有时候"慢"比"快"更需要勇气。

这份研究曾经获得北京大学优秀博士学位论文奖（2014 年）、中国高教学会优秀博士学位论文提名奖（2015 年），但我深知这些肯定的背后更多是对晚生后学的鼓励与鞭策，评审老师对我研究中的不成熟与薄弱之处予以宽容。研究的未尽之意，只有留待日后去弥补了。感谢陈学飞老师和李春萍老师的推荐，感谢专业编辑的认真细致和一再耐心的宽限，本书才得以出版。

在写下后记的此刻，我已在华中科技大学教育科学研究院工作三载，与这里诸多教授和同仁的交流讨论，促使我对博论的相关议题有了更多的思考，他们的肯定也是督促自己更快成长的动力。

我最后但也最深的感谢，送给我的家人。我的先生胡鸿温和单纯，他的性情也在潜移默化地影响着我对生活的观念和态度，他在专业方面的努力也是对我最好的督促。感谢我的两双父母，尽管他们不了解我们的许多选择，但都予以充分的尊重和支持。尤其是我的母亲，自小女出生，她任劳任怨地承担家中事务，成了我最坚实的后盾，让我的工作后顾无忧。

经历很长，后记很短，短短几页纸无法容纳我太多想感谢的人，在此对没有一一提及的老师、朋友表示歉意，你们都印在我心里。

谨以此书纪念我在燕园的十载年华，那些在教育学院温情脉脉的时光。

蔺亚琼
2017 年 8 月 5 日于眼镜湖畔